PETER BARTL

GRUNDZÜGE DER JUGOSLAWISCHEN GESCHICHTE

D1926537

GRUNDZÜGE

BAND 60

PETER BARTL

GRUNDZÜGE DER JUGOSLAWISCHEN GESCHICHTE

1985
WISSENSCHAFTLICHE BUCHGESELLSCHAFT
DARMSTADT

CIP-Kurztitelaufnahme der Deutschen Bibliothek

Bartl, Peter:
Grundzüge der jugoslawischen Geschichte /
Peter Bartl. – Darmstadt: Wissenschaftliche
Buchgesellschaft, 1985.
(Grundzüge; Bd. 60)
ISBN 3-534-08082-3
NE: GT

1 2 3 4 5

Bestellnummer 8082-3

© 1985 by Wissenschaftliche Buchgesellschaft, Darmstadt
Satz: Maschinensetzerei Janß, Pfungstadt
Druck und Einband: Wissenschaftliche Buchgesellschaft, Darmstadt
Printed in Germany
Schrift: Linotype Garamond, 10/11

ISSN 0533-344X
ISBN 3-534-08082-3

INHALT

VORWORT

Das Jahr 1918 hat die politische Landkarte Südosteuropas entscheidend verändert: Der Zerfall der Donaumonarchie bedingte nicht nur die Entstehung Großrumäniens und die Beschränkung Ungarns auf die Pannonische Tiefebene, sondern war auch die Voraussetzung für die Entstehung eines völlig neuen Staates – des 'Königreiches der Serben, Kroaten und Slowenen', ab 1929 'Königreich Jugoslawien' (d. i. Südslawien) genannt. Dieser neue Staat darf mit einigem Recht als der 'habsburgischste' der Nachfolgestaaten Österreich-Ungarns bezeichnet werden; er übernahm vor allem dessen Nationalitätenproblematik: In Jugoslawien leben neben den 'Staatsvölkern' (heute Serben, Kroaten, Slowenen und Makedonen) Vertreter aller Volksgruppen der Balkanhalbinsel, als besonders starke Minderheiten Albaner und Ungarn.

Flächenmäßig ist Jugoslawien mit 255 804 qkm das größte Balkanland. Der Raum ist dabei vielfältig gegliedert – einem schwer zugänglichen und verkehrsfeindlichen inneren Gebirgsland steht eine Reihe von Landschaften gegenüber, die zu den Nachbarräumen hin offen sind (Slawonien, Syrmien, Banat). Das vom Landesinnern durch Gebirgsketten abgetrennte istrisch-dalmatinische Küstenland hat in Luftlinie eine Gesamtlänge von 628 km; die reale Küstenlinie des Festlandes zusammen mit den Inseln zählt jedoch 6116 km. Die jugoslawische Küste zählt damit zu den am stärksten gegliederten Europas. Dieses Gebiet gehörte bis 1797 größtenteils zur Republik Venedig und empfing alle bedeutenden politischen und kulturellen Einflüsse von jenseits der Adria. Die nördlichen jugoslawischen Landschaften gehörten jahrhundertelang zum Habsburgerreich, sie wurden von Mitteleuropa her geprägt. Die Linie Kulpa–Save–Donau bildete lange Zeit hindurch die Grenze zum Osmanischen Reich, dem die innerbalkanischen Landschaften bis in die zweite Hälfte des vergangenen Jahrhunderts angehörten. Sie wurden daher weitgehend vom Osten, zuerst von Ostrom und dann von den Osmanen, beeinflußt. Das kommt schon in der Religionszugehörigkeit zum Ausdruck: Während Slowenien, Kroatien und Dalmatien katholische Länder sind, herrscht in Serbien, Montenegro und Makedonien das orthodoxe Christentum vor. Der Islam ist, durch die Albaner, in Kosovo und Makedonien sowie in Bosnien-Herzegowina vertreten. Die Bosnier stellen neben den Albanern die einzige balkanische Volksgruppe dar, die in größerem Ausmaß die Religion der osmanischen Eroberer annahm. Jugoslawien ist also ein ethnisch und konfessionell gemischtes Land. Eine gemeinsame Geschichte haben die in Jugoslawien vertretenen Völker nur sehr bedingt erlebt, da sie vor 1918 niemals eine historische Einheit gebildet hatten. Sicher sind sowohl von kroatischer wie von serbischer Seite Versuche Teilräume übergreifender Machtbildungen unternommen worden, sie umfaßten aber nicht entfernt das Gesamtterritorium des heutigen jugoslawischen Staates und waren zudem meist kurzfristig. Trotzdem meint der Verfasser, zwar nicht von einer Geschichte Jugoslawiens, wohl aber von einer jugoslawischen Geschichte vor 1918 sprechen zu können. Es gab nicht nur Trennendes, sondern auch viel Verbindendes. Der gemeinsame Türkenkampf und die Selbstbehauptung gegenüber Habsburg und Ungarn waren zweifellos Integrationsfaktoren. Ein Bewußtsein südslawischer Gemeinsamkeit entstand nicht erst bei den kroatischen Nationalisten des 19. Jahrhunderts, die von einer staatlichen Zusammenfassung aller Südslawen (die Bulgaren eingeschlossen) träumten. Es kommt vielmehr bereits in den Werken südslawischer Geschichtsschreiber seit dem 17. Jahrhundert zum Ausdruck: So behandelt der Ragusaner Mauro Orbini in seinem 'Il Regno degli Slavi hoggi corrottamente detti Schiavoni' (Pesaro 1601) die Geschichte von „Dalmatia, Croatia, Bosna, Servia, Rassia, ed Bulgaria", während der Serbe Jovan Rajić sein Hauptwerk 'Istorija raznih slavenskih narodov, najpače Bolgar, Horvatov i Serbov' (Geschichte der verschiedenen slawischen Völker, hauptsächlich der Bulgaren, Kroaten und Serben, 1–4. Wien 1794–95) nannte.

Der vorliegende Band will die Grundzüge der jugoslawischen Geschichte von der slawischen Landnahme bis zur Machtübernahme Titos skizzieren, wobei das Schwergewicht auf der politischen Geschichte liegt. Eine chronologisch durchgehende Darstellung wurde nicht angestrebt, dafür wird auf die Zeittafel am Schluß des Bandes verwiesen. Es wurde versucht, Schwerpunkte zu setzen, die wichtigsten Etappen bei den mittelalterlichen und neuzeitlichen Staatsgründungen aufzuzeigen und, was die Zeit nach 1918 betrifft, auf die Problematik eines Vielvölkerstaates hinzuweisen. Von dem ursprünglich geplanten und in der Vorankündigung angegebenen Titel 'Grundzüge der Geschichte Jugoslawiens' wurde aus den oben genannten Gründen Abstand genommen.

Viel Mühe, aber noch mehr Anregungen verdankt der Verfasser dem verantwortlichen Lektor des Verlages. Ihm sei an dieser Stelle herzlich gedankt.

1. DIE SLAWISCHE LANDNAHME AUF DEM BALKAN

Die slawische Landnahme steht in engem Zusammenhang mit zwei Ereignissen – mit der Restauration des römischen Gesamtreiches unter Kaiser Justinian I. und mit erneuten Bevölkerungsverschiebungen in der Steppenzone nördlich des Schwarzen Meeres. Nach 20jährigem Kampf war es Justinian 555 gelungen, die westlichen Reichsteile der germanischen Herrschaft zu entreißen und das Mittelmeer wieder zu einem römischen Binnenmeer zu machen. Dieser Erfolg hatte aber eine Kehrseite: Die Kriege im Westen hatten auf der Balkanhalbinsel die Donaugrenze von Truppen entblößt, und diese Donaugrenze war es, von der her schon zu Beginn der Regierungszeit Justinians das Reich von einer neuen Gefahr bedroht wurde – von den Slawen.

Die ersten Nachrichten über die Slawen finden sich in der oströmischen Geschichtsschreibung des 6. Jahrhunderts, besonders bei Prokopios von Kaisareia. Dort werden Sklavinen und Anten als die beiden großen Stammesgruppierungen der Slawen genannt, die sich wahrscheinlich schon seit Beginn des 5. Jahrhunderts in einer allmählichen Siedlungsausbreitung von ihren Wohnsitzen nördlich der Karpaten her befanden. Die sogenannte 'Urheimat' der Slawen lag im Quellgebiet und am Oberlauf der Flüsse Weichsel, Dnestr, Pripet, Bug und Dnepr, also im heute ukrainisch-weißrussischen Raum. Für die Slawenwanderung nach Südosteuropa werden zwei Wege angenommen: Der eine verlief, die Karpaten umgehend, den Flüssen Prut und Seret entlang bis zur Donaumündung; der andere führte über den Jablunka-Paß nach Mähren, an die mittlere Donau und weiter zur Save. Zu Beginn des 6. Jahrhunderts dürften die Slawen die römische Reichsgrenze an Save und Donau erreicht haben, wo ihre Wanderung zunächst zum Stehen kam. Nur vereinzelt unternahmen sie Einfälle über die Grenze hinweg, so 527 nach Thrakien. 548 stießen die Slawen dann quer durch den Balkan bis zur Adria vor. Ostrom, das nicht über ausreichende militärische Macht verfügte, um sich der Einfälle zu erwehren, griff zu einem früher schon oft angewandten, aber nicht ganz ungefährlichen Mittel: Man nahm Slawen in die Armee auf. 555 werden bereits oströmische Offiziere mit slawischen Namen erwähnt. Einen weiteren

Schritt tat Justinian selbst, als er um 540 Anten an der unteren Donau ansiedelte und sie mit der Grenzverteidigung gegen ein neues vom Osten vordringendes Steppenvolk, diesmal die Awaren, betraute.

Die Awaren waren ein bis dahin unbekanntes, wahrscheinlich turkstämmiges Reitervolk. Durch ihr Vordringen wurden die in den der östlichen Reichsgrenze vorgelagerten Gebieten siedelnden slawischen Stämme zur Weiterwanderung nach Westen gezwungen; teilweise nahmen sie später aber auch als abhängige Völker an den Awarenzügen teil. Von Konstantinopel zunächst durch jährliche Geldzahlungen beruhigt, gründeten die Awaren einen Staatsverband mit Zentrum in der pannonischen Ebene, dem auch zahlreiche Slawenstämme unterworfen waren. 584 und 586 kam es zu den ersten awarisch-slawischen Angriffen auf Thessaloniki, über die wir durch die 'Miracula S. Demetrii', eine der wichtigsten Quellen für die Frühgeschichte der Südslawen, unterrichtet sind. Wichtiger als diese ersten vergeblichen Versuche, Thessaloniki einzunehmen, ist jedoch die Tatsache, daß in diesen 80er Jahren die Ansiedlung der Slawen auf dem Balkan begann. Um 600 waren nicht nur die alten römischen Donauprovinzen, sondern auch ganz Makedonien von den Slawen besetzt. Fortschritte machte die slawisch-awarische Eroberung auch im Westen der Halbinsel, in Dalmatien. Zwischen 612 und 614 wurde Salona, das Zentrum der oströmischen Verwaltung in Dalmatien, erobert und zerstört. Wie Salona und andere Städte in Dalmatien gingen in dieser Zeit auch die meisten Städte im Landesinnern unter. Als Stützpunkte verblieben Ostrom lediglich einige adriatische Küstenplätze wie Jader (Zadar), Tragurium (Trogir) und Butua (Budva) sowie einige dalmatinische Inseln.

Infolge der slawischen Eroberung trat im ganzen Balkanbereich eine gewaltige ethnische Umwälzung ein, zumal der slawische Zustrom auch weiterhin anhielt. Die gesamte Halbinsel von den Alpen bis zur Südspitze der Peloponnes war schließlich von Slawen überflutet. Unter Kaiser Herakleios (610–41) einsetzende Versuche, durch Einführung der 'Themenverfassung' die Verteidigungskraft des Reiches wiederherzustellen, hatten auf dem Balkan zunächst keine Auswirkungen. Vielmehr unternahmen 626 die Awaren und die von ihnen abhängigen Slawen im Bündnis mit den Persern einen Großangriff auf die oströmische Hauptstadt. Ostrom hatte gegenüber der feindlichen Übermacht nur einen Trumpf in der Hand – die Flotte. Und diese war es auch, die den Ausschlag gab:

Die slawischen Boote (die Awaren scheinen mit der Seefahrt nicht vertraut gewesen zu sein) wurden vernichtet, und die Awaren mußten die Belagerung Konstantinopels aufgeben. Die awarische Machtstellung war damit erschüttert, wenn die Awaren auch bis Ende des 8. Jahrhunderts, als Karl der Große ihr Reich endgültig vernichtete, im pannonischen Raum weiterhin einen politischen Faktor darstellten. Für die slawischen Stämme, die bis dahin unter awarischer Oberhoheit gestanden hatten, war die Niederlage ihrer Oberherren das Signal zur Erhebung. Die oströmische Diplomatie nützte die Situation aus, um den Balkan wieder unter Kontrolle zu bringen. Herakleios scheint dabei versucht zu haben, auf die Landnahme der slawischen Stämme Einfluß zu nehmen. Kaiser Konstantin VII. Porphyrogennetos (913–59) berichtet in seinem Werk 'De administrando imperio', daß Herakleios nach 626 die slawischen Stämme der Serben (Σέρβλοι) und Kroaten (Χρωβάτοι) zur Abwehr der Awaren nach Südosteuropa gerufen und ihnen dort Wohnsitze zugewiesen habe. Serben und Kroaten wären demnach erst zu einem späteren Zeitpunkt auf dem Balkan erschienen als die übrigen Slawen. Früher hat man bezweifelt, daß der etwas legendenhaft gehaltene Bericht von Porphyrogennetos zutrifft, und behauptet, daß Serben und Kroaten schon um 600 zusammen mit den anderen slawischen Stämmen auf dem Balkan eingedrungen seien. Heute ist man geneigt, dem Bericht des Schriftstellers auf dem Kaiserthron mehr Glauben zu schenken. Wie dem auch sei, fest steht, daß sich die Kroaten im Kampf gegen die Awaren im Nordwesten der Balkanhalbinsel behaupteten, während die Serben das südöstlich angrenzende Gebiet in Besitz nahmen.

Die Slawen waren jetzt also de facto die Herren der Balkanhalbinsel. Wie verhielten sie sich nun in ihrer neuen Umwelt, wie war ihr Verhältnis zu der alteingesessenen, im jugoslawischen Raum thrakisch-illyrischen, zum großen Teil bereits romanisierten Bevölkerung, wie ihre Beziehungen zu Ostrom, wie die zu ihren zeitweiligen Oberherren, den Awaren? Das sind Fragen, die zu beantworten nicht ganz einfach ist, da für die zwei Jahrhunderte nach der slawischen Landnahme die Quellen nur Spärliches aus dem Innern der Balkanhalbinsel berichten.

Als die Slawen auf den Balkan kamen, lebten sie in lockeren Stammesverbänden. Prokopios verwandte zur Charakterisierung der Gesellschaftsstruktur bei den Slawen den Begriff 'Demokratie'. („Sie stehen unter keinem Monarchen, sondern sie haben, von alten Zeiten her, eine demokratische Regierung [δημοκρατία]. Daher beratschlagen sie über ihre Interessen immer gemeinschaftlich", Bellum Gothicum III 14.) Die Slawen waren Ackerbauern und lebten in verstreuten Siedlungen. „Sie wohnen in schlechten und zerstreuten Hütten und ziehen oft von einem Ort zum anderen", heißt es bei Prokopios (ebenda). Ein städtisches Leben kannten sie nicht; die Städte kamen ihnen wie ihren awarischen Oberherren als „von Mauern umgebene Gräber" vor. Die eroberten Städte blieben deshalb auch zerstört; es sollte lange dauern, bis die Slawen einen bedeutenderen Anteil an der Stadtbevölkerung auf dem Balkan stellten. Sonst scheinen sie sich aber ihrer neuen Umgebung rasch angepaßt zu haben. Als sie auf dem Balkan auftauchten, waren sie z. B. schlecht bewaffnet: „Wenn sie in den Kampf gehen, so sind sie größtenteils zu Fuß und führen nur kleine Schilde und Wurfspieße. Niemals haben sie einen Harnisch an. Einige haben nicht einmal Hemden oder andere Kleidung, sondern gehen bloß in Beinkleidern in die Schlacht", schreibt Prokopios (ebenda). Das dürfte sich sehr schnell geändert haben, denn schon der syrische Kirchenhistoriker Johannes von Ephesos († 585) berichtet über das „fluchwürdige Volk der Slawen": „... sie sind reich geworden, besitzen Gold und Silber, Herden von Rossen und viele Waffen; besser als die Römer haben sie Krieg führen gelernt." (Historia Ecclesiastica VI, 25.) Über andere Details ihrer Assimilation sind wir leider nicht so gut unterrichtet; angesichts der akuten Bedrohung interessierten militärische Belange die Zeitgenossen natürlich am meisten.

Das Verhältnis der Slawen zur altbalkanischen Bevölkerung wird aus den erzählenden Quellen noch weniger deutlich. Ein Teil der einheimischen Bevölkerung war bei der Ankunft der Slawen in die wenigen verbliebenen festen Küstenplätze oder auf die Inseln geflüchtet. Erst nach Beruhigung der Lage gründeten diese Flüchtlinge neue Siedlungen, so die Bewohner des zerstörten Epidaurum (heute Cavtat, ital. Ragusa Vecchia) die Stadt Ragusa, das heutige Dubrovnik. Bewohner von Salona und andere Flüchtlinge gründeten innerhalb der Mauern des Diokletianspalastes die Stadt Spalato (Split). Ein anderer Teil der vorslawischen Balkanbevölkerung flüchtete vor den eindringenden Slawen in die Berge. Unter dem Druck der neuen Lebensbedingungen wurden diese Flüchtlinge wieder zu Hirten. Sie haben erst viel später von den Slawen wieder den Ackerbau und die seßhafte Lebensweise erlernt.

Ostrom gelang es zwar in den drei Jahrhunderten nach der slawischen Landnahme, einen großen Teil der balkanischen Küstengebiete wieder unter seine Kontrolle zu bringen. Die oströmische

Macht reichte aber nur so weit wie die der kaiserlichen Flotte. Im Binnenland endete die oströmische Rückeroberung; es blieb weiterhin im Besitz der Slawen. Dieser slawische Binnenbalkan zerfiel in eine Vielzahl von 'Sklawinien' (Sklaviniai), wie in den oströmischen Quellen die den Slawen anheimgefallenen Gebiete genannt wurden. Diese Sklavinien waren Stammesgebiete, die manchmal nominell die kaiserliche Oberhoheit anerkannten. Zu einer zusammenfassenden staatlichen Machtbildung gelangten diese Slawenstämme erst nach 680, als ein neues, turksprachiges Steppenvolk – die 'Proto'-Bulgaren – die Donau überschritt, die dort ansässigen slawischen Stämme unterwarf und, in ständigem Kampf gegen Ostrom, einen Staat errichtete, der allmählich einen slawischen Charakter annahm.

2. DAS MITTELALTERLICHE KÖNIGREICH DER KROATEN

Nach dem Bericht des Konstantin Porphyrogennetos sind die Kroaten nach 626 nach Südosteuropa gekommen. Sie kamen aus einem Gebiet, das der Kaiser 'Weißkroatien' (Βελοχρωατία) nennt und das nördlich der Karpaten gelegen haben dürfte. Die Frage des ethnischen Ursprungs der Kroaten ist in der Literatur umstritten; einige Autoren beharren immer noch auf einer nichtslawischen Herkunft und führen die Kroaten auf die Alanen im Kaukasus, einen iranischen oder gar auf einen vorarischen indischen Volksstamm zurück. Überzeugende Beweise für diese Thesen konnten bisher nicht erbracht werden. Auf dem Balkan siedelten die Kroaten im dalmatinischen Küstengebiet und im Binnenland, im Osten bis zum heutigen Bosnien, im Norden bis über die Save hinaus. Zu Beginn des 9. Jahrhunderts entwickelten sich zwei kroatische Herrschaftsgebilde, das eine mit einem küstenländischen (Nin), das andere mit einem binnenländischen (Sisak) Zentrum. Über die Frühgeschichte beider kroatischer Staatsgebilde ist wenig bekannt. Im Küstengebiet scheint es, wie die Inschrift auf dem Taufstein eines Fürsten Višeslav (9. Jahrhundert?) zeigt, schon früh zu einer Christianisierung der slawischen Bevölkerung gekommen zu sein. Sie ging wahrscheinlich von den romanisch gebliebenen Küstenstädten und Bischofssitzen aus, wie etwa von Zadar und Trogir. Beide kroatische Staaten befanden sich im Einflußbereich des Frankenreiches, das 788 das bisher oströmische Istrien erworben hatte. Im gleichen Jahre setzte Karl der Große den Bayernherzog Tassilo ab und gliederte Bayern seinem Reich ein. Das hatte auch Auswirkungen auf Südosteuropa, denn Tassilo war mit den Awaren verbündet, die jetzt Überfälle auf das fränkisch gewordene Bayern und auf Friaul unternahmen. Ein fränkischer Gegenangriff war die Folge, der 792 begann und mit der endgültigen Unterwerfung der Awaren 795/96 endete. Das Awarenreich wurde ein Vasallenstaat des Frankenreiches, dessen Machtbereich sich jetzt bis in die Gegend des heutigen Belgrad erstreckte. Auch beide Kroatien gerieten damals unter fränkische Oberhoheit: Binnenkroatien 795 und das Küstenland 803. Ostrom sah sich nach einer erfolglosen militärischen Intervention im Frieden von Aachen 812 genötigt, nicht nur die Kaiserwürde Karls des Großen, sondern auch dessen Gebietserwerbungen in Südosteuropa anzuerkennen. Beide Kroatien verblieben im fränkischen Machtbereich; in Dalmatien machte Karl allerdings einige Konzessionen: Die Cetina sollte die Grenze zwischen dem fränkischen und dem oströmischen Einflußgebiet bilden und die Städte Zadar, Trogir und Split sowie die Inseln Krk, Cres, Lošinj und Rab unter oströmischer Oberhoheit und dem Schutz der Reichsflotte verbleiben. Um diese Zeit tauchen die ersten kroatischen Herrschernamen auf: So herrschte in Küstenkroatien Borna († 821), in Binnenkroatien Ljudevit († 823). Beide erschienen nach dem Tode Karls des Großen 818 in Aachen, um dem neuen Frankenherrscher Ludwig dem Frommen zu huldigen. Wenig später stellte sich Ljudevit allerdings an die Spitze eines Aufstandes gegen die fränkische Oberherrschaft, während Borna die Franken unterstützte und die Gelegenheit benützte, um in Ljudevits Herrschaftsgebiet einzufallen. Nach Ljudevits Tod kam Binnenkroatien wieder unter fränkische Herrschaft und geriet dann vorübergehend unter bulgarischen Einfluß, bis Ende des 9. Jahrhunderts die Magyaren erschienen und sich im Lande niederließen. In Küstenkroatien nahm die Entwicklung einen anderen Verlauf: Die Herrschaft der Franken, die keine Flotte besaßen, war dort weniger spürbar, statt dessen mußte man auf Ostrom und vor allem auf Venedig Rücksicht nehmen, das sich im 9. Jahrhundert als Seemacht zu etablieren begann. Allerdings waren es nicht die Kroaten, sondern die benachbarten, zwischen Cetina und Neretva siedelnden, Seeraub betreibenden und noch heidnischen Narentaner, mit denen Venedig zuerst in Konflikt geriet. Die Narentaner waren Slawen; ob sie einen eigenen Volksstamm bildeten oder dem der Kroaten oder Serben angehörten, ist umstritten. Dem Fürsten von Küstenkroatien waren sie jedenfalls nicht untertan.

In Küstenkroatien herrschte 835–45 Fürst Mislav, dessen Residenz nicht mehr Nin, sondern Klis bei Split war. Aus der Zeit seiner Herrschaft werden uns erstmals Angaben über die kroatische Kirche überliefert: Mislav stiftete nicht nur die Georgskirche im heutigen Kaštel Sućurac, er gab auch ein Zehntel von den Erträgen seiner Besitzungen bei Klis dem Erzbischof von Split, der auf fremdem, d. h. oströmischem Territorium saß und wahrscheinlich eine Art Metropolit für die kroatische Kirche war. Mislavs Nachfolger war Trpimir (845–64), der Begründer der gleichnamigen Dynastie (Trpimirovići), die bis Ende des 11. Jahrhunderts herrschen sollte.

Unter ihm entstanden städtische Neugründungen wie Biograd südlich von Zadar, Šibenik, Knin und Bribir. Gleichzeitig wurden auf den Ruinen alter römischer Städte kroatische Siedlungen begründet wie Solin (Salona), Skradin (Scardona), Karin (Crinium). Trpimir unterhielt bereits eine eigene Kanzlei, die Urkunden in lateinischer Sprache ausfertigte; die früheste uns erhaltene Urkunde stammt aus dem Jahre 852. Als Trpimir starb, gelangte zunächst keiner seiner drei Söhne (Peter, Zdeslav, Mutimir) zur Herrschaft, sondern Domagoj (864–76), ein Mann unbekannter Herkunft. In seine Regierungszeit fallen zwei für Kroatien sehr bedeutsame Ereignisse: zunächst die Gründung eines eigenen kroatischen Bistums in Nin 864, das dem Papst unmittelbar unterstellt war. Diese Bistumsgründung ist vor dem Hintergrund des Photianischen Schismas zu sehen, als Ausdruck der Machtpolitik des Papstes (Nikolaus I.), dem es darum ging, den Einfluß Ostroms in Dalmatien einzudämmen. Erst 928 gelang es Split, seine älteren Ansprüche als Metropolitankirche für Kroatien durchzusetzen. Das zweite wichtige Ereignis während der Herrschaft Domagojs war der Konflikt mit Venedig und mit den Franken. Venedig beanspruchte schon früh die Hegemonie im Adriaraum, die nicht nur von Arabern und Narentanern, sondern auch von den Kroaten bedroht war, die ebenfalls eine Flotte besaßen. 872 griffen kroatische Schiffe zusammen mit arabischen Piraten venezianische Schiffe in den istrischen Gewässern an. Darüber kam es zum Krieg, in den Papst Johannes VIII. vermittelnd eingreifen mußte, um den 'pessimus Sclavorum dux' Domagoj, wie ihn die Venezianer nannten, zum Einlenken zu bewegen. Zum Konflikt mit den Franken kam es 875, als Kaiser Ludwig II. starb. Domagoj nützte die Gelegenheit, um die fränkische Oberherrschaft abzuschütteln. Anfang 876 überfielen kroatische Schiffe das fränkische Istrien und plünderten die Küstenstädte. Kroatien befreite sich damals von der fränkischen Herrschaft, allerdings nur, um wenig später unter oströmische zu kommen. Domagoj starb 876, als der Aufstand gegen die Franken noch im Gange war. Ihm folgte sein Sohn, dessen Name uns nicht überliefert ist, der auch nur zwei Jahre regierte und 878 von Zdeslav, dem Sohn Trpimirs, gestürzt und aus dem Lande vertrieben wurde. Zdeslav (878–79) war mit Hilfe Ostroms an die Macht gekommen, dessen Oberhoheit über Kroatien er auch sofort anerkannte. Unter ihm kamen griechische Beamte ins Land und griechische Geistliche, die mit der Christianisierung der immer noch heidnischen Narentaner begannen. Gegen diese einseitige Orientierung machte sich bald Widerstand bemerkbar, der u. a. auch von der kroatischen Kirche ausging, die nun wieder der Jurisdiktion des Patriarchen von Konstantinopel unterstellt worden war. Als Exponent dieser Oppositionskreise verdrängte Branimir (879–92) Zdeslav vom Thron, worauf es zu einem völligen außenpolitischen Umschwung kam. Kirchlich setzte sich wieder die Rom-Orientierung durch. Freilich ist die Entscheidung Branimirs nicht als ein religiös, sondern politisch motivierter Akt zu werten: Kroatenherrscher und Papst hatten die gleichen politischen Gegner, nämlich Ostrom und das Frankenreich. Papst Johannes VIII. war deshalb bereit, die gegen Ostrom gerichteten Autonomiebestrebungen der kroatischen Kirche zu unterstützen. Bischof Teodosije von Nin sollte in Personalunion gleichzeitig das vakant gewordene Erzbistum Split übernehmen. Diese Doppelbesetzung, die die oströmischen Küstenstädte kirchlich mit Kroatien vereinigt hätte, scheiterte dann aber am Widerstand der dalmatinischen Bischöfe. Militärisch hatte sich Branimir vor allem mit Venedig auseinanderzusetzen, das seinen Machtbereich auf die ostadriatische Küste auszudehnen trachtete. Der venezianische Angriff im September 887 schlug jedoch fehl. Venedig gab daraufhin seine Eroberungspläne vorerst auf und zahlte für die Sicherheit seiner Schiffahrt den Kroaten einen jährlichen 'tributum pacis'.

Auf Branimir folgten Mutimir (892–910), über dessen Regierung so gut wie nichts bekannt ist, und dann sein Sohn Tomislav (910–28), unter dem Kroatien Königreich werden sollte. Tomislav gelang es, seinen Machtbereich weit nach Norden, bis nach Pannonien auszudehnen. Im Südosten grenzte sein Staat an das Großbulgarische Reich des Zaren Simeon. Gegenüber der expansiven Außenpolitik des Bulgarenzaren konnte sich Tomislav behaupten. 926 schlug er einen bulgarischen Angriff zurück und entging so dem Schicksal der Serben, die 924 geschlagen und unter bulgarische Herrschaft gekommen waren. Auch an der Küste vermochte Tomislav den Besitzstand seines Staates zu mehren: Nachdem es 923 zwischen der Ost- und der Westkirche zu einer Verständigung gekommen war, verzichtete nämlich der Patriarch von Konstantinopel auf die Jurisdiktion über die dalmatinischen Diözesen. Gleichzeitig überließ Kaiser Romanos Lakapenos das Thema Dalmatien, d. h. vor allem die Küstenstädte und die Inseln, Tomislav als seinem 'Prokonsul' zur Verwaltung. Durch diese außenpolitischen Erfolge gestärkt, proklamierte sich Tomislav zum König, zum 'Rex Chroatorum', wahrscheinlich zwischen 924–25. Der Königstitel wurde vom Papst nachträglich anerkannt. Unter Tomislav erreichte Kroatien den Höhepunkt seiner Machtentfaltung. Er beherrschte neben Kroatien auch Istrien und Bosnien; sein Einfluß erstreckte sich wahrscheinlich auch auf das heutige Montenegro und auf Teile Nordalbaniens. Seine Nachfolger konnten diesen Territorialbestand nicht mehr halten. Sie konnten nicht verhindern, daß ein anderer Staat sich zur adriatischen Führungsmacht entwickelte und damit auch die Position Kroatiens gefährdete – Venedig.

Zeiten der Schwäche ihrer Kontrahenten an der Gegenküste nützten die Venezianer konsequent aus, um langfristig das östliche Adriaufer unter ihre Kontrolle zu bringen. Und solche Zeiten gab es nach dem Tode König Tomislavs immer häufiger. 946, als in Kroatien innere Machtkämpfe tobten, versuchte der Doge Pietro Candiano II. eine Militäraktion gegen die dalmatinische Küste, die allerdings erfolglos ausging. In der zweiten Hälfte des 10. Jahrhunderts hielt sich Venedig gegenüber Kroatien zurück, das unter Mihajlo Krešimir (949–69) und Stefan Držislav (969–997) seine Machtstellung wahren konnte. Mihajlo Krešimir gewann das nach dem Tode Tomislavs verlorengegangene Bosnien zurück, und Stefan Držislav konnte einen Angriff des Bulgarenzaren Samuil zurückweisen. Stefan Držislav arbeitete dabei mit Kaiser Basileios II. zusammen, der ihn auch zum Exarchen von Dalmatien ernannte. Nach seinem Tode kam es zu Thronfolgestreitigkeiten, die die Venezianer sofort ausnützten: Im Jahre 1000 erschien der venezianische Doge Pietro Orseolo II. mit einer starken Flotte vor Dalmatien und besetzte kampflos Zadar, Trogir, Split, Dubrovnik und die Inseln Krk, Rab, Korčula und Lastovo. Als er nach Venedig zurückkehrte, legte er sich den Titel 'Dux Dalmatiae' zu. Das Jahr 1000 gilt deshalb als das Geburtsjahr des venezianischen Überseereiches, wenn auch der Besitz Dalmatiens noch nicht endgültig war. Krešimir III., der aus dem Thronfolgekonflikt als Sieger hervorgegangen war, konnte sich um 1024 wieder in den Besitz der Küstenstädte setzen, die auch unter seinen Nachfolgern zumindest nominell kroatisch blieben.

Unter Peter Krešimir IV. (1058–74) erlebte das mittelalterliche Königreich der Kroaten noch einmal einen letzten Höhepunkt. Nicht nur die umstrittenen Küstenstädte, sondern auch das bisher immer noch autonome Gebiet der Narentaner gehörten damals zu Kroatien, das jetzt wieder von der Drau im Norden bis zur Neretva im Süden reichte. Innenpolitisch gab es jedoch bereits Anzeichen für den Niedergang der Königsmacht. Besonders im Norden machten lokale Machthaber der Zentralgewalt die Herrschaft streitig. Einer von ihnen war Demetrius Zvonimir, der Ban (Provinzchef) von Slawonien, der durch seine Heirat mit Helena, der Tochter Bélas I., mit dem ungarischen Königshaus verschwägert war. Nach dem Tode Peter Krešimirs IV. gelang es Demetrius Zvonimir, sich zum Herrscher über ganz Kroatien zu erheben. Er wurde dabei von Papst Gregor VII. unterstützt, der ihn im Oktober 1075 in der Petersbasilika von Salona bei Split zum König krönen ließ und so die Usurpation des Thrones nachträglich legitimierte. Als Demetrius Zvonimir um 1087/88 starb, kam es in Kroatien wieder zu Nachfolgestreitigkeiten: Unterstützt von den dalmatinischen Städten und einem großen Teil des Adels proklamierte sich Stjepan, der Sohn von Peter Krešimir IV., zum König. Eine andere Adelspartei, an deren Spitze die Königinwitwe Helena stand, bot König Ladislaus I. von Ungarn, dem Bruder Helenas, die Krone an. 1091 – König Stjepan war bereits gestorben – erschien Ladislaus in Kroatien, besetzte Slawonien, mußte dann aber wegen eines Petschenegeneinfalls in Ungarn auf weitere Eroberungen verzichten. In dem vom Ungarneinfall verschont gebliebenen Gebiet wählte der Adel 1093 den Dalmatiner Peter Svačić zum Herrscher; Svačić (1093–97) sollte der letzte einheimische Herrscher sein. Die Ungarn waren nämlich nicht bereit, auf ihre vermeintlichen Rechte in Kroatien zu verzichten. Bereits 1097 unternahm Ladislaus' Sohn und Nachfolger Koloman einen Feldzug gegen die Kroaten, schlug deren Truppen und besetzte das Land bis zur adriatischen Küste. Dort war die ungarische Herrschaft allerdings nicht unumstritten, denn Venedig hatte die Wirren um die Nachfolge Zvonimirs zu nützen gewußt und die Küstenstädte Zadar, Split und Trogir sowie einige Inseln veranlaßt, sich unter den Schutz der Lagunenrepublik zu stellen. 1102 ließ sich Koloman in Biograd na moru zum kroatischen König krönen; er führte jetzt den Titel eines 'Rex Hungariae, Croatiae et Dalmatiae'. In das gleiche Jahr 1102 soll auch der Abschluß jenes umstrittenen Vertrages fallen, der gewöhnlich als 'Pacta conventa' bezeichnet wird. Dieser Vertrag, über den erst eine Quelle vom Ende des 13. Jahrhunderts berichtet, garantierte den 'zwölf kroatischen Stämmen' ihren Besitz, befreite sie von Abgaben an den König und weitgehend auch von der Heeresfolge. Von kroatischer Seite sollten die 'Pacta conventa' später dahingehend interpretiert werden, daß Kroatien freiwillig eine Union mit Ungarn eingegangen sei. Kroatien blieb, mit einer kurzen Unterbrechung nach 1848, staatsrechtlich mit Ungarn vereint, bis zum Ende des Ersten Weltkrieges.

3. DER NEMANJIDENSTAAT

Die Anfänge der Eigenstaatlichkeit sind bei den Serben ebenso dunkel und quellenmäßig wenig belegt wie bei den Kroaten, mit denen sie nach 626 auf die Balkanhalbinsel gekommen sein sollen. Ebenfalls wie bei den Kroaten ging bei den Serben die Staatsbildung von zwei politischen Machtzentren aus: von einem binnenländischen (Raszien, skr. Raška, ein Gebirgsgebiet zwischen den Flüssen Ibar, Lim, Tara und Piva) und von einem küstenländischen (Diokletien, skr. Duklja). Als erster serbischer Herrscher wird in Raszien um die Mitte des 9. Jahrhunderts ein gewisser Vlastimir erwähnt, der sich erfolgreich bulgarischer Angriffe erwehren konnte. Hier zeigt sich bereits die Problematik der serbischen Staatsgründung: man hatte sich gegenüber zwei Machtfaktoren – Ostrom und dem immer mehr erstarkenden Bulgarenreich – durchzusetzen. Nach Vlastimirs Tod teilten sich seine drei Söhne Mutimir, Strojimir und Gojnik in die Herrschaft, bis es Mutimir gelang, sich als Alleinherrscher durchzusetzen und mit den Bulgaren Frieden zu schließen. Unter Mutimir dürfte auch das Christentum bei den Serben Fuß gefaßt haben, einer seiner Söhne trug nämlich einen christlichen Namen – Stefan. Nach Mutimirs Tod geriet dieses erste serbische Staatsgebilde wieder unter bulgarische Herrschaft, unter der es bis zum Tode Zar Simeons 927 verblieb. Dann konnte Časlav (927–50) Raszien wieder von der bulgarischen Oberhoheit befreien, und zwar mit oströmischer Hilfe. Eine Dauerlösung war das wiederum nicht. Der bulgarische und der oströmische Einfluß wechselten in Raszien miteinander mehrmals ab, bis das Küstenland für einige Jahrzehnte die Führungsrolle in der Genese serbischer Staatlichkeit übernahm.

In Diokletien war es nach längeren Auseinandersetzungen zwischen der slawischen und der romanischen bzw. romanisierten Bevölkerung zu einer kulturellen und ethnischen Symbiose gekommen, die in einer zunehmenden Westorientierung ihren Ausdruck fand. Um 1035 gelang es dem Fürsten Stefan Vojislav, sich von der oströmischen Oberherrschaft zu befreien. Er unterstützte den Slawenaufstand unter Peter Deljan, der 1040/41 den größten Teil der Balkanhalbinsel erfaßte, und dehnte seinen Machtbereich bis in das

Gebiet der heutigen Herzegowina aus. Es schien so, als ob von Diokletien her die serbischen Stämme zu einer staatlichen Einheit finden würden. Vojislavs Sohn Michael erhielt 1077, ebenso wie Demetrius Zvonimir von Kroatien, vom Papst die Königskrone. Sein Sohn Konstantin Bodin (1082–1100) gewann neben Raszien auch noch Bosnien hinzu, womit ein umfassendes serbisches Staatsgebilde entstand, das 1089 auch die kirchliche Selbständigkeit erlangte, als Papst Klemens III. das Bistum von Bar (Antivari) in eine Metropolie umwandelte. Konstantin Bodin fand jedoch keinen Nachfolger, der das begonnene Einigungswerk hätte stabilisieren und fortsetzen können. Nach seinem Tode fielen die innerbalkanischen Gebiete rasch wieder ab, und das politische Ansehen des Königreiches wurde durch dynastische Machtkämpfe vertan. Die Staatsbildung vom Küstengebiet her war damit gescheitert. Diokletien war den folgenden Auseinandersetzungen mit Raszien nicht gewachsen und sollte schließlich 1183 dem Nemanjidenreich als lateinisch orientierte Westhälfte einverleibt werden. Es bewahrte allerdings noch lange Zeit hindurch eine gewisse Sonderstellung, was auch in der serbischen Herrschertitulatur zum Ausdruck kam: So nannte sich noch Stefan Vladislav (1234–1243) 'Kral vsěh raških zeml' i primorskih' (König aller Raszischen und Küstenländer).

Vom Beginn des 12. Jahrhunderts an begann sich die politische Initiative nach dem bevölkerungsmäßig homogeneren Raszien zu verlagern, das von nun an das Zentrum des Widerstandes gegen die oströmische Oberhoheit wurde. Bereits unter dem Župan (Oberhaupt eines Gaues = župa) Vukan (ca. 1089–1122) war die Oberhoheit des Kaisers über Raszien nur mehr nominell. Besonders gefährlich wurde die Lage für Ostrom, als sich die Serben mit den Ungarn verbündeten und der Ungarnkönig Béla II. eine Tochter des raszischen Herrschers Uroš (1122–36) heiratete. Das serbisch-ungarische Bündnis sollte mehrere Jahrzehnte andauern und Ostrom vor nicht geringe Schwierigkeiten stellen. Kaiser Manuel I. Komnenos versuchte auf dem Balkan noch einmal eine Wende herbeizuführen, indem er sich in die dynastischen Streitigkeiten nicht nur in Ungarn, sondern auch in Raszien einmischte. Etwa um 1168 setzte er nach einem erfolgreichen Feldzug gegen Župan Desa seinen Kandidaten Tihomir, den Sohn eines gewissen Zavida, zum Herrscher über Raszien ein. Gegen diesen kaiserlichen Schützling erhob sich bald Opposition, zu deren Wortführer sich ein Mitglied von Tihomirs eigener Familie, nämlich sein jüngerer Bruder Stefan Nemanja, machte. Diesem gelang es um 1170, Tihomir zu stürzen und sich selbst zum Župan ausrufen zu lassen. Er wurde der Stammvater der Nemanjidendynastie, die zwei Jahrhunderte lang die Geschicke der Serben bestimmen sollte.

Zunächst söhnte sich Stefan Nemanja mit seinen überlebenden Brüdern Stracimir und Miroslav aus und überließ ihnen Teilfürstentümer in den Randgebieten. Mit Ostrom kam es indes bald wieder zu Schwierigkeiten: 1172 drang Kaiser Manuel in Raszien ein, Nemanja mußte sich unterwerfen und als besiegter Rebell am Triumphzug des Kaisers in Konstantinopel teilnehmen, worauf er als Vasall in sein Land zurückkehren konnte. Er hielt Manuel I. bis zu dessen Tode 1180 die Treue. Erst danach begann er eine neue Offensive gegen Ostrom, wobei er in Manuels ehemaligem Schützling Béla III. von Ungarn einen Bundesgenossen fand. Während der Ungarnkönig Norddalmatien, die Inseln vor Split und das venezianische Zadar besetzte, drangen die Serben in das Moravagebiet vor und verwüsteten Belgrad, Braničevo, Niš und selbst Sofia. Danach wandte sich Stefan Nemanja gegen die oströmischen Besitzungen in Süddalmatien und Albanien. Er besetzte Skutari und die Bischofsresidenzen Sarda, Dagno, Drivast und Svač sowie die Hafenstädte Ulcinj, Bar und Kotor. Serbien gewann durch diese Kämpfe also nicht nur seine Unabhängigkeit, sondern erfuhr auch eine bedeutende territoriale Erweiterung. In die 80er Jahre fällt dann auch die Vereinigung Diokletiens mit Raszien, zweifellos der größte Erfolg Stefan Nemanjas. Ostrom konnte gegen die Machtausbreitung seines ehemaligen Vasallen wenig unternehmen, zudem es in Bulgarien zu einem Aufstand kam, an dessen Spitze die Gebrüder Asen standen. Es entstand das Zweite Bulgarische Reich, das für Nemanja ein neuer Bundesgenosse wurde. Zu alledem traf Ostrom noch ein weiteres Mißgeschick – der Dritte Kreuzzug. Abendländische Kreuzzüge waren in Konstantinopel noch nie mit allzu großer Begeisterung begrüßt worden; bei dem 1189 eingeleiteten war das um so weniger der Fall, als Kaiser Friedrich I. Barbarossa, der den Landweg quer durch die Balkanhalbinsel nehmen wollte, nicht nur mit den Griechen über das Durchzugsrecht verhandelte, sondern auch mit deren Feinden – den Serben, Bulgaren und Rum-Seldschuken. Stefan Nemanja hatte eine Gesandtschaft in das kaiserliche Hoflager zu Nürnberg geschickt, die dort Weihnachten 1188 ein Schreiben des Serbenfürsten überreichte, in dem dieser nicht nur den Durchzug des Kreuzheeres durch sein Land gestattete, sondern auch den Wunsch äußerte, den Kaiser persönlich zu sehen. Das Treffen fand

Ende Juli 1189 in Niš statt, wobei Barbarossa zahlreiche Ehrengeschenke und sein Heer große Mengen von Verpflegung erhielten; zu dem von den Serben gewünschten Bündnis gegen Ostrom kam es dennoch nicht. Nach dem Abzug der Kreuzfahrer und dem Tod Barbarossas ergriff Kaiser Isaak II. Angelos vielmehr auf dem Balkan die Initiative und schlug die Serben im Herbst 1190 an der Morava. Im 1191 abgeschlossenen Frieden mußte Nemanja auf einen großen Teil der zuletzt gemachten Eroberungen verzichten. Die früheren Eroberungen verblieben ihm jedoch, und dazu zählten Kosovo und Metohija, Diokletien und Teile Nordalbaniens. Für Nemanja war der Friedensschluß auch insofern von Bedeutung, weil die staatliche Eigenständigkeit Serbiens de facto anerkannt wurde. Für Serbien begannen jetzt relativ friedliche Zeiten, die es dem über 80jährigen Herrscher erlaubten, abzudanken und sich nach einem auch später oft geübten Brauch in ein Kloster zurückzuziehen. Er tat das am 25. März 1196 und übergab die Regierung unter Umgehung des ältesten seinem zweiten Sohn Stefan, der zur Besiegelung des Friedens Eudokia, eine Nichte Isaaks II., geheiratet hatte. Nemanjas ältester Sohn Vukan erhielt Diokletien und führte dort den alten Königstitel, während der jüngste Sohn Rastko (Sava), der zunächst Hum, die heutige Herzegowina, erhalten hatte, bereits vor der Thronentsagung seines Vaters nach dem Athos ging. Dorthin folgte ihm im Oktober 1197 auch Stefan Nemanja, der zunächst als Mönch Simeon in seiner Klostergründung Studenica gelebt hatte. Gemeinsam ließen Vater und Sohn auf den Ruinen eines von Piraten zerstörten griechischen Klosters Hilandar errichten, das zum serbischen Nationalkloster werden und von den späteren Herrschern Serbiens mit großen Besitzungen ausgestattet werden sollte. Hier in Hilandar verstarb Nemanja am 13. Februar 1200. Er wird von der serbischen Kirche als Heiliger verehrt, wozu vor allem seine beiden Söhne Stefan und Sava beitrugen, die beide eine Vita ihres Vaters verfaßten. Sie legten damit die Grundlage für den Herrscherkult der Nemanjiden, einen Kult, der so ausgeprägt wohl nirgends auf der Balkanhalbinsel zu finden ist.

Dabei sah es zunächst gar nicht so aus, als ob Nemanjas Werk eine Fortsetzung finden würde: Nemanjas ältester Sohn Vukan, der sich zurückgesetzt fühlte, eröffnete nämlich mit ungarischer Unterstützung den Kampf gegen seinen Bruder Stefan und konnte 1202 auch die Herrschaft über ganz Serbien an sich reißen. Stefan floh zu den Bulgaren, konnte aber bereits 1203 mit bulgarischer und bosnischer Unterstützung wieder an die Macht kommen. Politisch begann er sich jetzt wie die meisten balkanischen Herrscher nach dem Westen zu orientieren. Der Vierte Kreuzzug hatte durch die Eroberung Konstantinopels 1204 mit einem Triumph für die Lateiner, vor allem für die Venezianer geendet, die jetzt auch unmittelbare Nachbarn der Serben wurden. Als nämlich der erste lateinische Patriarch von Konstantinopel, der Venezianer Thomas Morosini, mit einer Flotte aus der Lagunenstadt nach seiner neuen Residenz segelte, besetzte er quasi im Vorbeifahren das schutzlose Ragusa, das sich ohne Widerstand ergab (1205). Stefan trug der neuen Situation Rechnung, als er um 1216 in zweiter Ehe Anna, eine Enkelin des Dogen Enrico Dandolo, zur Frau nahm. Das sollte sich bald auszahlen, denn der neuen venezianischen Verwandtschaft war es wahrscheinlich zu verdanken, daß die vor 15 Jahren begonnenen Verhandlungen mit der Kurie wegen der Königskrone wiederaufgenommen wurden, diesmal mit Erfolg: 1217 wurde Stefan von einem päpstlichen Legaten zum König gekrönt; als der 'Erstgekrönte' (Prvovenčani) ist er in die Geschichte eingegangen. Die Krönung durch Rom bedeutete jedoch nicht, daß sich Stefan einseitig auf den Westen festlegte. Als es nämlich um die Frage der kirchlichen Selbständigkeit Serbiens ging, wandte sich Stefan nicht an den lateinischen Westen, sondern an den griechischen Osten. Eine Rolle mag dabei auch gespielt haben, daß das lateinische Kaiserreich von Konstantinopel rasch zu zerfallen begann, was natürlich eine zu enge Bindung an den Westen nicht ratsam erscheinen ließ. 1219 begab sich der Bruder des serbischen Herrschers, der Mönch Sava, an den Hof des griechischen Reststaates von Nikaia, wo der griechische Patriarch ihn zum Erzbischof der serbisch-orthodoxen Kirche weihte. Damit wurde Serbien aus der Jurisdiktion des bisher zuständigen Erzbistums Ohrid herausgenommen, was einen Protest und sogar die Androhung der Exkommunikation durch den damaligen Ohrider Erzbischof Demetrios Chomatianos auslöste. Chomatianos, einer der bedeutendsten griechischen Theologen seiner Zeit, richtete an den 'Mönch Sava' ein Synodalschreiben, in dem er behauptete, er sei gegen die Satzungen des kanonischen Rechts zum Erzbischof geweiht worden. Sava kümmerte sich nicht weiter um diese Anschuldigungen, sondern ging an den organisatorischen Aufbau der serbischen Kirche, die er zunächst in acht Bistümer aufgliederte und vom neuerrichteten Kloster Žiča aus verwaltete. Für Serbien waren beide dicht aufeinanderfolgenden Ereignisse – die Königskrönung und die Erringung der kirchlichen Selbständigkeit – von großer außenpolitischer Bedeutung, denn sie legitimierten

Nemanjas Reichsgründung und schufen so die Grundlagen für die weitere Entwicklung.

Als König Stefan um 1227 starb, ging die Nachfolge zunächst reibungslos vonstatten: Sava krönte Stefans ältesten Sohn Radoslav, den Sohn der Griechin Eudokia, zum serbischen König. Radoslav war rein griechisch erzogen, theologisch sehr interessiert und stand in regem Briefwechsel mit Demetrios Chomatianos. Sava verlor unter diesen Umständen bald an Einfluß, was wahrscheinlich auch der Grund dafür war, daß er 1229 eine längere Reise zu den Heiligen Stätten in Palästina antrat. 1234 wurde Radoslav von seinem Bruder Vladislav gestürzt, und zwar mit Hilfe des Zweiten Bulgarischen Reiches, das unter Ivan Asen II. den Höhepunkt seiner Macht erreichte. Radoslav floh nach Ragusa, wo man ihn freundlich aufnahm, und endete schließlich als Mönch in einem serbischen Kloster. Vladislav wurde wiederum von Sava, seinem Onkel, gekrönt, wodurch die Usurpation nachträglich legitimiert wurde. Das war die letzte politische Tat Savas; noch im gleichen Jahre übergab er das Erzbischofsamt seinem Schüler Arsenije und begab sich erneut nach Palästina. Auf der Rückreise von dort starb er im Januar 1235 in der bulgarischen Hauptstadt Tǔrnovo. Sava war sicher der bedeutendste Kirchenpolitiker des mittelalterlichen Serbien. Nicht nur, daß er für die serbische Kirche die Unabhängigkeit gewann und dadurch das politische Werk seines Bruders Stefan ergänzte. Von Bedeutung war auch, daß er die Bischofssitze an Klöster band, wo sie auch die Türkenzeit weitgehend unbeschadet überstehen konnten und die serbische Staatstradition aufrechtzuerhalten halfen. Sava gilt als der serbische Nationalheilige, sein Namenstag (14. Januar) war bis zum Ende des Zweiten Weltkrieges staatlicher und kirchlicher Feiertag in Serbien.

Nach dem Tode des Bulgarenzaren Ivan Asen II. (1241) konnte sich dessen Schützling Vladislav in Serbien nicht mehr länger halten. Im Frühjahr 1243 mußte er den Thron seinem jüngeren Bruder Stefan Uroš überlassen. Stefan Uroš I. (1243–76), der in der serbischen Geschichtsschreibung den Beinamen 'der Große' erhielt, betrieb eine anspruchsvolle Außenpolitik, die auf die Erwerbung Makedoniens hinzielte. Abwechselnd im Bunde mit Nikaia, mit Epiros und mit Ungarn, hat er sich in seinen politischen Kombinationen oft verrechnet und mußte schließlich seinem von Ungarn unterstützten und mit einer ungarischen Prinzessin verheirateten Sohn Stefan Dragutin weichen – der Vater-Sohn-Konflikt ist charakteristisch für die ganze mittelalterliche Geschichte Serbiens. Während

Stefan Uroš I. im Bereich der Außenpolitik keine allzu großen Erfolge zu verzeichnen hatte, schuf er jedoch auf einem anderen Gebiet, dem der Wirtschaft, die Grundlagen für die spätere Vormachtstellung Serbiens: Unter seiner Herrschaft werden die ersten deutschen Bergleute – 'Sachsen' (Sasi) – in Serbien erwähnt, die dort die seit der Römerzeit darniederliegende Silberförderung wiederaufnahmen. Ihre genaue geographische Herkunft (Freiberg in Sachsen? Ungarn?) ist umstritten, ebenso unklar ist, ob sie dem Ruf des serbischen Herrschers folgten oder ob sie wegen wirtschaftlicher Schwierigkeiten in ihrem Heimatland auf eigene Initiative auf den Balkan kamen. Als erster Bergwerksort wird in einer Urkunde vom Jahre 1254 Brskovo (lat. Brescoa, bei Kolašin) erwähnt. Andere Bergwerksorte, die allerdings erst für spätere Zeit belegt sind, waren Rudnik (bei Čačak), Trepča im Kopaonik-Gebirge sowie Janjevo. Der größte und bekannteste Bergwerksort im mittelalterlichen Serbien war aber zweifellos Novo Brdo (Nyenberghe, Novomonte in den Quellen), dessen Blütezeit im 14. und 15. Jahrhundert war. Als die Türken 1455 Novo Brdo eroberten, war der Silberbergbau noch in vollem Gange. Erst im 17. Jahrhundert hörte die Silberförderung, wohl wegen Erschöpfung der Erzlager, ganz auf. Stefan Uroš I. ließ jedoch nicht nur nach Edelmetallen graben, er prägte auch die ersten serbischen Silbermünzen, von den Ragusanern 'grossi di Brescoa' genannt. Ihm ist auch der Aufbau eines serbischen Zollwesens zu verdanken, das dem Staat regelmäßige Einkünfte ermöglichte.

Als 1276 Stefan Urošs ältester Sohn Stefan Dragutin den serbischen Thron bestieg, überließ er seiner Mutter Helena den katholischen Teil des Landes, also das Küstengebiet. Helena war gebürtige Französin, eventuell aus dem Hause Anjou. Von den Zeitgenossen wird sie als außergewöhnlich klug, freigebig und fromm geschildert. Sie war gleich populär bei den Serben wie bei der romanischen Küstenbevölkerung und stiftete mehrere – orthodoxe wie katholische – Klöster. Ihr Wirken ist ein charakteristisches Beispiel für die Aufgeschlossenheit der serbischen Führungsschicht für Einflüsse aus Ost und West. In seiner Außenpolitik verständigte sich Stefan Dragutin mit Ragusa, mit dem sein Vater fortlaufend Auseinandersetzungen gehabt hatte. Die Folge davon war, daß sich eine ragusanische Kaufmannskolonie in Brskovo niederließ und das dort geförderte Silber nach Westeuropa verhandelte. 1282 trat Stefan Dragutin nach einem Unfall zugunsten seines jüngeren Bruders Milutin zurück, der als Herrscher den Namen Stefan Uroš II. annahm.

Dragutin behielt aber den nordöstlichen Teil Serbiens. Serbien hatte somit eine Zeitlang zwei Könige – König Stefan, wie Dragutin in den serbischen Quellen genannt wird, und König Uroš als 'König des ganzen serbischen und des Küstenlandes'. Zwischen beiden Brüdern herrschte lange Zeit ein gutes Einvernehmen, das auch in gemeinsamen Feldzügen gegen Ostrom und Bulgarien zum Ausdruck kam. Milutin beteiligte sich nämlich sofort nach seiner Machtübernahme an der Koalition gegen Michael VIII. Palaiologos, die Karl von Anjou zustande gebracht hatte, um seine ehrgeizigen Pläne auf dem Balkan zu verwirklichen. In Unkenntnis der 'Sizilianischen Vesper' begannen die Serben 1282 den Angriff und eroberten Skopje und weite Teile Makedoniens. Skopje machte der Serbenkönig zu seiner Residenz; es sollte nie mehr griechisch werden. Dann griff er auch in Bulgarien ein, wo Nogaj, der Khan der Goldenen Horde, inzwischen Oberherr war. Um 1290 eroberte er Braničevo, eine Landschaft in Ostserbien, und griff auch Vidin an. Einen drohenden tatarischen Angriff konnte er durch eine Gesandtschaft an Nogaj Khan abwenden; er mußte allerdings seinen Sohn Stefan (den späteren König Stefan Uroš III. Dečanski) als Geisel zur Goldenen Horde schicken. In Makedonien dauerte indessen der Kriegszustand, den wir uns als eine Art Kleinkrieg vorzustellen haben, unvermindert an. Erst 1299 kam es zu einer Einigung zwischen Milutin und Kaiser Andronikos II., wobei die Initiative von den Griechen ausging, die im Osten immer stärker von den vordringenden Türken bedroht wurden. Man einigte sich dahingehend, daß die Serben alle eroberten Gebiete nördlich der Linie Ohrid–Prilep–Štip behalten und Milutin die Kaisertochter Simonis, damals ein Kind von fünf oder sechs Jahren, heiraten sollte, was auch von den an Kindesheiraten gewöhnten Zeitgenossen als anstößig empfunden wurde. Im gleichen Jahre 1299, in dem die Vermählung stattfand, verschlechterten sich die Beziehungen zwischen Milutin und seinem Bruder Dragutin, der um die Thronfolge seines Sohnes Vladislav in Serbien besorgt war. 1301 kam es zum offenen Konflikt, bei dem Dragutin einen großen Teil des serbischen Adels hinter sich hatte . Der Adel war über die Heiratsverbindung nicht sehr erbaut und über den Friedensschluß noch weniger, denn dieser beendete die Möglichkeit des einträglichen Kleinkrieges an den Grenzen. Was Milutin rettete, waren seine zeitlebens praktizierte Freigebigkeit gegenüber Kirchen und Klöstern und die Reichtümer, die er durch den Bergbau gewonnen hatte. Aus den Erträgen des Silberbergbaus, die im Kloster Banjska deponiert waren, finanzierte Milutin ein Söldnerheer, dem u. a. auch Tataren und Türken angehörten. Die militärischen Erfolge blieben nicht aus, und Dragutin sah sich zum Einlenken gezwungen, wobei der serbische Klerus die Vermittlerrolle übernahm (ca. 1311–13). Milutin starb 1321; er gilt als einer der bedeutendsten Herrscher in der mittelalterlichen serbischen Geschichte und als einer der größten Kirchen- und Klosterstifter – zu seinen Gründungen zählen Gračanica, Staro Nagoričani bei Kumanovo, Banjska, Bogorodica Ljeviška in Prizren.

Nach Milutins Tod kam es in Serbien zu Thronfolgestreitigkeiten: Milutin hatte seinen zweiten Sohn Konstantin zum Nachfolger bestimmt, der aber nur im Küstenland anerkannt wurde. In den zentralbalkanischen Gebieten erhob sich gegen ihn Vladislav, Dragutins Sohn. Dann gab es aber noch einen dritten Bewerber, an den zunächst niemand gedacht hatte, nämlich Milutins ältester Sohn Stefan. Dieser Stefan war 1299 vom Tatarenhof, wo er als Geisel für seinen Vater gelebt hatte, geflohen und war von diesem mit der Verwaltung des Küstenlandes betraut worden. 1314 hatte er sich gegen seinen Vater erhoben; er wurde geblendet und nach Konstantinopel geschickt; erst kurz vor dem Tode Milutins durfte er zurückkehren. Stefan wußte sich durch ein Wunder wieder in Erinnerung zu bringen: Er wurde plötzlich wieder sehend. Nach seiner wundersamen Heilung wurde Stefan am 6. Januar 1322 vom serbischen Erzbischof zum König gekrönt. Mitkönig (iunior rex) wurde sein Sohn Stefan Dušan, der Diokletien, das schon traditionelle Gebiet des Thronfolgers, zur Verwaltung erhielt. Stefan Uroš III. Dečanski, wie er nach seiner Klostergründung Dečani genannt wurde, gelang es bald, die beiden anderen serbischen 'Könige' auszuschalten. Er unterstützte im oströmischen Bürgerkrieg zwischen Andronikos II. und seinem Enkel Andronikos III. den alten Kaiser, während Andronikos III. den Bulgarenzaren Michael Šišman zum Bundesgenossen gewann. Bulgaren und Griechen ergriffen die Initiative, ohne aber ihre Aktionen miteinander abzustimmen. Das sollte den Bulgaren zum Verhängnis werden: Sie wurden am 28. Juli 1330 bei Velbužd (Kjustendil) von den Serben vernichtend geschlagen. Die Schlacht von Velbužd war für die serbische Geschichte von außerordentlicher Bedeutung, denn erst durch sie wurde Makedonien endgültig für Serbien gewonnen. Das Jahr 1330 bedeutete gleichzeitig aber auch den Beginn der serbischen Vorherrschaft auf dem Balkan, da Bulgarien als Machtfaktor ausschied. Serbien wurde zum Großreich, doch nur kurzfristig: zu diesem Zeitpunkt hatten die Osmanen ihren Vormarsch nach Europa bereits begonnen. In

Serbien selbst konnte Stefan Uroš III. aus seinem großen Sieg keinen Gewinn ziehen: Es kam nämlich zum Konflikt zwischen ihm und dem durch die letzten Feldzüge populär gewordenen Thronfolger Stefan Dušan, der damit endete, daß dieser seinen Vater in der Festung Zvečan (Kosovo) gefangensetzte. Am 8. September 1331 ließ er sich zum König krönen. Uroš III. starb wenig später in Zvečan, sehr wahrscheinlich eines gewaltsamen Todes. Er wurde in der von ihm gestifteten Klosterkirche von Dečani beigesetzt.

Die Regierung Stefan Dušans (1331–55) gilt mit Recht als die Glanzzeit in der Geschichte des mittelalterlichen Serbien. Stefan Dušan hatte die Jahre 1314–20 in Konstantinopel am Kaiserhofe verbracht, und es ist sehr wahrscheinlich, daß die Kindheitserinnerungen an den Prunk des dortigen Hoflebens seinen späteren Herrschaftsstil beeinflußt, seine ehrgeizigen Pläne ausgeprägt haben. Zunächst dachte er aber an eine Absicherung seiner soeben errungenen Herrschaft nach außen. Als erstes kam es zur Aussöhnung mit Bulgarien, das zwar keine direkte Gefahr mehr darstellte, aber immer noch Kräfte zu binden in der Lage war. Im Frühjahr 1332 heiratete Stefan Dušan Jelena, die Schwester des neuen bulgarischen Zaren Ivan Aleksandŭr. Dieser, mehr literarisch als politisch und militärisch interessiert, hielt das friedliche Verhältnis zu Serbien zeit seines Lebens bei – und er überlebte Stefan Dušan und die meisten seiner Zeitgenossen um viele Jahre († 1371). Der Serbenkönig sicherte durch diese Heiratsverbindung die Ostgrenze für die geplante Expansion nach Süden. Danach regelte er durch ragusanische Vermittlung das bisher angespannte Verhältnis zu Bosnien, das sich unter ungarischer Oberhoheit befand und sein Territorium auf Kosten Serbiens immer weiter nach Süden ausgedehnt hatte. Danach war der Weg frei für eine neue Offensive gegen Ostrom. Sie begann 1334, als ein vornehmer griechischer Flüchtling am serbischen Hof erschien – es war Syrgiannes, ein begabter Feldherr, der während des erwähnten Bürgerkrieges in beiden Lagern eine Rolle gespielt hatte. Er war es, der den letzten Anstoß zur Wiederaufnahme der offensiven serbischen Politik im Süden gab. Noch im Sommer 1334 besetzten die Serben Ohrid, und Syrgiannes rückte mit einem aus Serben und Albanern bestehenden Heer in Kastoria ein. Wenig später standen Stefan Dušan und Syrgiannes vor Thessaloniki, dessen Befestigungen der Belagerung allerdings standhielten. Bald darauf gelang es einem Beauftragten des griechischen Kaisers, Syrgiannes zu ermorden. Damit war der Feldzug vorerst beendet. Erst nach dem Tode Andronikos' III. (1341) boten die um die Regentschaft für den erst neunjährigen Thronfolger Johannes V. ausbrechenden Kämpfe den Serben erneut Gelegenheit, die Expansion fortzusetzen: 1343–44 eroberten serbische Truppen große Teile des südwestlichen Balkan mit den Städten Valona, Berat, Drama und 1345 schließlich auch Serrhes – ganz Makedonien mit Ausnahme Thessalonikis gehörte damit zum Serbenreich. Die Leichtigkeit dieser Eroberungen mag bei Stefan Dušan den Entschluß bewirkt haben, jetzt auf die Herrschaft über das ganze Oströmische Reich hinzuarbeiten. Gleich nach der Eroberung von Serrhes unterschrieb er sich auf einer griechischen Urkunde für das nahegelegene Kloster Johannes des Täufers als 'König von Serbien und Romania' und in einem Schreiben an den venezianischen Dogen als 'Herren fast des ganzen Kaisertums von Romania'. Das waren Hinweise auf den Schritt, der unmittelbar danach erfolgte – den Griff nach der Kaiserkrone. Noch im Winter 1345 ließ sich Stefan Dušan durch einen serbischen Reichstag (sbor zemlje srpske) zum Kaiser (car) proklamieren, und im Januar 1346 reiste eine serbische Gesandtschaft nach Venedig, um die bevorstehende Kaiserkrönung anzukündigen und der Markusrepublik ein Bündnis anzubieten. Die Venezianer antworteten zwar mit Glückwünschen, wollten aber von einem Bündnis vorerst nichts wissen.

Eine Kaiserkrönung konnte nach orthodoxem Verständnis eigentlich nur der Patriarch von Konstantinopel vollziehen. Da von dieser Seite natürlich keine Unterstützung zu erwarten war, blieb nichts anderes übrig, als nach bulgarischem Vorbild das Oberhaupt der Landeskirche zum Patriarchen zu erheben, was auch geschah: Am 9. April 1346 wurde in Skopje Erzbischof Joanikije 'Patriarch der Serben und Griechen', und zwar mit Billigung des bulgarischen Patriarchen und des Erzbischofs von Ohrid. Am Ostersonntag (16. April) 1346 wurde Stefan Dušan von Joanikije in Skopje zum 'Kaiser der Serben und Griechen' (Stefan v Hrista Boga blagovernyj car Srbljem i Grkom) gekrönt; sein Sohn Uroš wurde König. Den neuen Kaiser umgab ein glänzender Hofstaat mit griechischen Titeln und prunkvollen Staatsgewändern. Die Proklamierung des Kaisertums war begleitet von großartigen Schenkungen an Kirchen und Klöster, besonders an die Athosklöster.

In Konstantinopel war man zu dieser Zeit zu stark mit eigenen Problemen beschäftigt, um gegen die Usurpation des Kaisertitels Protest zu erheben. Erst Jahre später (1353) sprach Patriarch Kallistos gegen den neuen Kaiser und seinen unkanonischen Patriarchen den Bannfluch aus. Stefan Dušan nützte währenddessen die Schwäche Ostroms und eroberte ganz Epiros und Thessalien. Gleichzeitig versuchte er erneut, Venedig für die Eroberung der ohne Flotte uneinnehmbaren Reichshauptstadt Konstantinopel zu gewinnen. Die Venezianer ließen sich auf nichts ein, bestätigten dem Serbenherrscher aber sein bisheriges venezianisches Bürgerrecht als 'Grecorum imperator et Raxie rex'. In die gleiche Richtung zielten Kontakte zum Papst: 1354 reiste eine serbische Gesandtschaft zu Innozenz VI. nach Avignon und bot die Kirchenunion an; dafür wollte Stefan Dušan von der Kurie als 'Capitaneus' im Kampf der Christenheit gegen die vordringenden Türken anerkannt werden. Hintergrund dieser Gesandtschaft dürfte gewesen sein, Serbien von den Spannungen im Norden (Bosnien, Ungarn) zu befreien, die den Serbenherrscher von seinem Endziel, der Liquidierung des oströmischen Reststaates abhielten. Für das Jahr 1355 war der große Schlag gegen die Osmanen und gegen Ostrom geplant. Er kam nicht zur Ausführung, da Stefan Dušan während des bereits begonnenen Feldzuges in Thrakien an Fieber erkrankte und am 20. Dezember verstarb.

Unter Stefan Dušan hatte Serbien zweifellos den Höhepunkt seiner Macht erreicht. Sein Territorium reichte von der Drina im Norden bis zum Golf von Korinth und umfaßte auch ganz Albanien und Epiros. Doch zeigte der unmittelbar nach dem Tode des Herrschers folgende Zerfall dieses Großreiches, daß der Bogen überspannt war. Das serbische Kaiserreich war ein halbgriechisches geworden, in dem die altserbischen Kernlandschaften immer mehr in den Hintergrund traten. Der Schwerpunkt lag bei den neuerworbenen griechischen Landesteilen, die von Stefan Dušan selbst verwaltet wurden, während er die Regierung der eigentlichen serbischen Gebiete im Norden seinem Sohn Uroš überließ. Griechischem Einfluß unterlagen nicht nur der Hofstaat, sondern auch der Verwaltungsapparat und das Rechtswesen. Letzteres kommt besonders in dem Gesetzeswerk zum Ausdruck, das mit dem Namen Stefan Dušans in Verbindung gebracht wird, dem 'Zakonik' (Gesetzbuch). Der Zakonik wurde auf einem Reichstag in Skopje am 21. Mai 1349 verabschiedet und 1354 ergänzt. Es handelt sich dabei nicht um ein systematisch aufgebautes Gesetzbuch, das alle Rechtsbereiche umfaßt; es geht hauptsächlich um Kirchen- und Strafrecht, fast alle Angelegenheiten des Zivilrechts fehlen. Was die Quellen des Zakonik betrifft, werden ältere Gesetze, besonders solche König Milutins, ausdrücklich erwähnt; der Hauptteil der Artikel ist aber oströmischen Rechtskodifikationen entlehnt bzw. direkt übernommen.

Nach dem Tode Stefan Dušans war das Haus Nemanja auf zwei männliche Nachkommen beschränkt, auf den Sohn des Herrschers Uroš und auf dessen Halbbruder Simeon. Beide besaßen nicht die Fähigkeit, die Reichseinheit aufrechtzuerhalten. Das serbische Kaiserreich zerfiel deshalb ebenso schnell, wie es entstanden war, zunächst in zwei Teilgebiete (Simeon im Süden und Uroš in den altserbischen Landesteilen), und dann in eine ganze Reihe von Kleinstaaten, die gegen Ende des Jahrhunderts Opfer der türkischen Invasion wurden.

4. DER KAMPF UM DALMATIEN

„Der wahre Grund, durch welchen die Erhabene (Serenissima) Republik die Seeherrschaft hat, ist der gleiche, dem sie ihre Freiheit verdankt . . . dieser Grund ist, daß sie im Meer errichtet wurde, im Meer, das noch niemandes Herrschaft unterstand" – so schrieb der venezianische 'Staatstheologe' Paolo Sarpi Ende des 16. Jahrhunderts.* Die Venezianer, die während der Wirren der Völkerwanderung die Laguneninseln bevölkert hatten und die dort zunächst „wie Wasservögel" in Hütten aus Weidengeflecht und Lehm lebten (so der Geschichtsschreiber Cassiodor), sie begannen rasch wohlhabend zu werden. Ihr Reichtum beruhte anfänglich auf dem Fischfang und dem Salz, das sie in den Lagunen gewannen. Schon bald kam aber auch der Handel hinzu: Venedig war aufgrund seiner Insellage gezwungen, nahezu alles Lebensnotwendige, besonders aber Getreide für den eigenen Bedarf einzuführen, und es machte aus der Not eine Tugend und stieg bald zur führenden Handelsmacht in der Adria auf. Es war schon frühzeitig das Bestreben der Venezianer, die Kontrolle über die insel- und buchtenreiche ostadriatische Küste zu gewinnen, die Seeräubern immer wieder Zuflucht bot, und es war ebenfalls schon frühzeitig ihr Bestreben, keinen Konkurrenten im adriatischen Raum aufkommen zu lassen. Wie bereits erwähnt, konnte der venezianische Doge Pietro Orseolo II. im Jahre 1000 weite Küstenstriche im kroatischen Dalmatien in Besitz nehmen. Der Besitz war allerdings nur kurzfristig. Als 1102 das Königreich Kroatien mit Ungarn vereinigt wurde, übernahmen die ungarischen Könige als Erbe auch den Konflikt mit Venedig, bei dem es vor allem um den Besitz der dalmatinischen Küstenstädte ging. 1115 konnten die Venezianer unter Ordelafo Faliero Zadar und Biograd, 1116 Šibenik erobern; Split und Trogir ergaben sich ihnen kampflos. Im Laufe des 12. Jahrhunderts wechselten die dalmatinischen Städte mehrfach den Besitzer – mal gehörten sie zu Venedig, mal zu Ostrom, die längste Zeit aber gehörten sie zu Ungarn. Sie wählten, wenn es ging, die ungarische Herrschaft, die

* Dominio del Mar Adriatico della Serenissima Republica di Venetia. In Venetia 1685, S. 7–8.

ihren Wirtschaftsinteressen mehr entsprach als die der Venezianer. Venedig war nämlich bestrebt, den Handel, von dem alle adriatischen Küstenstädte lebten, zu monopolisieren. Ein Getreidehandelsmonopol Venedigs bestand bereits seit der Mitte des 12. Jahrhunderts, andere Monopole, wie das des einträglichen Salzhandels, kamen hinzu. Auch die kommunale Selbstverwaltung der dalmatinischen Städte, die unter Ostrom und Ungarn immer wieder bestätigt worden war, wurde unter Venedig eingeschränkt: Das Recht der einheimischen Bevölkerung, den Comes zu wählen, blieb zunächst zwar unangetastet, wurde aber durch das Bestätigungsrecht des venezianischen Senats, durch die Verleihung der Comes-Würde auf Lebenszeit und durch den zusätzlich von Venedig ausgeübten Druck völlig unterhöhlt.

Seit Mitte des 12. Jahrhunderts erscheinen immer häufiger Venezianer, meist Dogensöhne, als Comites der dalmatinischen Städte und Inseln. Unter diesen Umständen ist es nicht verwunderlich, daß sich die dalmatinischen Kommunen häufig gegen Venedig empörten – am häufigsten Zadar, das zwischen 1202 und 1358 achtmal von Venedig abfiel. Zadar war 1202 im Zuge des Vierten Kreuzzuges von den Venezianern zurückerobert worden. Die Stadt mußte fortan nicht nur ihren Erzbischof, sondern auch den Comes und seine beiden Stellvertreter aus Venedig nehmen. Ungarn konnte in Dalmatien lediglich Split und zeitweise Trogir und Šibenik in Besitz halten. Eine größere Aktivität entfalteten die Ungarn im Küstengebiet erst, als Ludwig I. aus dem Hause Anjou König wurde (1342). Ludwig hatte weitreichende Pläne. Er erhob Ansprüche nicht nur auf Polen, sondern auch auf Unteritalien und brauchte deshalb schon aus verkehrsstrategischen Gründen Dalmatien. In Dalmatien hatte er zunächst nicht den gewünschten Erfolg und mußte 1348 mit Venedig Frieden schließen. Seinen Rechtsanspruch auf Dalmatien gab er darin allerdings nicht auf. 1356 lebten die Auseinandersetzungen zwischen Venedig und Ungarn wieder auf, und diesmal waren die Ungarn erfolgreich; 1358 stellte sich sogar Ragusa unter ungarischen Schutz. Als am 18. Februar 1358 in Zadar der Frieden unterzeichnet wurde, mußte Venedig gegen Rückgabe seiner in Istrien und Friaul verlorengegangenen Gebiete auf ganz Dalmatien verzichten und sich verpflichten, im Dogentitel Dalmatien nicht mehr zu führen. Für Venedig sollte das nicht die letzte Niederlage gegen Ungarn sein: 20 Jahre später, 1378, war es in seiner staatlichen Existenz ernsthaft bedroht, als sich im sogenannten Chioggia-Krieg Ungarn, Genua, Aquileia und die Carrara von Padua zu einer Koalition zusammengefunden hatten. Die Markusrepublik mußte froh sein, ihren territorialen Bestand wenigstens einigermaßen zu bewahren und hatte im Frieden von Turin 1381 erneut auf Dalmatien zu verzichten. Venedig hatte jedoch Glück im Unglück, denn ein Jahr später starb Ludwig I., ohne einen männlichen Erben zu hinterlassen. Nachfolger wurde Karl von Durazzo, König von Neapel, der jedoch 1386 nach nur zweimonatiger Regierung ermordet wurde. Das ungarische Erbe sollte jetzt Karls Sohn Ladislaus übernehmen, der jedoch vorerst in Neapel blieb, wo er um den dortigen Thron zu kämpfen hatte. In Ungarn wurde 1387 Sigismund von Luxemburg zum König gewählt. Erst zu Beginn des 15. Jahrhunderts konnte Ladislaus wieder daran denken, seine Ansprüche auf Ungarn geltend zu machen. Mit Unterstützung der Venezianer, die sich für diesen Dienst mit Korfu entschädigen ließen, überquerte er die Adria und ließ sich am 3. September 1402 in Zadar zum König von Ungarn proklamieren. Wegen innerer Unruhen mußte er jedoch bald wieder nach Neapel zurückkehren. Die Venezianer nützten die Gunst der Stunde und boten Ladislaus 100000 Dukaten für Zadar und den Rechtstitel auf Dalmatien an; am 9. Juli 1409 wurde der Kaufvertrag unterzeichnet. Sigismund, seit 1411 deutscher König und seit 1414 Kaiser, war in Mitteleuropa zu beschäftigt, um verhindern zu können, daß Venedig schrittweise seinen Rechtsanspruch auf Dalmatien in die Tat umsetzte: Kotor unterstellte sich 1420 freiwillig der Markusrepublik, Trogir und Split wurden im Juni gleichen Jahres erobert, im Herbst folgte die Mehrzahl der Inseln. Anfang 1421 war ganz Dalmatien venezianisch; Ungarn behielt lediglich den unwegsamen Küstenstreifen nördlich von Zadar bis Istrien. Mathias Corvinus (1458–90) hat noch einmal den vergeblichen Versuch unternommen, wenigstens Mitteldalmatien mit Split in Besitz zu nehmen. Nach ihm sind derartige Vorhaben nicht mehr inszeniert worden. Ihren Rechtsanspruch haben die ungarischen Könige allerdings niemals aufgegeben – Dalmatien blieb auch weiterhin im Königstitel und Wappen Ungarns.

5. DAS KÖNIGREICH BOSNIEN

Das Gebirgsland zwischen Una und Drina, Save und den Dinarischen Alpen lag lange Zeit im Schatten seiner mächtigen Nachbarn – Ungarn, Serbien und zeitweise auch Kroatien. Im 10. Jahrhundert hatten in Bosnien zunächst der serbische Fürst Časlav und dann der Kroatenkönig Mihailo Krešimir geherrscht. Danach geriet das Land für kürzere Zeit unter den Einfluß von Ostrom und wurde schließlich Bestandteil des Reiches von Konstantin Bodin. Als Ungarn sich 1102 Kroatien einverleibte, geriet Bosnien unvermeidlich in den Einflußbereich dieses Staates: Seit 1138 führten die ungarischen Könige Bosnien in ihrem Herrschertitel und demonstrierten damit einen Besitzanspruch, der de facto nur selten verwirklicht werden konnte. Der erste historisch einigermaßen greifbare bosnische Herrscher ist Ban Kulin (ca. 1180–1204). Er sicherte nicht nur den ragusanischen Kaufleuten Handelsfreiheit in ganz Bosnien zu (1189), er schloß sich, am Vorabend des Vierten Kreuzzuges, auch der Koalition gegen Ostrom an. Gleichzeitig scheint unter ihm aber auch die Lehre der Bogumilen in Bosnien Eingang gefunden zu haben, eine häretische Lehre, die für die Geschichte des mittelalterlichen Bosnien von entscheidender Bedeutung werden sollte.

Die Lehre der Bogumilen entstand im 10. Jahrhundert in Bulgarien; der Name leitet sich angeblich von einem Priester namens Bogumil ab. Über den Inhalt der Lehre ist nur bekannt, was in den durchwegs antibogumilischen Quellen überliefert ist: Danach vertraten jene einen gemäßigten Dualismus. Die materielle Welt sei dem Teufel (Gottes Sohn und Christi Bruder) untertan; um sich aus ihr zu lösen und in die von Gott geschaffene, unsichtbare Welt zu gelangen, müsse man apostolisch leben, den Prunk der Kirche, wirtschaftliches Gewinnstreben, Ehe, den Genuß von Fleisch und Wein meiden. Die Bogumilen lehnten das Alte Testament (bis auf den Psalter), die Heiligenverehrung, das Kreuzeszeichen, die meisten Sakramente und die kirchliche Hierarchie ab. Sie wurden in Bulgarien und Serbien verfolgt und fanden erst nach zweieinhalb Jahrhunderten in Bosnien Unterstützung oder zumindest Duldung durch den Staat. Ob das Bogumilentum auch auf Italien und

Südfrankreich ausgestrahlt hat, wie manchmal behauptet wird (Katharer), ist nicht eindeutig zu beweisen.

Ban Kulin soll auf päpstliche und ungarische Intervention hin am 8. April 1203 auf dem Bilino polje (bei Zenica) der neuen Lehre, der er sich angeblich samt seiner Familie angeschlossen hatte, wieder abgeschworen haben. Dauerhafter Erfolg war der päpstlichen Politik in Bosnien aber nicht beschieden. Bereits Ban Ninoslav (1232–50) begann wieder zwischen Bogumilentum und katholischer Kirche zu lavieren, und nach seinem Tode wurde der Bogumilismus in Bosnien fast zu einer Art Staatskirche (Bosanska crkva, ecclesia Sclavoniae), der Teile des Adels und oft auch die Herrscher angehörten. Eine derart enge Verbindung zwischen Kirche und Staat hatte selbstverständlich Auswirkungen auf Struktur und Lehre der ursprünglich asketischen Gemeinschaft, die sich jetzt eine eigene Hierarchie zulegte und sich wahrscheinlich in Aktive und Förderer zu gliedern begann. Genauere Einzelheiten sind darüber nicht bekannt.

Von ungarischer Seite aus wurden mehrfach Versuche unternommen, die konfessionelle Lage in Bosnien zu verändern; sie scheiterten aber vorerst ausnahmslos. Gegen Ende des 13. Jahrhunderts konnte sich Bosnien unter der kroatischen Adelsfamilie Šubić sogar vollständig vom ungarischen Einfluß befreien; Pavao Šubić (1295–1302) nannte sich ‘banus totius Choruacie, et dominus Bosne’. Sein Sohn Mladen wurde allerdings bereits 1322 von einer Adelsverschwörung gestürzt, die mit ungarischer Unterstützung Stefan II. Kotromanić (1322–53) an die Macht brachte. Die Kotromanići sollten das Land bis zur türkischen Eroberung (1463) regieren. Stefan II. gewann die bisher unter serbischer Oberhoheit stehende Herzegowina (Hum) und den Küstenstreifen zwischen Ragusa und Omiš hinzu und schuf damit Bosnien einen Zugang zum Meer. Finanziert wurde diese Machtausweitung durch eine verstärkte Ausbeutung der reichen Bodenschätze (vor allem Silber und Blei), die hier wie in Serbien mit Hilfe deutscher Bergleute betrieben wurde. Stefans Neffe und Nachfolger Tvrtko I. (1353–91) konnte das bosnische Territorium noch weiter vergrößern – er profitierte von den Wirren in Serbien nach dem Tode Stefan Dušans. Tvrtko erwarb nicht nur Gebiete an der Oberen Drina, sondern auch Polimlje mit dem Kloster Mileševo, der Begräbnisstätte des Hl. Sava, sowie Travunija (Tribunia), also das Küstengebiet zwischen Ragusa und Kotor. Im Herbst 1377 krönte er sich am Grabe Savas in Mileševo zum ‘König der Serben, von Bosnien und des Küstenlandes' (Stefan Tvrtko v Hrista boga kralj Srbljem i Bosne i Primarja). Später gewann er auch die dalmatinischen Küstenstädte bis auf Zadar, so daß er seinem Titel auch den eines Königs von Dalmatien und Kroatien hinzufügen konnte. Es schien so, als ob sich ein neues südslawisches Großreich, diesmal mit Bosnien als Zentrum, bilden würde. Tvrtkos Tod im März 1391 machte jedoch allen derartigen Plänen ein Ende. Unter seinen Nachfolgern fielen die Randgebiete rasch wieder ab, und zwar an Ungarn, das selbst in einen zähen Existenzkampf mit den vordringenden Osmanen verwickelt war.

6. SÜDSLAWIENS TÜRKENZEIT

Als die Türken 1354 begannen, sich auf der Balkanhalbinsel, zunächst in Thrakien, niederzulassen, waren sie dort schon längst keine Unbekannten mehr – als Söldner im Dienst oströmischer Kaiser waren sie bereits im 13. Jahrhundert in Erscheinung getreten. Johannes VI. Kantakuzenos hatte sogar dem Osmanenherrscher Orhan seine Tochter Theodora zur Frau gegeben, was zur Folge hatte, daß 1347 osmanische Truppen den Kaiser im Kampf gegen Stefan Dušan unterstützten. Zu einer systematischen Eroberungspolitik kam es dann unter Orhans Sohn Murad I. 1363 besetzten die Osmanen Philippopel (Plovdiv), und 1365 verlegte der Sultan seine Residenz nach Adrianopel (Edirne). Auf die neue Expansionsrichtung war damit hingewiesen – es ging um die Eroberung der Balkanhalbinsel. Während die beiden bulgarischen Herrscher – Ivan Šišman (Tŭrnovo) und Ivan Stracimir (Vidin) – versuchten, sich mit den Eroberern zu arrangieren und dem Sultan Tribut zahlten, wodurch sie zunächst von der Eroberung verschont blieben, entschlossen sich die Serben zum bewaffneten Widerstand. Dieser ging von den Teilherrschern im makedonischen Bereich des Serbenstaates aus, die am unmittelbarsten bedroht waren, von König Vukašin und seinem Bruder Uglješa, dem Despoten von Serrhes, beide aus der Familie Mrnjavčević. Beide zogen ein größeres Heer zusammen und versuchten den türkischen Vorstoß in ihren Herrschaftsbereich hinein abzufangen. Bei Černomen an der Marica wurden die Serben trotz ihrer zahlenmäßigen Überlegenheit am 26. September 1371 vernichtend geschlagen. Vukašin und Uglješa fanden dabei den Tod. Makedonien war damit verloren; alle serbischen Gebiete südlich des Šar-Gebirges unterwarfen sich als Vasallenstaaten der Herrschaft Murads I. und mußten sich an dessen weiteren Feldzügen beteiligen. Unter ihnen war auch Vukašins Sohn Kraljević Marko, der in zahlreichen serbischen Volksliedern unberechtigterweise als heldenhafter Türkenkämpfer gefeiert wird. Nach dem Ausfall von Makedonien versuchte der Herrscher von Morava-Serbien, Lazar Hrebeljanović, im Bunde mit dem bosnischen König Tvrtko ein weiteres Vordringen der Türken nach Norden zu verhindern, zunächst auch mit Erfolg: 1388 wurde ein nach Bosnien eingedrungenes türkisches Heer zurückgeschlagen, worauf sich auch der Bulgarenherrscher Ivan Šišman der neuen antitürkischen Koalition anschloß. Im folgenden Jahr fiel jedoch bereits die Entscheidung, und zwar zugunsten der Eroberer: Unweit von Priština, auf dem Amselfeld (Kosovo polje), kam es am St. Veitstag (Vidov dan), dem 28. Juni 1389, zur Schlacht, die das Schicksal der Serben und der südlichen Balkanhalbinsel besiegeln sollte. Der Sieg schien anfänglich den Serben zuzuneigen, da der Sultan während der Schlacht von einem Serben, angeblich Miloš Obilić geheißen, ermordet wurde. Der Thronfolger Bayezid rettete jedoch für die Osmanen die Lage. Fürst Lazar geriet in türkische Gefangenschaft und wurde hingerichtet. Sein Nachfolger Stefan Lazarević (1389–1427) wurde türkischer Vasall. Serbien war als Machtfaktor auf dem Balkan damit ausgeschieden; in der Türkenabwehr wurde seine Rolle jetzt von Ungarn übernommen. Der Mythos von der Schlacht auf dem Amselfeld, von der Tat des Miloš Obilić, er reichte aber aus, um das serbische Nationalbewußtsein bis in die Neuzeit hinein wachzuhalten.

Nach der Schlacht auf dem Amselfeld scheint der neue Sultan Bayezid I. (1389–1402) geplant zu haben, auf dem Balkan klare Verhältnisse zu schaffen. 1393–96 unterwarf er Bulgarien und brachte damit Ungarn, zu dem damals auch Belgrad und das gesamte heutige Nordserbien gehörten, in unmittelbare Gefahr. Auf ungarisches Drängen hin besannen sich jetzt die christlichen Völker auf eine gemeinsame Aktion gegen die Türken. Das Ergebnis war Nikopolis – dort erlitt am 25. September 1396 das Kreuzfahrerheer eine vernichtende Niederlage. Damals entstand im christlichen Europa der Nimbus von der Unbesiegbarkeit der Türken, der erst 1571, nach der für die Christen siegreichen Seeschlacht bei Lepanto, zerstört wurde.

Nach Nikopolis sah es zunächst so aus, als ob ein weiteres türkisches Vordringen in den Norden der Balkanhalbinsel nicht mehr aufzuhalten sei. Dem Auftauchen eines neuen Eroberers im Osten des osmanischen Machtbereiches hatten es die noch unabhängigen Balkanstaaten zu verdanken, daß sie noch einmal eine Atempause erhielten: 1400 erschien in Kleinasien unerwartet Timur Leng (verballhornt Tamerlan) und schlug am 28. Juli 1402 bei Ankara die Truppen Bayezids I., zu denen auch die Panzerreiter des Serbenfürsten Stefan Lazarević gehörten. Der Sultan starb im März 1403 in mongolischer Gefangenschaft, und zwischen seinen drei Söhnen kam es zum Kampf um die Nachfolge, bei dem sich schließlich der von Stefan Lazarević und Ostrom unterstützte Mehmed I. durchsetzte. Interessanterweise dachten weder der Serbenfürst noch Venezianer oder Ragusaner, die ebenfalls unter türkischen Überfällen zu leiden hatten, daran, die Türken wieder aus Europa zu vertreiben, sie suchten vielmehr einen modus vivendi mit dem Sultan. So konnte das angeschlagene osmanische Staatswesen ungestört und auch relativ rasch regenerieren.

Die Atempause, die Ankara gebracht hatte, endete 1421, als Mehmed I. starb und sein Sohn Murad II. die Herrschaft übernahm. Der neue Sultan nahm sofort die aggressive Politik seines Großvaters Bayezid wieder auf: 1421 wurde Konstantinopel erstmals belagert, 1430 fiel Thessaloniki, und 1439 begann die Eroberung Restserbiens. Da die serbischen Städte erbitterten Widerstand leisteten – Smederevo, der Sitz des serbischen Despoten Djuradj Branković, fiel 1439 erst nach dreimonatiger Belagerung, und die Bergstadt Novo Brdo konnte sich noch bis 1441 halten –, ging die Eroberung sehr langsam vor sich und wurde dann zum Teil sogar wieder rückgängig gemacht, als nämlich in Ungarn der 19jährige Polenkönig Władisław III. Jagiello an die Macht kam. Er hatte sich bei seiner Wahl verpflichtet, sich der Türkenabwehr besonders anzunehmen. Die nunmehr einsetzende ungarische Aktivität im Türkenkampf ist eng mit der Person eines Mannes verbunden, der das Kriegshandwerk bei dem berühmtesten Condottiere seiner Zeit, Francesco Sforza, erlernt und der bereits auf den verschiedensten Kriegsschauplätzen Europas gekämpft hatte: Johannes Hunyadi. Im Sommer 1443 trieben Ungarn, Polen und Serben in einem einzigartigen Siegeszug die Osmanen bis hinter Sofia zurück, worauf sich Murad II. zu einem Waffenstillstand gezwungen sah. Branković erhielt sein Land zurück, wodurch der serbische Staat noch einmal für kurze Zeit zu neuem Leben erwachte. An dem Türkenzug, den Władisław und Hunyadi 1444 unter Bruch des Waffenstillstandes unternahmen und der am 10. November mit einer Niederlage des Kreuzheeres bei Varna endete, waren die Serben nicht mehr beteiligt. Murad II., der mit Mara, einer Tochter Brankovićs, verheiratet war, verschonte auch weiterhin Serbien; erst unter Mehmed II. sollte es zur endgültigen Eroberung des Landes kommen. Im Juli 1456 erschien der Sultan mit einem angeblich 150000 Mann starken Heer vor Belgrad, wurde dort aber von einem von Hunyadi und dem Franziskanerprediger Giovanni di Capistrano geführten Kreuzheer geschlagen. Für die Serben brachte dieser im ganzen Abendland gefeierte Sieg keinen Gewinn mehr, da die christlichen

Hauptakteure – Hunyadi, Capistrano und auch Branković – in der zweiten Jahreshälfte starben. Als im Januar 1459 der ungarische Reichstag die Vereinigung Restserbiens mit Bosnien unter ungarischer Oberhoheit beschloß, um eine neue Grenzverteidigung gegen die Türken aufzubauen, betrachtete Mehmed II. das als Kriegsgrund. Am 20. Juni 1459 ergab sich das stark befestigte Smederevo kampflos. Serbien als Staat existierte damit nicht mehr, obwohl die Nachfahren Djuradj Brankovićs in Ungarn auch weiterhin den Despotentitel führten.

Ähnlich langwierig wie die Serbiens verlief die Eroberung Bosniens. König Tvrtko II. mußte sich zwar bereits 1428 zur Tributzahlung verpflichten, blieb aber dank der Feldzüge Hunyadis doch in der Lage, seine Herrschaft zu behaupten. Seine Nachfolger hofften durch Rekatholisierung der bogumilischen Bevölkerung und weitere Annäherung an Ungarn die Abwehrkräfte gegen die Türken zu stärken und auswärtige Hilfe zu bekommen. Diese Hoffnung war vergebens. Als Mehmed II. im Frühjahr 1463 zum endgültigen Eroberungszug aufbrach, fand er in Bosnien nur geringen Widerstand. Ob es eine (krypto-)bogumilische Bevölkerungsgruppe gab, die mit den Eroberern sympathisierte, ist in der Forschung umstritten. Stefan Tomašević, der letzte bosnische König, ergab sich nach kurzer Belagerung in der Festung Ključ und wurde auf Befehl des Sultans mit den übrigen Mitgliedern der Königsfamilie hingerichtet. Lediglich seiner Mutter Katharina und seiner Gemahlin Maria gelang die Flucht nach Italien. Als Katharina 1478 in Rom verstarb, hinterließ sie in ihrem Testament dem Papst die Rechte auf die bosnische Krone. Antreten konnte der Papst sein Erbe nicht, da Bosnien, bis auf Jajce und einige Gebiete im Norden, türkisch blieb. Damit war die Eroberung der südslawischen Lande vorerst beendet; die noch ungarisch verbliebenen Gebiete bildeten allerdings das Ziel fast alljährlicher Streifzüge türkischer Heerscharen, die bis in die Steiermark vordrangen.

Erst unter Süleyman (1520–66), dem von seinen christlichen Zeitgenossen der Beiname 'der Prächtige' gegeben wurde, wurde die planmäßige Eroberung im Norden der Balkanhalbinsel fortgesetzt. Süleyman wandte sofort nach Regierungsantritt seine Aufmerksamkeit der Nordwestgrenze an der Donau zu. Dort hielten die Ungarn immer noch Belgrad und einige andere strategisch wichtige Festungen. In Ungarn herrschten damals innere Wirren. Ludwig II., der junge König von Böhmen und Ungarn, galt im Lande wegen seiner polnischen Herkunft als Fremder, gegen ihn opponierte eine 'nationale' Partei unter der Führung des siebenbürgischen Vojvoden Johannes Zápolyai. Hinzu kamen konfessionelle Streitigkeiten und Bauernunruhen. So ist es kaum zu verwundern, daß Süleyman, als er im Sommer 1521 an der Donau erschien, kaum auf ernsthaften Widerstand stieß. Am 29. August kapitulierte Belgrad, das Mehmed II. vergeblich belagert hatte, nahezu kampflos. Süleymans Feldzug gegen Rhodos, die Ordensfestung der Johanniter, brachte Ungarn dann noch eine – nicht genützte – Atempause. Erst im Sommer 1526 traf der Sultan wieder mit einem 100000 Mann starken Heer in Belgrad ein, das er zur Ausgangsbasis für einen neuen Ungarnfeldzug machte. Am 27. Juli wurde Peterwardein (Petrovaradin) im Sturm genommen, bald darauf fiel auch Esseg (Osijek). Der Weg zur ungarischen Hauptstadt Buda war damit frei. Ludwig II. war in einer aussichtslosen Lage, er verfügte nur über wenige Truppen, und auswärtige Hilfe war nur von den Habsburgern zu erhoffen, deren Lande als nächstes betroffen waren. Kaiser Karl V. war aber bestrebt, zunächst die christliche Einheit wiederherzustellen und dann erst gegen die Ungläubigen zu kämpfen, und sein Bruder Ferdinand, der die österreichischen Länder regierte, hatte Schwierigkeiten, die protestantischen Stände für eine Türkenhilfe zu gewinnen. So mußte der Ungarnkönig allein der türkischen Übermacht entgegentreten; am 29. August 1526 erlitt er bei Mohács die unvermeidliche Niederlage. Der König ertrank auf der Flucht vom Schlachtfelde. Ungarn war damit als die Macht, die fast 150 Jahre lang die Hauptlast des Abwehrkampfes gegen die Türken zu tragen hatte, ausgeschaltet. Die Folgen zeigten sich bald: 1529 stand Süleyman nämlich vor Wien.

Zunächst ging es aber darum, wer das Erbe Ludwigs II. in Ungarn und damit auch in Kroatien antreten sollte. Auf Grund eines Erbvertrages hatte Erzherzog Ferdinand, dessen Schwester Maria die Gemahlin des verstorbenen Ungarnkönigs war und der selbst mit Ludwigs Schwester Anna verheiratet war, Anspruch auf die ungarische Krone. Gleichzeitig war aber in Ungarn in der Person Johannes Zápolyais ein nationalungarischer Prätendent vorhanden, der die Mehrheit des ungarischen Adels hinter sich hatte und auch der Unterstützung des Sultans sicher war. Beide Bewerber wurden noch 1526 von Fraktionen des ungarischen Adels gewählt. Ungarn bekam also zwei Könige, und Kroatien wurde geteilt: während Slawonien und Syrmien unter die Herrschaft Zápolyais kamen, wurden die nordwestlichen Gebiete mit Agram (Zagreb) und dem Küstenland habsburgisch. Nach Zápolyais Tod 1540 wurde Buda

Sitz eines türkischen Sandschakbegs und somit unmittelbarer Bestandteil des Osmanischen Reiches. Für Ungarn und für einen Teil Kroatiens begann die Türkenzeit, die 150 Jahre andauern sollte.

Die Veränderungen, die die osmanische Herrschaft den Südslawen brachte, waren zunächst nicht so einschneidend, wie man es hätte erwarten können. Von der physischen Liquidierung betroffen wurden nur Angehörige der Herrscherschicht. So wurde in Bosnien die Königsfamilie, sofern ihr nicht die Flucht gelang, ausgerottet; auch in Serbien verschwanden die lokalen Dynastien. Mit dem niederen Adel verfuhren die Osmanen zumeist anders als mit der Hocharistokratie. Hier versuchte man, die Wehrkraft der Unterworfenen für sich nutzbar zu machen. Der niedere Adel wurde zum großen Teil, selbst wenn er christlich blieb, dem osmanischen Militärlehenssystem eingegliedert. Die Militärlehen dienten dem Unterhalt der Lehensreiterei, der Sipahis, die die Hauptstütze der osmanischen Heeresmacht bildeten. Man unterschied dabei zwischen Großlehen (ziamat) und Kleinlehen (timar); je nach Landgröße mußte der Lehensinhaber im Bedarfsfall mit 2–15 Reitern im Felde erscheinen. Der Anteil der Christen an den Militärlehen war in den einzelnen südslawischen Gebieten unterschiedlich hoch: Während z. B. in der Herzegowina 1477/78 von 214 Timaren nur 14 im Besitz von Christen waren, besaßen in Nordserbien 1467/68 54 Christen und nur 32 Türken Timare. Noch stärker war der christliche Prozentsatz in Bosnien, wo 1469 von 135 Timaren 111 im Besitz von Christen waren. Es läßt sich also feststellen, daß sich die Osmanen zumindest in der Anfangszeit ihrer Herrschaft auf den einheimischen Kleinadel stützten. Allerdings konnte dieser seinen ursprünglichen Besitz auch nicht ungeschmälert erhalten. Zumeist erhielten die christlichen Sipahis neue, kleinere Besitzungen außerhalb ihrer alten Umwelt. Es sollte nur ein oder zwei Generationen dauern, bis sie islamisiert waren. Wegen ihrer militärischen Verpflichtungen waren die Sipahis nicht in der Lage, ihr Land selbst zu bewirtschaften. Das besorgten weiterhin die Bauern, die ihrem Lehensherren ein Viertel bis ein Drittel ihrer Ernte abzuliefern hatten. Die Bauern waren theoretisch freizügig, de facto aber nicht, besonders nicht in militärisch wichtigen Gebieten, wo man sie zur Einquartierung und zu Dienstleistungen, wie Straßenbau, Transport usw. benötigte. Trotzdem dürfte ihre Lage nicht schlechter gewesen sein als unter dem balkanischen Feudaladel, bis zur Zeit Süleymans jedenfalls nicht. Es gab zudem eine Reihe von bevorzugten Dörfern, deren Bewohnern militärische Sicherungsaufgaben (Bewachung von Pässen und Brücken, Schanzarbeiten) oblagen; diese waren von der Kopfsteuer, die jeder Nichtmuslim zu zahlen hatte, befreit.

Größere Veränderungen traten im äußeren Erscheinungsbild der Städte ein. Neugründungen haben die Türken dabei selten vorgenommen, sie zogen es zumeist vor, bereits vorhandene Siedlungen gemäß den Erfordernissen der muslimischen Lebensweise umzugestalten. Am auffälligsten ist die Gruppierung der Bauten um muslimische Kultgebäude, um die Hauptmoschee, der in größeren Städten eine Medrese, eine Ausbildungsstätte für den theologischen Nachwuchs, angeschlossen war. Das öffentliche Bad (hamam) gehörte zumindest teilweise auch zum religiösen Bereich, denn nur dort konnte die vom Islam in gewissen Fällen vorgeschriebene 'Große Waschung' vorgenommen werden, da nur die ganz Reichen über eigene Bäder verfügten. Der wirtschaftliche Mittelpunkt der türkischen Stadt war der Markt (çarşı). Er war in einem geschlossenen Komplex untergebracht, der in größeren Städten oft die Ausmaße eines Stadtviertels erreichte. In ihm wurde nicht nur verkauft, sondern auch produziert. Die einzelnen Gewerbezweige waren dabei streng getrennt, es gab Gassen der Kupferschmiede, der Filigranhandwerker, der Färber usw. Alle Gewerbetreibenden, auch die Christen, waren in Zünften (esnaf) organisiert. Eine weitere wichtige Institution der türkischen Stadt war das Derwischkloster (tekke), dem zumeist eine Volksküche (imaret) angeschlossen war, in der Arme und Reisende kostenlos gespeist wurden. Zum Derwischkloster gehörte oft auch eine Herberge (han) – das Hotel der türkischen Stadt, mit Ställen und Lagerräumen. Getragen wurden diese Institutionen nicht von der Stadt oder vom Staat, sondern von einer Einrichtung, die dem islamischen Staat eigentümlich ist, der Frommen Stiftung (vakıf).

Mögen auch die materiellen Auswirkungen der osmanischen Eroberung von der Mehrheit der Betroffenen nicht als besonders einschneidend empfunden worden sein, eines brachte sie auf jeden Fall mit sich – die Südslawen begannen unter den Türken ein geschichtsloses Dasein. Sie waren ihrer alten Führungsschicht beraubt und von der gesamteuropäischen Kulturentwicklung, an der sie bisher teilgenommen hatten, abgeschnitten. Die feudale Hochkultur der mittelalterlichen südslawischen Staaten sank zu einer bäuerlichen Volkskultur herab, während die islamische Kultur nur die Islamisierten erfaßte.

Nach der osmanischen Eroberung war es im südslawischen Raum nur in Bosnien in größerem Ausmaß zur Islamisierung gekommen:

1624 gab es dort nach einem Bericht des päpstlichen Legaten Peter Mazrreku 450000 Muslime, was 67 % der Gesamtbevölkerung entsprach. Die Islamisierung in Bosnien wird oft damit in Verbindung gebracht, daß ein großer Teil der Bevölkerung noch der bogumilischen Lehre anhing. Die Islamisierung in Bosnien ist aber noch zu wenig erforscht, um hier endgültige Schlüsse ziehen zu können. Der Übertritt zum Islam wurde den Betreffenden überaus leicht gemacht, und er bot beträchtliche materielle Vorteile, wie Wegfall der Kopfsteuer und Verbesserung der Rechtsstellung vor Gericht sowie Aufstiegschancen. Die Islamisierung erfolgte zunächst rein äußerlich; eine Unterweisung im neuen Glauben geschah nur in den seltensten Fällen. Unter der Oberfläche erhielten sich deshalb auch noch sehr lange christliche Glaubensanschauungen. In Serbien, in Montenegro und im türkischen Kroatien kam es nur in Einzelfällen zur Islamisierung. Das serbische Patriarchat war zwar 1459 auf Betreiben des Patriarchen von Konstantinopel aufgelöst worden, wurde aber bereits 1557 dank der Bemühungen des serbischstämmigen Großvezirs Mehmed Pascha Sokolli wiederhergestellt und behielt bis 1766 seinen Sitz in Peć. Der Patriarch war dabei in der Türkenzeit mehr als das geistliche Oberhaupt der Serben, er hatte sich auch mit weltlichen Dingen wie der Steuereinziehung zu befassen. Eine ähnliche privilegierte Stellung genoß der Bischof von Cetinje in Montenegro. In Bosnien erhielten die Franziskaner bereits von Mehmed II. ein Privileg, das ihnen eine unbehinderte seelsorgerische Tätigkeit erlaubte.

Nach dem Tode Süleymans des Prächtigen (1566) begann die Blütezeit des Osmanischen Reiches ihrem Ende zuzuneigen. Unter Selim II. erlitten die Türken am 7. Oktober 1571 in der Seeschlacht bei Lepanto (Navpaktos) ihre erste große Niederlage gegen eine christliche Koalition. Die allgemeine europäische Wirtschaftskrise gegen Ende des 16. Jahrhunderts machte auch vor dem Reich des Sultans nicht halt; Geldentwertung, Steuererhöhungen sowie ein weitgehender Verfall des Lehenswesens mit allen damit verbundenen Mißständen führten zur Unzufriedenheit besonders bei der christlichen Bevölkerung, die sich teilweise auch in Aufständen entlud. So erhoben sich während des 'Langen Türkenkrieges', der 1593–1606 zwischen Kaiser und Sultan geführt wurde, die serbischen Bauern im Banat. Zu Unruhen kam es auch in Montenegro und in der Herzegowina. Zu Unruhen kam es dann auch während der Türkenkriege des 17. Jahrhunderts, die mit dem 25jährigen Ringen um den Besitz von Kreta begannen (1645–69). Zweimal,

1663–64 und 1683, stießen die Türken dann noch von Belgrad aus bis an die Grenzen Mitteleuropas vor. Beide Male konnte ihr Angriff abgefangen werden – 1664 durch Montecuccoli bei St. Gotthard an der Raab und 1683 durch den erfolgreichen Entsatz des belagerten Wien durch ein deutsch-polnisches Heer unter Karl von Lothringen und Jan Sobieski. Danach begann die Rückeroberung Ungarns: 1686 fiel nach langer Belagerung die ungarische Hauptstadt Ofen. Für Ungarn war damit die Türkenzeit zu Ende, und das gleiche schien auch für Serbien der Fall zu sein. Im September 1688 eroberte nämlich der bayerische Kurfürst Max Emanuel Belgrad, und im Herbst 1689 schlug Markgraf Ludwig von Baden die Türken bei Niš und drang weit in das Innere Serbiens vor. Für die Serben war dies das Zeichen zum Aufstand, an dessen Spitze sich der serbische Patriarch Arsenije III. Crnojević stellte. Der Patriarch, der schon seit längerem Kontakte zu Wien unterhielt, floh 1689 nach Montenegro und begann von dort aus den serbischen Widerstand zu organisieren. Im Oktober 1689 traf er sich in Prizren mit Feldmarschall-Leutnant Piccolomini und versprach diesem, den Kampf der kaiserlichen Truppen mit 20000 serbischen und albanischen Freiwilligen zu unterstützen. Diese wurden allerdings im Januar 1690 bei Kačanik von den Türken geschlagen und mußten sich mit dem Patriarchen nach Belgrad zurückziehen. Am 18. Juni versammelten sich dort die serbischen Notabeln unter der Leitung von Arsenije; man beschloß, den Kampf gegen die Türken fortzusetzen. Der rasche türkische Gegenvorstoß machte dann alle derartigen Pläne zunichte: Unter der tatkräftigen Führung des neuen Großvezirs Fazil Mustafa Pascha Köprülü wurden im September Niš und Smederevo zurückerobert, und am 14. Oktober 1690 fiel auch Belgrad wieder in türkische Hände. Den Serben blieb nur die Flucht nach Norden, auf ungarisches Territorium. Mit Arsenije sollen damals 70–80000 Serben nach Südungarn geflohen sein, wo ihnen Kaiser Leopold I. Glaubensfreiheit, freie Wahl der Bischöfe sowie den weiteren Gebrauch des alten (julianischen) Kalenders zugestand. Diese Rechte konnte der Patriarch in der Folgezeit allerdings nur gegen den erbitterten Widerstand des katholischen Klerus, der auf Union drängte, aufrechterhalten. Die durch den serbischen Exodus von 1690 entvölkerten Gebiete erhielten einen verstärkten Zuzug von muslimischen Albanern, die heute in Kosovo die Bevölkerungsmehrheit ausmachen.

Die Türken hatten also Serbien behaupten können, die Entscheidung im Krieg war damit aber noch nicht gefallen; sie fiel erst, als

Prinz Eugen von Savoyen das Oberkommando über die kaiserlichen Streitkräfte übernahm: Am 11. September 1697 erfocht er bei Zenta den entscheidenden Sieg, der letztlich die Türken zum Friedensschluß von Karlowitz (Sremski Karlovci) zwang. In diesem am 26. Januar 1699 abgeschlossenen Frieden mußten die Türken auf ganz Ungarn, Siebenbürgen sowie auf fast ganz Kroatien und Slawonien verzichten. Belgrad blieb allerdings türkisch, und die Save wurde für die folgenden Jahrhunderte die Grenze zwischen dem osmanischen und dem kaiserlichen Machtbereich.

7. DAS OSTADRIATISCHE KÜSTENLAND

Bis auf einen Gebietsstreifen im Norden zwischen dem späteren Karlobag und Rijeka und dem schmalen Territorium der Stadtrepublik Ragusa war 1421 die gesamte ostadriatische Küste venezianisch geworden. Dieses Gebiet, durch einen Gebirgsriegel vom Binnenbalkan abgetrennt, empfing von nun an, stärker als schon vorher, alle entscheidenden Anregungen vom Meer, von der Apenninenhalbinsel her. Obwohl sich die ursprünglich romanische Stadtbevölkerung schon früh mit der des slawischen Umlandes vermischt hatte, blieben Lateinisch bzw. seit dem 15. Jahrhundert Venezianisch Verwaltungssprache. Die Kultur des Küstenlandes blieb italienisch geprägt; noch im 19. Jahrhundert, als es um die Frage des Anschlusses von Dalmatien an Kroatien ging, mußten sich die kroatischen Nationalisten in ihrer Polemik gegen die Befürworter einer dalmatinischen Autonomie des Italienischen bedienen.

Hauptstadt des venezianischen Dalmatien war Zadar (Zara), wo der höchste Beamte der Provinz, der 'Provveditore Generale in Dalmatia', seinen Sitz hatte. Er wurde vom Großen Rat von Venedig für die Dauer von drei Jahren ernannt und vereinigte in seiner Person die oberste zivile und militärische Gewalt. Während des 17. und 18. Jahrhunderts konnte Venedig seinen Besitzstand in Dalmatien bedeutend erweitern, während es sein Levantereich weitgehend verlor. Während der Türkenkriege dieser Jahrhunderte war Dalmatien jedesmal Nebenkriegsschauplatz. Im Kretakrieg (1645–69) konnte die Markusrepublik Knin, Makarska und das wichtige Klis gewinnen, während des 'Großen Türkenkrieges' (1683–99) eroberten sie Hercegnovi (Castelnuovo) und Risan in der Boka. Im Frieden von Karlowitz 1699 konnten die Venezianer ihr Territorium in Dalmatien fast verdoppeln. Die neuerworbenen Gebiete erhielten die Bezeichnung 'acquisto nuovo' im Gegensatz zu dem ursprünglichen 'acquisto vecchio'. Während des Morea-Krieges (1714–18) gewann Venedig noch einige Gebiete in der Herzegowina mit Imotski hinzu. Im Frieden von Passarowitz 1718 wurde die neue Grenze in Dalmatien festgelegt, die bis zum Ende der Markusrepublik 1797 unverändert bestehen bleiben sollte. Die neuhinzugekommenen Gebiete erhielten die Bezeichnung 'acquisto nuovissimo'.

Im Süden wurde die Kette der venezianischen Besitzungen an der ostadriatischen Küste durch das Territorium der 'Respublica Ragusina' unterbrochen, die trotz ihres flächenmäßig bescheidenen Umfangs zeitweise ein ernst zu nehmender Konkurrent der Markusrepublik war. Ragusa (slaw. Dubrovnik) ist wahrscheinlich durch Flüchtlinge aus dem benachbarten Epidaurum (beim heutigen Cavtat) begründet worden, und zwar um die Mitte des 7. Jahrhunderts, nachdem diese Stadt durch Awaren und Slawen zerstört worden war. Die Flüchtlingssiedlung unterhielt schon früh Verbindungen zu den auf dem Binnenbalkan entstandenen Staaten, vor allem zu Serbien, in dessen Einflußbereich das Hinterland der Stadt lag. Die Lebensgrundlage Ragusas war der Handel, den man auch vertraglich abzusichern suchte. Bereits 1189 wurde ein Handelsvertrag mit Ban Kulin geschlossen, in dem der bosnische Herrscher den ragusanischen Kaufleuten Handelsfreiheit auf seinem Territorium zusicherte. Haupthandelsgegenstände waren ursprünglich Salz, Edelmetalle und Sklaven. In allen bedeutenden Bergwerksorten in Bosnien und Serbien entstanden Kaufmannskolonien der Ragusaner. Daneben wurden Vieh und Tierprodukte (Wolle, Häute), Holz und Holzkohle, Wachs und Honig nach Italien und Westeuropa exportiert. Aus Italien führten die Ragusaner hauptsächlich für den Weiterverkauf in das Binnenland feinere Stoffe, Wein, Waffen, Gold- und Silbergegenstände ein und für den Eigenbedarf schließlich Getreide. Der Staatsform nach war Ragusa eine Adelsrepublik. Die politischen Rechte waren den 'nobiles' vorbehalten, die den 'Großen Rat' (consilium maius) bildeten; seit 1332 war dieses Gremium geschlossen, d. h. eine Zuwahl neuer Familien war nicht möglich; Ausnahmen wurden ganz selten gemacht, so z. B. nach dem großen Erdbeben von 1667. Der 'Große Rat' wählte jedes Jahr den 'Kleinen Rat' (consilium minus) als Exekutive und den 'Senat' (consilium rogatorum), der Gesetze und politische Entscheidungen vorbereitete. An der Spitze der Republik stand der Rektor (knez), dessen Amtszeit jedoch nur vier Wochen betrug. Die venezianische Oberherrschaft (1205–1358) änderte an diesem Staatsaufbau nichts Wesentliches, nur daß Rektor und Erzbischof jetzt von Venedig gestellt wurden. Auf wirtschaftlichem Gebiet mußten sich die Ragusaner allerdings Einschränkungen gefallen lassen, so daß sie sich nach dem Frieden von Zadar 1358 gerne der ungarischen Schutzherrschaft unterstellten, unter der sie bis 1526 verblieben.

Mit den seit der zweiten Hälfte des 14. Jahrhunderts nach Serbien und Bosnien vordringenden Türken versuchte sich Ragusa gutzustellen, um seine Handelsrechte nicht zu gefährden. Bereits 1430 sicherte Murad II. der Republik freien Handel in den seiner Herrschaft unterworfenen Gebieten zu. Von 1442 an zahlte Ragusa einen Jahrestribut an den Sultan. Eine direkte Oberhoheit der Pforte über die Republik des Hl. Blasius (slaw. Vlah) – wie sie nach ihrem Stadtheiligen auch genannt wurde – trat jedoch erst 1526 nach der Schlacht von Mohács ein. Ragusa wurde ein Vasallenstaat des Osmanischen Reiches, was aber keine wesentliche Beeinträchtigung seiner Freiheit bedeutete, der Republik vielmehr eine dominierende Handelsstellung auf dem osmanischen Balkan sicherte. Die Ragusaner hatten während der Türkenzeit wirtschaftliche und politische Beziehungen zu allen Mittelmeerstaaten. Während der Türkenkriege blieben sie neutral, was grundsätzlich von den jeweiligen kriegführenden Parteien respektiert wurde. 1684, während des Großen Türkenkrieges, unterstellten sie sich dem Schutz Kaiser Leopolds I., aber nur, um venezianischen Ambitionen auf ihr Territorium entgegenzutreten. Die formelle Abhängigkeit von der Pforte gaben sie nicht auf, und zwar bis zum Ende ihrer staatlichen Existenz: 1806 wurde Ragusa von französischen Truppen besetzt. Ein letzter Versuch der Ragusaner, 1815 auf dem Wiener Kongreß die staatliche Selbständigkeit zurückzuerlangen, schlug fehl. Ragusa wurde ebenso wie das übrige Dalmatien Bestandteil des Habsburgerreiches und blieb es bis 1918.

8. DIE SÜDSLAWEN IN DER DONAUMONARCHIE

Von den sechs Staatsvölkern des heutigen Jugoslawien gehörten zwei – die Slowenen ganz und die Kroaten zum größten Teil – jahrhundertelang zum Habsburgerreich; ein drittes Volk, die Serben, kam im Gefolge der Türkenkriege und der serbischen Nordwanderung wenigstens teilweise hinzu.

Als Erzherzog Ferdinand 1526 das Erbe Ludwigs II. von Ungarn antrat, konnte er vom ehemaligen Reich der Stefanskrone nur die westungarischen, im wesentlichen von Kroaten besiedelten Gebiete übernehmen, und auch diese waren von den Türken und von seinem von den Türken unterstützten Widersacher Johannes Zápolyai ständig bedroht. Zu den wichtigsten Aufgaben Ferdinands mußte es daher gehören, die Türkenabwehr zu organisieren. Es entstand die 'Militärgrenze' (Vojna krajina), ein System von befestigten Siedlungen, in denen allgemeine Wehrpflicht herrschte. Von der ungarischen Zivilverwaltung losgelöst, führten die Grenzer als freie Wehrbauern ein Eigenleben. Ihre ethnische Zusammensetzung war gemischt – neben landansässigen katholischen Kroaten waren es auch orthodoxe Flüchtlinge aus dem osmanischen Machtbereich, die die Grenzverteidigung übernahmen.

Die Grundlagen für die Militärgrenze wurden bereits in ungarischer Zeit gelegt: 1469 wurde das Kapitanat von Senj (Zengg) gegründet, das bald auf die ganze ungarische Adriaküste bis Rijeka (Fiume) ausgedehnt und 1522 von Ludwig II. an seinen Schwager Ferdinand übergeben wurde. Der eigentliche organisatorische Ausbau der Militärgrenze begann 1538, als Ferdinand I. die Ansiedlung an der Grenze durch besondere Privilegien attraktiv machte: Die Siedler erhielten erbliche Lehen, sie waren von Abgaben und Steuern befreit und genossen Religionsfreiheit. 1630 wurden diese Sonderrechte der Grenzer durch Ferdinand II. noch erweitert. In den sogenannten 'Statuta Valachorum' wurden ihnen innere Selbstverwaltung und eigene Gerichtsbarkeit zugesichert. Den Wehrdienst hatten sie in ihrem Heimatbezirk ständig und ohne Bezahlung abzuleisten. Wenn sie außerhalb der Militärgrenze eingesetzt wurden, was bald der Fall war, mußten sie acht Tage lang unentgeltlich kämpfen, gegen die Türken sogar 14 Tage, erst dann erhielten sie Sold. Aufgrund dieser Privilegien nahm die Zahl der 'Valachen' (es waren ethnisch zumeist Serben) im Bereich der Militärgrenze ständig zu, was eine teilweise Serbisierung zur Folge hatte: Noch heute bestehen nahezu geschlossene serbische Siedlungsgebiete mitten im kroatischen Sprachraum (z. B. Lika).

Die Militärgrenze wurde im Lauf der Jahrhunderte stark erweitert. Nach der 'Seegrenze' entstanden die Generalate Karlstadt (Karlovac) und Varaždin sowie das Banal-Generalat (Sitz Petrinija). 1702 entstand die Slawonische (Peterwardein) und 1764 die Banater (Temesvár) und die Siebenbürgische Militärgrenze (Hermannstadt). Erst in der zweiten Hälfte des 19. Jahrhunderts wurde die Militärgrenze aufgelöst: Sie war durch das Aufhören der Türkenkriege und die Einführung der allgemeinen Wehrpflicht militärisch längst überflüssig geworden und hatte zuletzt nur noch die Rolle eines 'cordon sanitaire' erfüllt. Die Auflösung erfolgte stufenweise: Zunächst wurde 1851 die Siebenbürgische Militärgrenze aufgelöst. Nach 1867 machte der österreichisch-ungarische Ausgleich dann auch die Auflösung der übrigen Militärgrenze, die von den Ungarn als Überrest des habsburgischen Absolutismus betrachtet wurde, erforderlich. Mit der Militärgrenze verschwand auch eine alte südslawische Institution, die der 'Hauskommunion' (skr. zadruga). Die Zadruga war eine vielleicht mit der russischen Dorfgemeinschaft (mir) vergleichbare Einrichtung, bei der bewegliche und unbewegliche Habe Gemeinschaftseigentum der (Groß-)Familie war. Die österreichischen Grenzbehörden hatten die Zadruga gefördert und ihre Rechtsverhältnisse noch 1807 durch ein besonderes Gesetz geregelt, da eine Großfamilie den militärischen Bedürfnissen besser Rechnung tragen konnte als die Einzelfamilie.

Während die militärische Bedeutung der Militärgrenze verdienterweise immer wieder hervorgehoben wurde, ist ihre Rolle auf kulturellem Gebiet nicht genügend gewürdigt worden. Das Schulwesen, das die Pflege der slawischen Muttersprache mit einschloß, war demjenigen im neuerstandenen Serbien und natürlich erst recht in den türkischen Gebieten weit überlegen. Eine nationale Benachteiligung der Südslawen wie in Ungarn gab es in der Militärgrenze nicht; Söhnen von Grenzern stand ohne weiteres der Aufstieg in die Offiziers- und Beamtenlaufbahn offen.

Einen Sonderfall innerhalb dieses Verteidigungssystems stellten die Uskoken im Gebiet der 'Seegrenze' dar. Auch bei ihnen handelte es sich vorwiegend um Flüchtlinge aus dem türkischen Machtbereich. (Der Name kommt vom skr. uskočiti = 'abspringen, flüchten'.) Die Uskoken konzentrierten sich zunächst im Raum um die ungarische Festung Klis; als diese 1537 türkisch wurde, zogen sie sich nach Senj zurück, wo sie als halbreguläre Grenztruppe verwendet wurden. Zu diesen Flüchtlingen gesellten sich bald Abenteurer aus Italien und entflohene venezianische Galeerensklaven, die sogenannten 'venturini'. Beide, sowohl die lizensierten, aber schlecht und unregelmäßig bezahlten Grenzwächter, als erst recht die Venturini, konnten ihren Lebensunterhalt nur bestreiten, wenn sie ihren Grenzschutz mit einem einträglicheren Gewerbe, nämlich dem Seeraub, verbanden. Sie überfielen nicht nur türkische Schiffe und Küstenorte, sondern auch Schiffe christlicher Staaten, mit Vorliebe solche der Venezianer und Ragusaner. Die Venezianer sahen sich gezwungen, ihre Handelsschiffe zu bewaffnen und eine besondere Wachtflotte zu unterhalten. Nach mehrmaligen vergeblichen Interventionen beim Kaiser und nach ebenso erfolglosen Versuchen, die habsburgischen Küstengebiete mit einer Blockade zu belegen, kam es wegen der Uskoken zu einer bewaffneten Auseinandersetzung zwischen Venedig und Österreich, zum sogenannten Uskoken- oder Gradisca-Krieg, der erst 1617 nach zweijähriger Dauer durch den Frieden von Paris beendet wurde: Die Österreicher mußten sich verpflichten, die Uskoken von der Küste in das Binnenland umzusiedeln und ihre Schiffe zu verbrennen.

Im Gegensatz zur Militärgrenze, die habsburgischen Zentralbehörden, zunächst dem Hofkriegsrat in Graz, unterstellt war, bildete Zivilkroatien einen Bestandteil des Königreichs Ungarn, obwohl der kroatische Landtag (sabor) von Cetin 1527 Ferdinand zum König von Kroatien gewählt und damit die politische Eigenständigkeit Kroatiens zu demonstrieren versucht hatte. Ferdinand ging auf kroatische Wünsche nach einer Vereinigung Kroatiens mit seinen österreichischen Erblanden nicht ein, denn das wäre den Ungarn, zu deren König er sich am 2. November 1527 in Stuhlweißenburg krönen ließ, einem Verrat an der Stefanskrone gleichgekommen. Der Sabor blieb zwar weiter bestehen, ungarischerseits versuchte man aber immer wieder, seine Befugnisse auf die eines ungarischen Provinziallandtages herabzudrücken. Alle kroatischen Versuche, von der ungarischen Umklammerung freizukommen, scheiterten letzten Endes an den Rücksichten, die der Kaiser auf die Ungarn glaubte nehmen zu müssen: Als der kroatische Landtag z. B. 1712 einseitig die von Kaiser Karl VI. vorgeschlagene Pragmatische Sanktion annahm, ging der Kaiser darauf nicht ein, sondern wartete, bis die Ungarn sich zehn Jahre später bereit erklärten, die weibliche Erbfolge für das Königreich Ungarn samt seinen „verbundenen Ländern, Königreichen und Provinzen" – wozu natürlich auch

Kroatien gehörte – anzuerkennen. Der Kaiser lohnte es den Kroaten auch nicht, als sie im Revolutionsjahr 1848 unter ihrem Banus Joseph Baron Jellačić das Haus Österreich sowohl gegen die ungarischen Revolutionäre als auch gegen das aufständische Wien unterstützten. Kroatien und Slawonien wurden zwar von Ungarn abgetrennt und erhielten auch Fiume, das bisher staatsrechtlich ein 'corpus separatum' des Königreichs Ungarn gewesen war; sie bildeten aber lediglich ein Kronland, in dem noch dazu die deutsche Amtssprache eingeführt wurde. Nach dem Februar-Patent von 1861, das die Einberufung eines Reichsrats anordnete, forderte der kroatische Landtag die Wiedererrichtung des 'dreieinigen Königreiches' Kroatien-Slawonien-Dalmatien sowie die Auflösung der Militärgrenze und ihre Einverleibung in Kroatien. Als er mit diesen Forderungen nicht durchdrang, weigerten sich die Kroaten – die Ungarn ebenfalls, aber aus anderen Gründen –, Abgeordnete in den Reichsrat zu Wien zu schicken. Diese Verweigerung nützte lediglich den Ungarn, denn mit ihnen begann Kaiser Franz Joseph nach der Aufhebung des Februar-Patents (Juni 1865) zu verhandeln. Ergebnis dieser Verhandlungen war der österreichisch-ungarische Ausgleich von 1867, der aus Österreich eine Doppelmonarchie machte (Österreich-Ungarn). Kroatien wurde dabei als Land der Stefanskrone anerkannt und es Ungarn und Kroaten überlassen, ihre gegenseitigen Probleme untereinander zu regeln. Das geschah durch den ungarisch-kroatischen Ausgleich vom 30. Januar 1868: Danach bildeten Kroatien und Slawonien eine Staatsgemeinschaft mit Ungarn und schickten ihre Abgeordneten in den gemeinsamen Reichstag nach Budapest. Die kroatischen Interessen sollte in der ungarischen Regierung ein Minister ohne Portefeuille vertreten, der Banus von Kroatien vom ungarischen Ministerpräsidenten vorgeschlagen und vom Kaiser ernannt werden. Kroatisch wurde Amtssprache in den kroatischen Gebieten. Diese Lösung war ein Kompromiß, der die kroatischen Wünsche nicht einmal nach außen hin befriedigte, da Dalmatien auch weiterhin als Kronland Zisleithaniens abgetrennt blieb.

Wesentlich länger als die Kroaten, seit dem 13. Jahrhundert, befanden sich die Slowenen unter der habsburgischen Herrschaft: Kärnten, Steiermark und Krain, also die Hauptsiedlungsgebiete der Slowenen, gehörten zur habsburgischen Hausmacht. An der Peripherie des südslawischen Sprachraumes gelegen, hat sich bei den Slowenen erst relativ spät ein Gefühl für die nationale Eigenständigkeit entwickelt. Schon die gebirgige Oberflächenstruktur war der Bildung eines verbindenden Volksbewußtseins nicht eben günstig. Das drückt sich schon in der Sprache aus: Wohl kaum eine südslawische Sprache hat, gemessen an der Zahl der Sprecher, so viele Dialekte. Die frühe deutsche Kolonisation und das Verschwinden der alten Oberschicht bedingten, daß Sprache und Volkstum bis in die Neuzeit hinein fast ausschließlich vom Bauernstand bewahrt wurden. Von den Freisinger Denkmälern aus dem 10. Jahrhundert abgesehen, sind vor der Reformation kaum slowenische Texte überliefert. Die Reformation, die in Slowenien großen Anklang fand, gab dann aber Anlaß für eine überraschende kulturelle Aktivität. Primož Trubar (1508–86), ein Bauernsohn aus Krain und Geistlicher, schloß sich der Reformation an, mußte dann nach Deutschland fliehen und druckte 1551 in Tübingen einen Katechismus und eine Fibel ('Abecedarium'); es waren dies die ersten gedruckten Bücher in slowenischer Sprache. In den folgenden Jahren arbeitete Trubar an einer Bibelübersetzung in das Slowenische: Bereits 1555 erschien das Matthäus-Evangelium und 1557 bzw. 1560 weitere Teilübersetzungen aus dem Neuen Testament. Trubar starb als protestantischer Pfarrer in Derendingen in Württemberg. Dem Wirken Trubars kommt eine zentrale Bedeutung in der Geistesgeschichte der Slowenen zu. Seine Werke regten eine Reihe von anderen slowenischen Protestanten zu literarischem Schaffen in der Muttersprache an: Jurij Dalmatin, ein aus Krško (Gurkfeld) gebürtiger protestantischer Prediger, übersetzte erstmals die gesamte Heilige Schrift in das Slowenische; die Übersetzung wurde 1584 in 1500 Exemplaren in Wittenberg gedruckt. Als Dritter muß Adam Bohorič (1520–1600) genannt werden. Er war der einzige Laie unter den protestantischen slowenischen Schriftstellern und Verfasser der ersten slowenischen Grammatik, die in lateinischer Sprache ebenfalls 1584 in Wittenberg erschien ('Arcticae horulae successivae de Latinocarniola literatura ad latinae linguae analogiam accomodata'). Seine Orthographie (Bohoričica) blieb in Slowenien bis 1839 in Kraft. Diese kulturelle Aktivität fand zunächst ein Ende, als in den slowenischen Gebieten gegen 1600 die Gegenreformation siegte. Was bis zur zweiten Hälfte des 18. Jahrhunderts in slowenischer Sprache publiziert wurde, war vor allem religiöses Schrifttum für den Gebrauch der Landbevölkerung; die Bildungsschicht in den Städten war bereits weitgehend germanisiert. Eine gewisse Wende brachte die französische Herrschaft, als Laibach Hauptstadt der 'Illyrischen Provinzen' wurde (1809–14). Damals bemühte sich ein Kreis, den der Baron Žiga (Siegmund) Zois um sich gesammelt hatte, um eine Wiederbelebung des slowenischen Kulturlebens. Der Zois-Kreis veranstaltete slowenische Theateraufführungen und gab slowenische Jahresalmanache heraus; hauptsächlich regte er aber eine Reihe von slowenischen Intellektuellen an, sich mit der eigenen vernachlässigten Sprache und Volkskultur zu beschäftigen. Zu diesem Kreis gehörte auch der Slawist Bartholomäus (Jernej) Kopitar (1780–1844), einer der ersten Anhänger des 'Austroslawismus' – einer später unter den habsburgischen Südslawen ziemlich verbreiteten Bewegung, die eine Lösung der südslawischen Frage im Rahmen der Donaumonarchie vorsah.

9. DIE WIEDERGEBURT DES SERBISCHEN STAATES

Zu Ausgang des 18. Jahrhunderts hatte das Osmanische Reich einen Tiefpunkt seiner Macht erreicht. Ursache dafür waren nicht nur die verlorenen Kriege gegen Rußland und Österreich, sondern auch die Anarchie und separatistische Bestrebungen, die sich in vielen Provinzen des Reiches auszubreiten begannen – in der europäischen Türkei in Bulgarien (Pazvandoğlu), in Albanien (Ali Pascha von Janina, die Bushatlliu in Skutari) und im Paschalik von Belgrad.

Im Belgrader Paschalik, das die Keimzelle des neuen serbischen Staates werden sollte, lebte die christliche Bevölkerung von der Vieh-, besonders von der Schweinezucht. Der einträgliche Viehhandel vor allem mit der Habsburgermonarchie führte zur Entstehung einer Schicht von relativ wohlhabenden Viehhändlern, die oft auch das Amt des Dorfvorstehers (knez) bekleideten. Diese Schicht sollte die politische Führungsrolle übernehmen, wie andernorts das städtische Bürgertum, das in Serbien praktisch nicht existierte: Beide Führer der serbischen Aufstandsbewegung – Karadjordje und Miloš Obrenović – gehörten dieser Schicht an.

Der Serbenaufstand, der im Jahre 1804 ausbrach, war in gewissem Sinne ein Nachspiel zum 1791/92 beendeten Türkenkrieg der Russen und Österreicher. Während dieses Krieges hatten zahlreiche Serben als Freiwillige in der österreichischen Armee gekämpft. Beim Friedensschluß war ihnen nicht nur eine generelle Amnestie zugesichert, sondern auch versprochen worden, daß die Janitscharen, die sich in Serbien durch ihre Willkürherrschaft unbeliebt gemacht hatten, das Land verlassen sollten. Diese Janitscharen, die militärisch wertlos gewordene einstige Elitetruppe der Türken, fanden bei Pazvandoğlu, dem rebellischen Pascha von Vidin, Zuflucht und unternahmen von dort aus Einfälle in das Paschalik Belgrad. Der dortige osmanische Statthalter Haci Mustafa Pascha sah keinen anderen Ausweg, als die Serben zu bewaffnen; mit ihrer Hilfe konnte er 1798 die Janitscharen zurückschlagen. Die Tatsache, daß der osmanische Statthalter Christen gegen eine rechtgläubige, wenn auch rebellische Truppe aufgeboten hatte, schockierte viele Türken, und Haci Mustafa mußte den Janitscharen die Rückkehr nach Serbien erlauben. Diese wurden jetzt die unbeschränkten Herren im Paschalik; sie ermordeten Haci Mustafa Pascha und begannen eine Terrorherrschaft, die sich sowohl gegen Christen wie gegen Muslime richtete. Dem Terror besonders ausgesetzt war die politische Führungsschicht der Serben, die Knezen. Im Januar 1804 wurden etwa 70 von ihnen verhaftet und in Belgrad hingerichtet. Einem Teil der Knezen gelang allerdings die Flucht in die Wälder; unter ihnen war auch Djordje Petrović, genannt Karadjordje ('Schwarzer Georg'), der die Führung des serbischen Aufstandes übernehmen sollte.

Karadjordje (geb. um 1768) erließ am 14. Februar 1804 von Orašac bei Topola aus einen Aufruf zum Aufstand, dem angesichts des Knezenmords viele Folge leisteten. Karadjordjes Freischaren griffen zunächst einzelne türkische Außenposten an; Ende März 1804 hatten sie bereits errreicht, daß sich die Macht der Janitscharen auf die wenigen Festungen des Landes beschränkte. Die Pforte beeilte sich daraufhin, den Serben innere Autonomie und den Abzug der Janitscharen zu versprechen. Die Aufständischen verlangten jetzt aber eine österreichische Garantie für die türkischen Zusagen, worauf die Pforte einzugehen nicht bereit war. Die Serben weigerten sich daraufhin, die Waffen niederzulegen. Die 'loyale' Erhebung gegen die Willkürherrschaft der Janitscharen wurde damit zu einem Aufstand gegen die Zentralgewalt. Ziel war jetzt die Beseitigung der türkischen Herrschaft überhaupt. Die Aufständischen waren auch weiterhin erfolgreich, sie eroberten Kraljevo, Užice und Smederevo. Anfang 1806 besetzte Karadjordje Teile des Sandschaks von Novi Pazar, und am 25. August gleichen Jahres schlug er das bosnische Heer bei Šabac. Am 24. Dezember 1806 schließlich fiel Belgrad den Serben in die Hände.

Das Paschalik Belgrad war jetzt vollständig befreit, und Karadjordje mußte an den Aufbau einer Staatsverwaltung denken, da die aus der Türkenzeit stammenden Organe der bäuerlichen Selbstverwaltung für die neuen Bedürfnisse nicht mehr ausreichten. Karadjordje, dessen militärisches Talent unbestritten war, erwies bei der Organisation der Zivilverwaltung keine glückliche Hand. Er, der sich bereits ab Mai 1804 als 'Oberster Vojvode' (Vrhovni vojvoda) der Serben bezeichnete, verlangte nicht nur den militärischen Oberbefehl, sondern auch die Führung der Zivilverwaltung. Dagegen regte sich natürlich Opposition, gegen die sich Karadjordje aber durchsetzen konnte: Eine im Januar 1811 einberufene Nationalversammlung (skupština) erkannte ihn als 'Obersten Führer' (Vrhovni vožd) der Serben an und teilte den schon seit 1805 bestehenden 'Regierenden Rat' (Praviteljstvujušči sovjet), der kaum mehr als ein Werkzeug Karadjordjes war, in verschiedene Ministerien und einen Gerichtshof auf. Mit der autoritären Herrschaft Karadjordjes nicht einverstandene Oppositionelle wurden gezwungen, ins Exil zu gehen.

Außenpolitisch versuchte sich Karadjordje an Österreich und Rußland anzulehnen, beides ohne allzu großen Erfolg, denn beide Mächte waren durch den Kampf gegen Napoleon in Anspruch genommen, und Österreich war zudem an einer Unterstützung von 'Revolutionären' wenig interessiert. Während des russisch-türkischen Krieges (1806–12) kam es dann zwar zu einer militärischen Zusammenarbeit zwischen Russen und Serben, im Frieden von Bukarest 1812 wurden die serbischen Wünsche aber so wenig befriedigt, daß Karadjordje den Kampf auf eigene Faust fortführte. Diesmal war er jedoch der türkischen Übermacht nicht gewachsen. 1813 besetzten türkische Truppen wieder Belgrad, und Karadjordje floh auf habsburgisches Gebiet. Der erste serbische Aufstand war damit beendet, und für Serbien begann nach neunjähriger faktischer Unabhängigkeit noch einmal die Türkenzeit, allerdings nicht für lange. Da die Türken nämlich keine Anstalten machten, die versprochene Autonomie zu gewähren, kam es bald wieder zu neuen Unruhen, an deren Spitze sich nach einigem Zögern ein neuer Mann stellte – Miloš Obrenović.

Obrenović (geb. 1780) entstammte ebenfalls dem Viehhändlermilieu. Er hatte unter Karadjordje gegen die Türken gekämpft, sich dann aber der innenpolitischen Opposition angeschlossen. Im Gegensatz zu Karadjordje war er ein vorsichtiger Taktierer, der zunächst versuchte, sich mit den Türken zu arrangieren. Vom neuen Pascha von Belgrad bekam er als Gegner von Karadjordje auch sofort die Bezirke Rudnik, Požega und Kragujevac als Ober-Knez (Vrhovni knez) zur Verwaltung anvertraut. Die Türken hofften, in Obrenović ein williges Werkzeug zur Unterwerfung der Serben gefunden zu haben. Zunächst wurden sie darin auch nicht enttäuscht: Obrenović bemühte sich, in seinem Gebiet die Ruhe zu erhalten. Daß auf die Dauer eine Zusammenarbeit mit den Türken nicht zu praktizieren war, mußte er jedoch erkennen, als er 1814 anläßlich einer neuen Revolte die Aufständischen im Vertrauen auf die vom Pascha versprochene Amnestie zum Aufgeben überredete. Das Amnestieversprechen wurde nicht eingehalten, und zahlreiche Todesurteile wurden gefällt. Obrenović übernahm jetzt die Führung des neuen Aufstandes, der am Palmsonntag 1815 in Takovo ausgerufen wurde. Dieser zweite serbische Aufstand war erfolgreicher als der von Karadjordje geleitete – und zwar nicht sosehr wegen der überwältigenden militärischen Erfolge der Aufständischen, sondern weil die internationale Lage jetzt günstiger war als zu Karadjordjes Zeiten. Napoleon befand sich auf St. Helena, und Serbiens alter Verbündeter Rußland hatte die Hände frei, um sich wieder dem Balkan zu widmen. Die Türken erkannten natürlich die Gefahr, die ihnen von einer eventuellen Intervention der Russen drohte, und sie waren deshalb auf einen raschen Ausgleich mit den Serben bedacht. In den nunmehr einsetzenden Verhandlungen zeigte sich Obrenović konzessionsbereiter als sein Vorgänger, er ließ die Türken ihr Gesicht wahren. Noch im Dezember 1815 ernannte ihn der Sultan zum Ober-Knezen des Belgrader Paschaliks. Die Serben durften ihre Waffen behalten. Steuern und Abgaben mußten allerdings weiterhin nach Konstantinopel geschickt werden, und die türkischen Garnisonen blieben im Land. Diese Lösung war ein Kompromiß, der Miloš Obrenović aber weitere Möglichkeiten gab, seinen Einfluß und Serbiens Eigenständigkeit zu vergrößern. Obrenović, ebenso wie Karadjordje ein Analphabet, spielte mit größter Vorsicht alle Trumpfkarten aus, die er in der Hand hatte – das waren vor allem das bewaffnete Volk und das Bündnis mit Rußland, das den Türken Angst einjagte. Er vermied es allerdings, sich vor den Karren der russischen Politik spannen zu lassen, und er unterließ es auch, in irgendeiner Form mit den aufständischen Griechen zusammenzuarbeiten, wie es sein geflüchteter Rivale Karadjordje vorhatte. Karadjordje war der 'Filiki Eteria' beigetreten und plante eine gemeinsame griechisch-serbische Erhebung gegen die osmanische Herrschaft. Als er 1817 nach Serbien zurückkehrte, ließ Obrenović ihn ermorden – nicht nur als persönlichen Konkurrenten, sondern auch als Vertreter einer Politik, die so viele Risiken in sich barg, daß sie alles, was Obrenović bisher durch sein taktisches Lavieren erreicht hatte, gefährdete.

Obrenovićs Politik der kleinen Schritte, die letzten Endes durch die Ausschaltung Karadjordjes möglich geworden war, trug durchaus ihre Früchte: Die Pforte honorierte, daß Serbien sich nicht am griechischen Unabhängigkeitskampf beteiligte, und verlieh Obrenović 1830 die erbliche Fürstenwürde. Sein Land erhielt die volle Autonomie innerhalb des Osmanischen Reiches; Steuern und Abgaben wurden fortan in einer Pauschalsumme wie eine Art Jahrestribut entrichtet; die türkischen Grundbesitzer mußten ihre Güter aufgeben, und die türkischen Garnisonen wurden auf einige Grenzfestungen beschränkt. Obrenović erreichte so durch viel Geduld, diplomatisches Geschick und eine gehörige Portion Bauernschläue, daß Serbien ein de facto selbständiger Staat wurde. Dieser außenpolitische Erfolg wurde ihm in Serbien auch durchaus anerkannt. Anders stand es mit der Innenpolitik, wo sich der Fürst durch seine despotische Herrschaft bald viele Feinde schaffte.

Miloš Obrenović regierte Serbien, als ob das Land sein persönlicher Besitz wäre; in seinem Gebaren unterschied er sich kaum von einem türkischen Pascha. Er mischte sich in die kleinsten Angelegenheiten ein, ließ die Bauern bedenken- und kostenlos auf seinen Gütern arbeiten und versuchte sogar, den einträglichen Schweinehandel zu seinem Monopol zu machen. Es gab zwar eine Nationalversammlung, sie trat aber nur zusammen, wenn der Fürst das wünschte. Die Beamten wurden von ihm persönlich ernannt. Dieser patriarchalische Regierungsstil wurde im Lande akzeptiert, solange die Türken eine Gefahr darstellten. Nach dem russisch-türkischen Krieg und dem Frieden von Adrianopel 1829 war das aber nicht mehr der Fall. Die Opposition begann sich zu regen, und 1835 kam es zum ersten offenen Aufruhr in Kragujevac. Obrenović beeilte sich, eine Verfassung ausarbeiten zu lassen, um die Situation zu beruhigen. Von dieser Verfassung, die westlichen Vorbildern entlehnt war, verstand er sich dann aber bald wieder frei zu machen, und zwar mit Hilfe des Suzeräns, der Pforte. Die 'Verfassungsverteidiger' (ustavobranitelji), wie sich die oppositionelle Gruppe in Serbien jetzt nannte, wandten sich an Rußland, und das autokratische Rußland setzte sich dafür ein, in Serbien konstitutionelle Verhältnisse einzuführen, d. h. dem Fürsten einen Senat an die Seite zu stellen, um seine Macht einzuschränken. Auf russischen Druck hin erließ der Sultan am 24. Dezember 1838 eine neue Verfassung, die sog. 'Türkische Verfassung' (Turecki ustav). Diese sah die Schaffung eines 17köpfigen Senats mit sehr weitgehenden Rechten vor. Die Senatoren waren auf Lebenszeit ernannt, sie standen dem Fürsten teilweise offen feindselig gegenüber. Als der Senat unverhohlen seinen Rücktritt forderte, zog Miloš Obrenović die Konsequenzen und ging am 15. Juni 1839 ins Exil. Im hohen Alter, 1858–60, sollte er noch einmal an die Macht kommen.

Neuer Fürst von Serbien wurde Miloš' zweiter Sohn Mihailo. Er war erst 17 Jahre alt und konnte sich während seiner ersten Regierung – er sollte wie sein Vater noch ein zweites Mal, 1860–68, auf den serbischen Thron kommen – gegenüber dem Senat nicht behaupten. 1842 wurde Mihailo gezwungen, außer Landes zu gehen.

Am 13. September 1842 beschloß die Skupština den lange vorbereiteten Dynastiewechsel und berief Alexander Karadjordjević, den Sohn von Karadjordje, auf den serbischen Thron. Unter dem ersten

Karadjordjević (1842–59) begann in Serbien die Zeit der Reformen. Sie wurden getragen nicht allein vom Fürsten, sondern vor allem von den 'Ustavobranitelji' im Senat, hinter denen bürgerliche Kreise standen. In der Sozialstruktur Serbiens waren inzwischen nämlich einige Veränderungen eingetreten: Die aus der Türkenzeit übernommenen patriarchalischen Lebensformen begannen abzubröckeln, die Großfamilie (zadruga) zerfiel. Obwohl zahlenmäßig noch gering, gewann das Handel und Gewerbe treibende Bürgertum an wirtschaftlicher Bedeutung und verlangte jetzt auch politische Mitbestimmung. Die einst führende Schicht der Dorfknezen wurde allmählich in den Hintergrund gedrängt.

Fortschritte wurden unter Alexander Karadjordjević vor allem auf dem Bildungssektor gemacht: Eine Vielzahl neuer Volksschulen wurde gegründet, 1844 wurden in Belgrad eine Nationalbibliothek und ein Nationalmuseum eröffnet. Handel und Gewerbe wurden gefördert, und der Verwaltungsapparat nahm allmählich westeuropäische Ausmaße an. 1844 wurde ein 'Bürgerliches Gesetzbuch' (Srpski gradjanski zakon) nach österreichischem Muster eingeführt. Den Wunschvorstellungen der breiten bäuerlichen Volksschichten kamen diese Neuerungen wenig entgegen. Die neuen Beamten warem im Lande nicht sehr beliebt, zumal sie meist 'Prečani' (von 'preko' = gegenüber, Serben aus der Donaumonarchie) waren und die dortigen bürokratischen Praktiken mitbrachten.

Noch weniger entsprach die vorsichtige Außenpolitik des Fürsten den Vorstellungen 'altserbischer' Kreise. Alexander Karadjordjević, der persönlich wahrscheinlich den großserbischen Ideen seines Innenministers Ilija Garašanin zuneigte, schreckte aus Rücksicht vor seinen Nachbarn, vor allem vor Österreich, vor einer offensiven Außenpolitik zurück. So blieb Serbien während des Krimkrieges (1853–56) neutral, sehr zum Unwillen großer Teile der Bevölkerung, die von der staatlichen Vereinigung aller serbisch besiedelten Gebiete träumten, sowohl der von Österreich wie der von den Türken beherrschten. Derartige Wunschvorstellungen hatte Garašanin in seine außenpolitische Zukunftsvision aufgenommen, die er in seinem 'Načertanije' (Skizze) niedergelegt und 1844 dem Fürsten überreicht hatte.

Die Grundidee des 'Načertanije' stammt nicht von Garašanin, sondern von polnischen Emigrantenkreisen. Fürst Adam Czartoryski, der Führer der konservativen polnischen Emigration in Paris, entwickelte den Plan, alle Balkanslawen sollten sich unter der Führung Serbiens zusammenschließen. Dieser südslawische Block sollte ein Bollwerk gegen Österreich und Rußland sein und den Polen bei der Wiedererringung ihrer Unabhängigkeit helfen. 1843 schickte Czartoryski den Tschechen František Zach nach Belgrad, um der serbischen Regierung seine Gedanken zu unterbreiten. Für Garašanin verfaßte Zach dann einen 'Plan der slawischen Politik Serbiens', der die Grundlage für das 'Načertanije' bildete. Im 'Načertanije' geht es um drei Themenkreise: a) die nationalen Ziele Serbiens, b) Serbiens Politik gegenüber Österreich und Rußland, und c) Serbiens Politik gegenüber den übrigen Balkanvölkern. Als Hauptziel Serbiens wird die Wiederherstellung des Reiches von Stefan Dušan genannt. Das Osmanische Reich sei zum Untergang verurteilt, Österreich und Rußland würden es unter sich aufteilen, wenn ihnen die Südslawen nicht zuvorkämen. Der Erfolg von Serbiens Politik hänge ganz von der Zustimmung der übrigen Balkanvölker ab. Garašanin schlägt vor, zunächst durch serbische Agenten Nachrichten über sie zu sammeln. Es folgen Vorschläge über die Politik, die Serbien gegenüber den einzelnen Balkanvölkern zu verfolgen hätte: In Bulgarien müsse man sich bemühen, dem russischen Einfluß entgegenzuwirken. In Montenegro solle man ähnlich wie Rußland den Staatshaushalt subventionieren. In Nordalbanien solle man versuchen, einen Stützpunkt für den serbischen Handel zu gewinnen. Für Bosnien/Herzegowina solle ein eigenes Regierungskollegium gegründet werden, das sich besonders mit religionspolitischen Problemen zu beschäftigen hätte. Die Serben der Donaumonarchie schließlich solle man propagandistisch beeinflussen, etwa durch Herausgabe einer eigenen Zeitung.

Garašanins Programm kam unter Alexander Karadjordjević nicht mehr zur Auswirkung. Unter seinen Nachfolgern sollte es jedoch reaktiviert werden; vor dem Hintergrund des 'Načertanije' werden die späteren serbischen Aktivitäten in Bosnien und der Herzegowina und in Nordalbanien erst verständlich.

Alexander Karadjordjević, der es wegen seiner immer stärkeren Annäherung an Österreich mit einflußreichen russophilen Kreisen verdorben hatte, mußte im Januar 1859 abdanken. Für knapp zwei Jahre kam noch einmal der greise Miloš Obrenović an die Regierung, und nach seinem Tod, auch zum zweiten Male, sein Sohn Mihailo. Unter seiner Regierung wurden die meisten noch türkischen Festungen den Serben abgetreten und das Türkenviertel in Belgrad abgerissen (1862). Lediglich in Belgrad, Šabac und Smederevo blieben noch türkische Garnisonen; sie wurden erst 1867 zurückgezogen. Serbien war damit von den Türken geräumt, unterstand aber offiziell weiterhin der Oberhoheit der Pforte. Erst durch den Berliner Vertrag 1878 errang Serbien seine volle völkerrechtliche Souveränität und gleichzeitig einen bedeutenden Gebietszuwachs im Süden, der Niš, Leskovac, Pirot und Vranje einschloß. Unter Milan Obrenović wurde Serbien 1882 schließlich Königreich. Die Balkankriege 1912–13 brachten Serbien dann noch einen beträchtlichen Gebietszuwachs aus der Konkursmasse des Osmanischen Reiches in Europa, nämlich den Großteil Makedoniens und das aus historischen Gründen begehrte 'Altserbien' (Kosovo).

10. MONTENEGROS KAMPF UM DIE UNABHÄNGIGKEIT

Das Gebiet der Oberen Zeta, das spätere Montenegro (slaw. Crna Gora, türk. Karadağ), wurde in der zweiten Hälfte des 15. Jahrhunderts von den Türken erobert. Ivan Crnojević, der letzte selbständige Herrscher über dieses Gebiet, floh nach Italien und konnte seine Herrschaft während der auf den Tod Sultan Mehmeds II. (1481) folgenden Thronwirren nur kurzfristig wieder etablieren. Sein islamisierter Sohn Staniša (Skenderbeg) verwaltete Montenegro bereits als türkischen Sandschak (1514–28).

In der Volkstradition und auch in den Werken älterer montenegrinischer und serbischer Historiker wird behauptet, daß Montenegro niemals ein wirklicher Bestandteil des Osmanischen Reiches gewesen sei, sondern sich dank der militärischen Tüchtigkeit seiner Bewohner Freiheit und Unabhängigkeit bewahren konnte. Diese 'montenegrinische Legende' läßt sich wissenschaftlich nicht halten: Osmanische Steuerregister (defter) beweisen klar, daß Montenegro zumindest bis zu Beginn des 18. Jahrhunderts nicht nur nominell, sondern auch de facto den Türken unterworfen war. Eine gewisse historische Grundlage ist der Volkstradition trotzdem nicht abzusprechen – Montenegro genoß als städteloses Gebirgs- und Grenzland weitgehende innere Autonomie. Es gab dort kaum Muslime; nur im alten Residenzort Žabljak lag eine türkische Besatzung. Die Kirche behielt nach der Eroberung zumeist ihren Besitz, die Klöster konnten ihn sogar noch vermehren, vor allem das Kloster von Cetinje, das seit 1496 kirchliches Zentrum des Landes war. Die Bischöfe von Cetinje übernahmen in der Türkenzeit allmählich auch die weltliche Führung, wenn auch ihre politische Macht zunächst sehr beschränkt war. Hauptursache dafür war die Stammesverfassung des Landes. Die montenegrinischen Stämme stellten ein sehr heterogenes Konglomerat dar; untereinander trugen sie oft blutige Fehden, zumeist um Weideplätze, aus. Sie beachteten ein strenges Gewohnheitsrecht und waren nur bei äußerer Bedrohung vorübergehend bereit, ihr Eigendasein aufzugeben und sich zu gemeinsamer Aktion zusammenzuschließen. Als gemeinsame Institution aller montenegrinischen Stämme gab es lediglich die 'Versammlung' (zbor), die unregelmäßig zusammentrat, um allgemein interessierende Angelegenheiten zu diskutieren, zumeist in Cetinje. Ursprünglich eine Volksversammlung mit bis zu 2000 Teilnehmern, nahm sie im 18. Jahrhundert allmählich den Charakter einer Ältestenversammlung an, in der der Bischof (vladika) den Vorsitz führte. Dem Bischof standen allerdings keine militärischen Machtmittel zur Verfügung, er konnte lediglich versuchen, die Stämme von der Notwendigkeit eines gemeinsamen Vorgehens zu überzeugen und sich so eine zumindest moralische Machtstellung aufzubauen. Den ersten Schritt zu einer solchen die Stämme übergreifenden Politik machte Bischof Danilo aus der Familie Petrović Njegoš, die in der Folgezeit alle Bischöfe stellen und Montenegro bis 1918 beherrschen sollte. Danilo (1697–1735) schuf 1713 ein zentrales Gericht, das hauptsächlich bei Sippen- und Stammesfehden entscheiden und die Selbstjustiz (Blutrache) einschränken sollte. Unter Danilo trat Montenegro auch das erstemal mit der Außenwelt in politischen Kontakt: Als nämlich der russische Zar Peter I. 1710 zum Krieg gegen die Türken rüstete, schickte er auf Rat eines an seinem Hofe lebenden Serben zwei Abgesandte nach Cetinje, um von dort aus die Balkanchristen zum Aufstand gegen die Türken zu bewegen. Nach der russischen Niederlage am Pruth 1711 geriet Montenegro in eine schwierige Lage. Cetinje wurde von türkischen Truppen besetzt, und Danilo mußte in das Berggebiet nahe der venezianischen Grenze fliehen. Über Wien reiste er nach Rußland, wo er 1715 eintraf und vom Zaren zwar freundlich empfangen wurde, aber keine Zusicherung irgendwelcher Hilfe erhielt. Auf jeden Fall hatte aber diese erste Kontaktaufnahme den Weg gewiesen, den Montenegro in seinen außenpolitischen Beziehungen fortan gehen sollte. Rußland blieb die ferne Schutzmacht des kleinen Montenegro, dessen Staatshaushalt es zum großen Teil finanzierte. Wie stark der 'Rußlandkult' in Montenegro verbreitet war, davon zeugt die Tatsache, daß es 1767 einem Abenteurer unbekannter Herkunft gelang, sich zum Herrscher über Montenegro zu machen: Šćepan Mali (Stefan der Kleine), wie er genannt wurde, gab vor, der durch ein Wunder am Leben gebliebene Zar Peter III., also der ermordete Gemahl Katharinas II. von Rußland zu sein († 1762).

Unter Danilos Nachfolgern, den Usurpator Šćepan Mali eingeschlossen, wurden die Versuche fortgesetzt, die montenegrinische Stammesgesellschaft den Erfordernissen der Neuzeit anzupassen. Einen ersten Höhepunkt erreichte diese Entwicklung unter Peter I. Petrović Njegoš (1784–1830). Während seiner Amtszeit gewann die politische Tätigkeit der Bischöfe von Cetinje eindeutig den Vorrang vor der kirchlich-religiösen. Peters erste Regierungsjahre sind erfüllt von dem Konflikt mit Kara Mahmud Pascha Bushatlliu von Skutari, der als angeblicher Nachkomme der ehemaligen Herrscherfamilie Crnojević bemüht war, Montenegro seinem Machtbereich anzugliedern. Erst 1796 gelang es den Montenegrinern, die zahlenmäßig weit überlegenen albanischen Truppen des Paschas zu schlagen. Dieser Sieg hatte für Montenegro weit mehr als lokale Bedeutung, er schuf vielmehr erst die Voraussetzung für die Erringung der politischen Eigenständigkeit des Landes. Erst jetzt konnte Peter I. daran denken, seinem Land eine staatliche Ordnung zu geben. Dazu bedurfte es vor allem der Lösung von drei Hauptaufgaben – der Beseitigung der Stammesanarchie, der Vereinigung aller montenegrinischen Gebiete (d. h. Anschluß der nordöstlich von 'Alt-Montenegro' siedelnden Brda-Stämme) und der Stärkung der persönlichen Machtstellung des Bischofs. Bereits im August 1796 beschloß eine Versammlung der Stammesältesten in Cetinje die Vereinigung der Brda mit Montenegro, und am 18. Oktober 1798 wurde im Kloster Stanjevići das erste montenegrinische Gesetz verabschiedet, der 'Zakonik obšći crnogorski i brdski' (Allgemeines Gesetz für Montenegro und die Brda). Der 'Zakonik' hatte vor allem strafrechtlichen Charakter und beruhte teilweise noch auf dem Gewohnheitsrecht; 1855 ging er in das gleichnamige Gesetzbuch von Fürst Danilo ein. Zur gleichen Zeit wurde eine Art Regierung eingerichtet, die 'Regierung des Gerichts von Montenegro und der Brda' (Praviteljstvo suda crnogorskog i brdskog), bezeichnenderweise auch 'Kuluk' (Fron) genannt. Seine persönliche Machtstellung konnte Peter I. 1797 ausbauen, als es ihm gelang, von der Ältestenversammlung als alleiniger Inhaber der politischen Gewalt anerkannt zu werden. Der 'Guvernadur' Jovan Radonjić wurde damit praktisch ausgeschaltet und dieses Amt, das ursprünglich seinem Träger als Kontaktmann zu den Venezianern außenpolitisches Mitspracherecht gesichert hatte, entwertet. Den Posten des 'Guvernadurs', der seit 1718 in der Familie Radonjić erblich war, ganz abzuschaffen, wagte Peter I. noch nicht; das gelang erst 1832 seinem Nachfolger.

Peter I. kann als Wegbereiter des modernen montenegrinischen Staates bezeichnet werden; sein Nachfolger Peter II. führte in vielem nur das aus, was er bereits vorbereitet hatte.

Unter Peter II. nahm der montenegrinische Staat endgültig Gestalt an. Bereits Ende 1831 wurde eine straffere Zentralverwaltung eingeführt: Das alte 'Praviteljstvo' wurde durch den 'Praviteljstvujušći senat crnogorski i brdski' (Regierender Senat von Montenegro und der Brda) ersetzt. In ihm amtierten 16 unabhängig von der Stammeszugehörigkeit ausgewählte und aus der Staatskasse besoldete Senatoren, also Berufspolitiker. Als Exekutivorgan schuf Peter II. die 'Gvardija' (Garde), mit deren Hilfe er seine Anordnungen notfalls mit Gewalt durchsetzen konnte. Als es ihm 1832 auch noch gelang, das Amt des 'Guvernadurs' abzuschaffen und die Familie Radonjič des Landes zu verweisen, hatte er eine absolute Machtstellung inne.

Widerstände gegen die Politik Peters II. gab es natürlich, und der Opposition gelang es zeitweise sogar, sich in russischen Regierungs- und Hofkreisen Gehör zu verschaffen. U. a. wurde ihm vorgeworfen, russische Unterstützungsgelder veruntreut zu haben. Die Folgen dieser Intrigen bekam er zu spüren, als er 1836 zu seiner zweiten Rußlandreise aufbrach: In seiner Abwesenheit wurde durch den russischen Konsul in Ragusa eine Untersuchung durchgeführt, die allerdings die Gegenstandslosigkeit der gegen ihn erhobenen Vorwürfe erwies.

In den folgenden Jahren hatte sich Peter II. vorwiegend mit außenpolitischen Problemen zu beschäftigen, bei denen es vor allem um die Regelung von Grenzfragen ging. Montenegro, formal immer noch ein Bestandteil des Osmanischen Reiches, hatte keine definitiven Grenzen zu seinen Nachbarn. Nach langwierigen Verhandlungen gelang Peter II. im Juli 1841 die Festlegung der Grenze zu den österreichischen Besitzungen in Dalmatien. Montenegro mußte zwar auf zwei auf dalmatinischem Gebiet gelegene Klöster verzichten, erhielt dafür aber einen förmlichen Vertrag über den Grenzverlauf. Eine völkerrechtliche Anerkennung der montenegrinischen Unabhängigkeit war damit nicht gegeben, denn der Bischof hatte nur mit österreichischen Provinzbehörden verhandelt. Dennoch muß die Tatsache, daß Wien den Vertrag genehmigte und daß die Pforte dabei überhaupt nicht eingeschaltet wurde, als Defacto-Anerkennung gewertet werden. Am 24. September 1842 schloß Peter II. auch mit Ali Pascha Rizvanbegović von der Herzegowina einen Grenzvertrag, in dem von den 'nezavisne oblasti Crne Gore', den 'unabhängigen Gebieten Montenegros' die Rede war. Erfolglos waren hingegen die Bemühungen, auch die Verhältnisse an der Südgrenze zu Albanien zu regeln. Osman Pascha Skopljak von Skutari konnte nicht nur zwei montenegrinische Inseln im Skutarisee besetzen, sondern auch, was viel gefährlicher war, die Brda-Stämme aufwiegeln. Die letzten Jahre der Regierung Peters II. sind überschattet von seiner schweren Erkrankung: Seit 1849 litt er an Lungentuberkulose. Am 10. Oktober 1851 starb Peter II.; auf dem Gipfel des Lovćen oberhalb von Cetinje fand er seine letzte Ruhestätte.

Unter Peter II. wurde die Staatswerdung Montenegros im wesentlichen abgeschlossen. Montenegro war kein Stammesverband mehr, sondern ein absolutistisch regierter, de facto von der Pforte unabhängiger Staat. Peter II. sollte jedoch nicht nur als Politiker, sondern vor allem als Dichter, als einer der bedeutendsten in serbischer Sprache, in die Geschichte eingehen. Zwei seiner Hauptwerke befassen sich mit Themen aus der montenegrinischen Geschichte – die Versepen 'Gorski vijenac' (Der Bergkranz) und 'Lažni car Šćepan Mali' (Der Lügenzar Stefan der Kleine).

Durch Peter II. war der weitere Weg bereits vorgezeichnet. Er führte zwangsläufig dazu, daß sein Nachfolger Danilo nicht mehr Bischof wurde, sondern sich 1852 mit Zustimmung der Schutzmacht Rußland zum erblichen Fürsten von Montenegro wählen ließ. Durch den Berliner Kongreß 1878 wurde Montenegros Unabhängigkeit völkerrechtlich anerkannt und sein Territorium fast verdoppelt, u. a. erhielt es jetzt den ersehnten Zugang zum Meer (Bar und Ulcinj). Am 29. August 1910 nahm Fürst Nikola, der das Land seit 1860 regierte, den Königstitel an. Das Königreich Montenegro sollte allerdings nur einen kurzen Bestand haben: 1918, kurz vor Ende des Ersten Weltkrieges, wurde es mit Serbien vereint und ging wenig später im SHS-Königreich auf.

11. DIE SÜDSLAWISCHE EINIGUNGSBEWEGUNG

In der ersten Hälfte des 19. Jahrhunderts hatten Serben und Montenegriner, in der zweiten Hälfte auch die Bulgaren, mit Waffengewalt und mit diplomatischer Unterstützung der Großmächte ihre staatliche Unabhängigkeit von den Türken errungen; trotzdem lebten noch längst nicht alle Südslawen in eigenen Nationalstaaten. Unter osmanischer Herrschaft verblieben die Slawen in Makedonien, in Kosovo, im Sandschak von Novi Pazar und bis 1878 in Bosnien und der Herzegowina. In der Habsburgermonarchie schließlich lebten die Mehrheit der Kroaten, eine starke serbische Bevölkerungsgruppe und die Slowenen. An den habsburgischen Südslawen, deren Bildungsniveau höher war als das ihrer Landsleute unter türkischer Herrschaft, ging das nationale 'Erwachen' (preporod) nicht vorüber, sie nahmen vielmehr daran einen maßgeblichen Anteil. So stammten zwei von den drei 'Erweckern' der Serben aus der Monarchie: Jovan Rajić und Dositej Obradović.

Jovan Rajić (1726–1801) stammte aus Sremski Karlovci und hatte an der Kiever Geistlichen Akademie studiert. 1758 hielt er sich im Kloster Hilandar auf dem Athos auf, um Quellen zur mittelalterlichen serbischen Geschichte zu sammeln. Als Archimandrit des Klosters Kovilj bei Novi Sad verfaßte er eine 'Geschichte der verschiedenen slawischen Völker, besonders der Bulgaren, Kroaten und Serben' (Istorija raznih slavenskih narodov, najpače Bolgar, Horvatov i Serbov), die 1794–95 in vier Bänden in Wien erschien.

Ähnlich wie der zeitgenössische Bulgare Paisij wollte Rajić keine kritische Geschichtsdarstellung bieten, sondern auf seine Landsleute moralisch-belehrend einwirken. Er faßte dabei die südslawische Geschichte als eine Einheit auf, ein Bestreben, das später immer wieder auftauchen und in Projekten für einen südslawischen Einheitsstaat, unter Einschluß Bulgariens, seinen Ausdruck finden sollte.

Ganz anderer Art ist das Werk des zweiten Vertreters der serbischen Aufklärung, das von Dositej Obradović.

Obradović (1739–1811) stammte aus Čakovo im Banat. 1757 trat er in das Kloster Hopovo in Syrmien ein, das er jedoch nach drei Jahren wieder verließ, um ein ruheloses Wanderleben aufzunehmen. Jahre verbrachte er als Lehrer in verschiedenen balkanischen Gebieten, in Konstantinopel, Wien, Italien und Rumänien. In Halle und Leipzig studierte er Philosophie, Theologie und Physik und wurde ein begeisterter Anhänger der Aufklärungsphilosophie. Obradović versuchte vor allem erzieherisch zu wirken und verfaßte eine Vielzahl von Schriften pädagogisch-philosophischen Charakters, von denen vor allem die 'Sovjeti zdravago razuma' (Ratschläge des gesunden Menschenverstandes) eine weite Verbreitung erfuhren. Von bleibendem Wert ist seine Autobiographie 'Život i priključenija' (Leben und Abenteuer).

Wie alle früheren serbischen Intellektuellen von der Klosterbildung herkommend, wandte sich Obradović von der orthodoxen Kirche als geistiger Führungsmacht ab und stellte den 'gesunden Menschenverstand', die 'ratio', in den Mittelpunkt allen menschlichen Denkens und Handelns. Die letzten fünf Jahre (1807–11) verbrachte er in dem von den Türken befreiten Belgrad. Dort gründete er 1808 als erste größere Lehranstalt Serbiens die 'Velika škola' (Hohe Schule), die die Keimzelle der späteren Belgrader Universität werden sollte. 1811, kurz vor seinem Tode, wurde er zum ersten serbischen Unterrichtsminister ernannt. Von Bedeutung ist Obradović vor allem deshalb, weil er erstmals die serbische Volkssprache in seinen Schriften verwandte. Die Sprache war für ihn das einigende Band der 'slawo-serbischen Nation', zu der die katholischen Kroaten ebenso gehörten wie Serben und Montenegriner. Diese Entwicklung wurde fortgesetzt von einem Mann, der zwar aus Serbien stammte, die größte Zeit seines Lebens aber in Wien verbrachte – Vuk Stefanović Karadžić.

Karadžić (1787–1864) hatte den ersten serbischen Aufstand unter Karadjordje zwar persönlich miterlebt, bald darauf aber das Land verlassen. Ohne abgeschlossene Schulbildung, war Karadžić ein Autodidakt, der auf Anregung des slowenischen Slawisten Bartholomäus (Jernej) Kopitar serbische Volkslieder zu sammeln und sich mit der serbischen Volkssprache zu beschäftigen begann. 1815 gab er seine erste Liedersammlung 'Mala prostonarodna slaveno-serbska pjesnarica' (Kleines slaweno-serbisches Volksliederbuch) heraus, die von Jacob Grimm eine begeisterte Besprechung erhielt. 1818 veröffentlichte Karadžić dann seinen 'Srpski rječnik, istolkovan njemačkim i latinskim riječima' (Serbisch-deutsch-lateinisches Wörterbuch), der auch eine serbische Grammatik enthielt, die 1824, ebenfalls von Grimm, ins Deutsche übersetzt wurde.

Grammatik und Wörterbuch bildeten den Grundstein für Karadžićs Sprachreform, die 1850 sich endgültig gegenüber dem Slaweno-Serbischen (einer Mischung aus Kirchenslawisch, Russisch und serbischer Umgangssprache) durchsetzte. Das war ein Schritt weiter auf dem Weg zu einer gemeinsamen serbo-kroatischen Schriftsprache.

Parallel zu diesen Versuchen, von serbischer Seite aus Serben und Kroaten zumindest sprachlich zu einigen, liefen kroatische Bemühungen. Sie hatten naturgemäß einen etwas anderen Charakter, denn die Kroaten hatten keinen eigenen Nationalstaat im Hintergrund, sondern mußten sich gegenüber deutscher und vor allem ungarischer Bevormundung und Überfremdung behaupten.

Die Nationalbewegung der Kroaten ist eng mit dem 'Illyrismus' verknüpft.

Als 'Illyrer' hatten sich Kroaten und auch Slowenen seit der Reformationszeit häufig selbst bezeichnet, in Anspielung auf die vermeintlich slawische Urbevölkerung der Balkanhalbinsel. Seit Napoleons kurzfristigen 'Provinces Illyriennes' (1809–13) wurde der Begriff immer häufiger gebraucht; südslawische Studenten an österreichischen Universitäten gründeten 'Illyrische Klubs', und der slowakische Dichter und Panslawist Ján Kollár behauptete in seiner 1837 erschienenen Schrift 'Über die literarische Wechselseitigkeit zwischen den verschiedenen Stämmen und Mundarten der slawischen Nation', die Slawen seien ein Volk mit vier Dialekten – dem russischen, tschechischen, polnischen und illyrischen.

'Illyrer' erscheint hier also als Sammelbegriff für alle Südslawen, und so wurde er vom ersten Propagandisten der 'illyrischen Bewegung', Ljudevit Gaj, auch gebraucht.

Gaj (1809–72), Sohn eines Apothekers deutscher Abstammung, begann sich ebenfalls auf Anregung Kollárs mit Problemen der südslawischen Schriftsprache zu beschäftigen. 1830 trat er in seiner Schrift 'Kratka osnova horvatsko-slavenskoga pravopisanja' (Kurze Grundlage der kroatisch-slawischen Rechtschreibung) für die Übernahme der tschechischen Orthographie mit diakritischen Zeichen ein. Die 'Gajica' wurde in Kroatien und Slowenien bald allgemein übernommen.

1834 erhielt Gaj trotz massiven ungarischen Widerstandes vom Wiener Hof die Erlaubnis zur Herausgabe einer Zeitung in kroatischer Sprache. Seine 'Ilirske Narodne Novine' (Illyrische National-Zeitung) mit der literarischen Beilage 'Danica' (Morgenstern) wurde bald zum Sprachrohr des neuen, von Gaj propagierten, südslawischen Gemeinschaftsbewußtseins.

Gaj wollte nämlich nicht nur die Kroaten, sondern alle im 'illyrischen Dreieck' Skutari–Varna–Villach lebenden Südslawen ansprechen, also auch die Serben, Slowenen und Bulgaren. Die Zeitung erschien auch bald nicht mehr im kajkavischen Dialekt, wie er um Zagreb gesprochen wurde, sondern im štokavischen, der weiter verbreitet war und den auch Karadžić seiner Vereinheitlichung der serbischen Schriftsprache zugrunde gelegt hatte. Gajs Ziel war eine einheitliche Schriftsprache für alle Südslawen. Gleichzeitig trat er für die Verwendung des 'illyrischen Namens' als gemeinsamer Bezeichnung für alle südslawischen Völker ein, um regionale Ressentiments aus dem Weg zu räumen.

Gaj beschränkte seine Aktivität aber nicht auf den sprachlich-literarischen Bereich, sondern dehnte sie auch auf den politischen aus. So wandte er sich 1838 in einem geheimen Memorandum an Zar Nikolaus I. von Rußland und bat ihn um Unterstützung für die illyrische Bewegung. Als Gegenleistung versprach er, unter den Balkanslawen für Rußland zu wirken; Endziel sollte ein Vereinigtes Illyrien unter russischer Oberhoheit sein. Erfolg hatte Gaj mit diesem Vorstoß nicht; das orthodoxe Rußland war nicht bereit, sich auf seiten der katholischen Kroaten zu engagieren. Über František Zach knüpfte Gaj dann auch Kontakte zur serbischen Regierung an, über die jedoch nur sehr unzureichende Nachrichten vorliegen. In Ungarn selbst gelang es ihm allerdings, im Grafen Janko Drašković einen Mitstreiter zu finden, der über großen politischen Einfluß verfügte und der dem Illyrismus als politischer Bewegung erst eigentlich zum Durchbruch verhalf.

Drašković (1770–1856) entstammte einer kroatischen Großgrundbesitzerfamilie; er trat erst ziemlich spät, nach 1830, politisch hervor. 1832 publizierte er seine 'Disertatia iliti Razgovor'. Es war dies die erste politische Kampfschrift in kroatischer Sprache, Drašković hatte sie den kroatischen Abgeordneten für den ungarischen Reichstag gewidmet. Er forderte darin die Errichtung eines 'Illyrischen Königreiches' im Rahmen der Habsburgermonarchie. Dieses Königreich sollte aus den kroatischen und slowenischen Gebieten der Monarchie sowie aus dem Territorium der Militärgrenze bestehen, Amtssprache sollte das 'Illyrische' im štokavischen Dialekt sein. 1838 gründete er in Zagreb die 'Illyrische Lesehalle' (Čitaonica ilirska) und später, z. T. zusammen mit Gaj, noch eine Reihe von anderen kulturellen Einrichtungen, wie das Volkstheater (1840) und die 'Matica Ilirska' (1842).

Als anfangs der 40er Jahre in Ungarn die ersten politischen Parteien auftauchten, engagierten sich die Illyrier unter Gaj und Drašković sofort und stellten der konservativen 'Horvatska-Vugerska

Stranka' (Kroatisch-Ungarische Partei, im Volksmund 'Magyaroni') die 'Ilirska Narodna Stranka' (Illyrische Nationalpartei) entgegen. Während die 'Magyaroni' die Existenz einer 'illyrischen' Nation bestritten und für eine enge Bindung an Ungarn eintraten, betonten die 'Illyrier' das Recht der Südslawen auf Selbstverwaltung und auf slawische Amts- und Verwaltungssprache. An der Sprachenfrage entzündete sich dann auch zuerst der Parteienstreit. Der Wiener Hof hatte nämlich zuerst den Ungarn nachgegeben und 1840 Ungarisch anstelle von Latein zur Verhandlungssprache am Ungarischen Reichstag gemacht; 1844 wurde Ungarisch sogar Amts- und Unterrichtssprache. In Zagreb kam es daraufhin zu heftigen Debatten und sogar zu Straßenschlachten. Wien wußte sich nicht anders zu helfen, als den Gebrauch des Wortes 'illyrisch' zu verbieten. Die Regierung war jedoch in ihrer Politik in der Sprachenfrage sehr wechselhaft und wollte auch nicht unbedingt der ungarischen Seite den Rücken stärken. 1845 wurde das Verbot des 'Illyrischen' bereits wieder aufgehoben. In den Revolutionsjahren 1848–49 standen die habsburgischen Südslawen dann eindeutig hinter Wien und beteiligten sich an der Niederschlagung des ungarischen Aufstandes. Der Lohn für diese Loyalität gegenüber Wien war etwas fragwürdig, nämlich die Schaffung eines eigenen Kronlandes Kroatien, in dem 1854 Deutsch als Amts- und Unterrichtssprache eingeführt wurde. In illyrischen Kreisen war man darüber begreiflicherweise enttäuscht. Die Kraft der illyrischen Bewegung hatte sich damals aber bereits deutlich erschöpft. Weder von Gaj noch von Drašković war noch viel zu hören, und der kroatische Banus Joseph Graf Jelačić, auf den die Illyrier so große Hoffnungen gesetzt hatten, sank immer mehr zu einem Erfüllungsgehilfen der zentralistischen Wiener Politik herab. Allerdings gelang es ihm 1849 noch, die Ernennung von Josip Juraj Strossmayer zum Bischof von Djakovo durchzusetzen. In ihm sollte die südslawische Einigungsbewegung einen neuen Führer bekommen.

Die illyrische Bewegung, deren Wirksamkeit man auf die Jahre 1830–49 datieren kann, erreichte ihre Ziele nur zum Teil: Es gelang den Vertretern des Illyrismus nicht, alle Südslawen unter einem Namen zu vereinen. Die Serben hatten bereits ihren eigenen Staat mit einem anspruchsvollen Programm, das auf die Bildung eines großserbischen Reiches hinzielte. Die Bulgaren wurden vom Illyrismus praktisch überhaupt nicht erfaßt, und bei den Slowenen war um diese Zeit die Situation für die Aufnahme illyrischen Gedankengutes auch nicht besonders günstig, denn dort wirkte gerade France

Prešeren, ihr bedeutendster Lyriker. In Slowenien war man nicht bereit, die eigene Literatursprache zugunsten eines 'Illyrischen' aufzugeben, wie die Illyrier das forderten. Der einzige bekannte Dichter, der seinen Heimatdialekt aufgab und štokavisch schrieb, war der Slowene Stanko Vraz, ein Lyriker und Übersetzer. Der Illyrismus blieb im wesentlichen eine kroatische Bewegung und eine literaturhistorische Episode. Realistischer war das, was Bischof Strossmayer tat, um die südslawische Einigungsbewegung in neue Bahnen zu lenken.

Strossmayer (1815–1905) war wie Gaj deutscher Abstammung. Er studierte in Pest und Wien Philosophie und Theologie und wurde, wie erwähnt, 1849 Bischof von Djakovo, einer sehr wohlhabenden Diözese. Seine Tätigkeit als Bischof ist gekennzeichnet durch seine Bemühungen um eine Annäherung zwischen West- und Ostkirche. Als Apostolischer Vikar reiste er mehrmals nach Serbien und trat, allerdings erfolglos, für den Abschluß eines Konkordats zwischen diesem Land und dem Vatikan ein. Was er in Serbien nicht erreichte, gelang ihm in Montenegro – 1886 kam es dort zum Konkordat. Strossmayer unterhielt enge und nicht immer gern gesehene Verbindungen zur russisch-orthodoxen Kirche und trat 1869 auf dem Ersten Vatikanischen Konzil für eine weltweite Kirchenunion ein. Aus dem gleichen Grunde nahm er auf dem Konzil gegen den Unfehlbarkeitsanspruch des Papstes Stellung und schloß sich dem neuen Dogma als letzter aller Konzilsteilnehmer erst 1872 an.

Für die Südslawen bedeutsamer als seine Leistungen als Kirchenpolitiker war das Mäzenatentum des Bischofs. Es gab kaum eine Institution und kaum einen Vertreter des damaligen südslawischen Kulturlebens, den er nicht gefördert hätte. Seine wichtigsten Leistungen auf diesem Gebiet waren die Gründung der 'Südslawischen Akademie der Wissenschaften und Schönen Künste' (Jugoslavenska Akademija Znanosti i Umjetnosti) 1866 und die der Universität in Zagreb 1874.

Besonders seit den 60er Jahren beschäftigte sich Strossmayer zunehmend mit Fragen der Tagespolitik. Er war Mitglied der 'Nationalliberalen Partei' (Narodna Liberalna Stranka), 1860 Vertreter Slawoniens im Erweiterten Reichsrat in Wien und ab 1861 Abgeordneter im Kroatischen Landtag. Mit seiner Parlamentsarbeit strebte er vor allem zwei Ziele an: eine Neuordnung der Donaumonarchie auf föderalistischer Grundlage und, als Nahziel, die Vereinigung Dalmatiens mit Kroatien. Nach dem ungarisch-kroatischen Ausgleich von 1868 zog sich Strossmayer vom parlamentarischen Leben zurück, blieb jedoch außerhalb des Parlaments politisch tätig, wobei er sich selbst auf konspirative Unternehmungen einließ: So war er an Geheimverhandlungen zwischen den Nationalliberalen und der serbischen Regierung beteiligt, bei denen es um die Befreiung Bosniens von der Türkenherrschaft ging. Er stand in Briefwechsel mit dem englischen Politiker William Gladstone, dem gegenüber er für die endgültige Vertreibung der Türken aus Europa und für die bulgarische Unabhängigkeit eintrat. Strossmayer blieb bis an sein Lebensende ein überzeugter Südslawe; er war wohl der einzige katholische Bischof, der im damals noch streng orthodoxen Belgrad mit einem Fackelzug empfangen wurde – so geschehen 1868.

Den Weg zum rein kroatischen Nationalismus beschritt ein anderer Mann, der interessanterweise ebenfalls vom Illyrismus herkam – Ante Starčević. Mit seiner kroatozentrischen Ideologie (er sprach zeitweilig sogar Serben und Slowenen das Recht auf ein eigenes Volkstum ab) und seiner 'Rechtspartei' (Stranka Prava) konnte Starčević (1823–96) in den 80er Jahren zwar Teile des Bürgertums und des Klerus für sich gewinnen. Die Partei spaltete sich jedoch bald und zerfiel in sich einander bekämpfende Teilgruppen. Die auf südslawische Einheit bedachten Gruppierungen behielten letzten Endes die Oberhand, vor allem in Kroatien, wie sich während des Ersten Weltkrieges herausstellte.

12. DIE SÜDSLAWEN IM ERSTEN WELTKRIEG

Am 28. Juni 1914, dem St. Veitstag (Vidov dan), der in der serbischen Geschichte schon einmal eine verhängnisvolle Bedeutung gehabt hatte, fielen in Sarajevo die tödlichen Schüsse auf den österreichischen Thronfolger Franz Ferdinand und seine Gemahlin, die den äußeren Anlaß zum Ausbruch des Weltkrieges bilden sollten. Die Hintergründe des Verbrechens sind, trotz der Fülle der bisher darüber erschienenen Literatur, noch nicht endgültig geklärt. Die Person des Thronfolgers dürfte nicht ausschlaggebend gewesen sein. Franz Ferdinand galt zwar als Feind der Magyaren; ob er allerdings wirklich eine trialistische Lösung für die Habsburgermonarchie anstrebte, wie man ihm nachsagte, ist ungewiß, und ungewiß deshalb auch, ob man in großserbischen Kreisen Furcht vor seinem Regierungsantritt haben mußte.

Was die Tat selbst betrifft, konnte zunächst nur festgestellt werden, daß der Attentäter – Gavrilo Princip – nicht allein handelte, sondern daß es sich bei dem Attentat um eine gezielte Aktion handelte, an der acht Personen beteiligt waren, die auf serbischem Territorium geschult und mit Waffen ausgerüstet worden waren. Klar schien es auch zumindest, daß die Geheimorganisation 'Ujedinjenije ili smrt' (Vereinigung oder Tod, bekannter als 'Crna Ruka', Schwarze Hand) hinter dem Attentat stand. Erst nach dem Kriege wurde bekannt, daß der – inzwischen im Juni 1917 nach einem höchst fragwürdigen Prozeß in Saloniki zum Tode verurteilte und erschossene – Chef der Nachrichtenabteilung beim serbischen Generalstab und führende Angehörige der 'Crna Ruka' Dragutin Dimitrijević, genannt Apis, das Attentat geplant und organisiert hatte. Wenn heute also kein Zweifel mehr darüber besteht, daß die Organisation des Attentats durch die Person von Dimitrijević bis in den serbischen Generalstab reichte, waren Beweise dafür und insbesondere für eine Mitwisserschaft der serbischen Regierung 1914 nicht zu erbringen. Trotzdem herrschte in Österreich die Meinung vor, daß die Belgrader Regierung für den Mord von Sarajevo zur Verantwortung gezogen werden müßte. Am 23. Juli stellte Wien Serbien ein auf 48 Stunden befristetes Ultimatum, das für eine souveräne Regierung kaum erfüllbar war: Die serbische Regierung sollte offiziell eingestehen, durch ihre Organe die freundschaftlichen Beziehungen zu Österreich-Ungarn verletzt zu haben. Sie sollte bedauern, daß serbische Offiziere und Beamte an einer gegen Österreich gerichteten Propaganda teilgenommen hätten, und dergleichen für die Zukunft unter hohe Strafe stellen. Schließlich sollte sie darin einwilligen, daß in Serbien Beamte der k. u. k. Regierung bei der Unterdrückung der gegen die Donaumonarchie gerichteten subversiven Aktivitäten mitwirkten. Österreichische Beamte sollten auch an der gerichtlichen Untersuchung gegen jene Teilnehmer des Attentats teilnehmen, die sich noch auf serbischem Territorium befanden.

Die serbische Antwort auf das österreichische Ultimatum, die kurz vor Ende der gesetzten Frist erfolgte, war durchaus entgegenkommend: Alle Punkte der österreichischen Note wurden akzeptiert, lediglich die Teilnahme österreichischer Beamter an der Gerichtsverhandlung gegen die Beteiligten am Sarajevo-Mord wurde abgelehnt, da dieses gegen die Verfassung und die geltende Strafprozeßordnung verstoßen hätte. Der österreichische Gesandte erklärte daraufhin die serbische Note für ungenügend und verließ noch am Abend des 25. Juli Belgrad. Der serbische Hof, das diplomatische Korps und die serbische Regierung begaben sich zur gleichen Zeit nach Niš. Am 28. Juli erfolgte dann die Kriegserklärung Österreich-Ungarns an Serbien, und noch am gleichen Abend begann die Beschießung der direkt an der Grenze gelegenen serbischen Hauptstadt. Noch aber hätte aus dem österreichisch-serbischen Konflikt kein Weltkrieg zu werden brauchen, ebenso wie sich aus den beiden Balkankriegen kein europäischer Krieg entwickelt hatte. Zur Mäßigung ratende Telegramme der deutschen Regierung und ein Vermittlungsvorschlag des englischen Außenministers Edward Grey (die österreichischen Truppen sollten nach der Besetzung Belgrads haltmachen) wurden aber vom österreichischen Außenminister Graf Berchtold nicht beachtet. So nahm die Bündnismaschinerie ihren Lauf; innerhalb weniger Tage entstand ein europäischer Krieg, der sich durch den Kriegseintritt Englands am 4. August zu einem Weltkrieg ausweiten mußte.

Es stellt sich die Frage, warum man in Österreich auf die Versuche der Mächte, den Konflikt zu lokalisieren, so wenig einging. Der Grund dafür dürfte darin zu suchen sein, daß die österreichische Führung jetzt die schon lange gesuchte Möglichkeit gegeben sah, um auf dem Balkan reinen Tisch zu machen und Serbien als Machtfaktor auszuschalten. Wie die angestrebte Neuordnung auf dem

Balkan aussehen sollte, darüber hatte man im Sommer 1914 aber noch keine rechte Vorstellung. Erst während des Balkanfeldzuges im Winter 1915/16 war man in Wien bemüht, endlich Klarheit über die eigenen Kriegsziele auf dem Balkan zu gewinnen.

Dabei offenbarten sich Gegensätze zwischen der militärischen und der politischen Führung. Conrad von Hötzendorf forderte die Annexion von Serbien, Montenegro und eventuell auch von Albanien durch die Monarchie. Stefan Graf Burián, der die Nachfolge Berchtolds als Außenminister angetreten hatte, hielt diese Annexionsforderungen für utopisch. Seine Formulierung der politischen Ziele Österreich-Ungarns auf dem Balkan, wie er sie dem deutschen Reichskanzler Bethmann Hollweg am 10. und 11. November 1915 in Berlin unterbreitete, waren wesentlich zurückhaltender: Serbien sollte um die Bulgarien zugesagten Teile östlich der Morava und in Makedonien sowie um die albanisch besiedelten Gebiete, die es 1913 erworben hatte, verkleinert werden, aber als selbständiger Staat weiterbestehen. Österreich-Ungarn würde zu seiner strategischen Sicherung lediglich Belgrad und die Mačva annektieren. Montenegro sollte in seiner staatlichen Existenz ebensowenig angetastet werden wie Serbien; der Berg Lovćen und die montenegrinische Adriaküste sollten allerdings an die Monarchie fallen. Albanien sollte nach Buriáns Vorstellungen ein selbständiger Staat unter österreichischem Protektorat werden, vergrößert um serbisches und montenegrinisches Territorium.

Der österreichische Feldzug gegen Serbien stellte sich nun nicht als der militärische Spaziergang heraus, wie man es sich in Wien vorgestellt hatte. Am 12. August 1914 überschritten die österreichischen Truppen Drina und Save, sie wurden jedoch bereits am 20. August durch serbische Gegenangriffe zurückgeworfen. Am 7. September kam es zu einer zweiten österreichischen Offensive, die mit einer schweren Niederlage endete. Die Österreicher mußten sich wieder über die Grenze zurückziehen; sie hatten furchtbare Verluste erlitten – 274000 Mann an Toten und Verwundeten. Die Serben konnten sich 1914 also behaupten, entgegen allen Erwartungen, allerdings unter großen eigenen Einbußen. An eine Verfolgung des Gegners nach Bosnien-Herzegowina hinein konnten sie deshalb nicht denken; sie mußten sich damit begnügen, ihre Stellungen an den Grenzen auszubauen. Für die folgenden zehn Monate trat auf dem serbischen Kriegsschauplatz eine Kampfpause ein, denn die Österreicher brauchten ihre Truppen im Osten, in Galizien, wo die Russen Fortschritte gemacht hatten.

Serbien hatte durch seine Selbstbehauptung 1914 zwar einen großen Prestigeerfolg errungen, dieser war aber gefährdet, als es im

Frühjahr 1915 um Italiens Kriegseintritt ging. Inzwischen war nämlich aus der 'wohlwollenden Neutralität' Italiens offene Feindschaft gegenüber den Mittelmächten geworden. Österreich-Ungarns Vorgehen gegen Serbien war ohne Zustimmung Italiens erfolgt, und als die italienische Regierung am 1. August 1914 erklärte, daß der Bündnisfall nicht gegeben sei, befand sie sich angesichts des Wortlauts des Dreibundvertrages von 1882 durchaus im Recht. Italien, von beiden kriegführenden Parteien umworben, konnte so das höhere Angebot abwarten und entschied sich dann im Frühjahr 1915 für die Entente.

Während die Mittelmächte nämlich nur das Trentino, Aquileia und Gradisca anboten, um Italien neutral zu erhalten, verhielt sich die Entente den italienischen Wünschen gegenüber aufgeschlossener, und zwar auf Kosten der Interessen ihrer serbischen Verbündeten. Am 26. April 1915 kam es zwischen Italien und der Entente zur Einigung. Im geheimen Londoner Vertrag wurden Italien für den Fall seines Kriegsbeitritts neben dem Trentino, Südtirol, Triest und Görz ganz Istrien, die Quarnerinseln Cres und Lošinj, Dalmatien bis zum Kap Ploča südlich von Šibenik sowie die meisten dalmatinischen Inseln versprochen.

In Serbien war man über die Bestimmungen des Londoner Vertrages, die natürlich nicht lange geheim blieben, entsetzt: Ein großserbischer oder ein südslawischer Staat, falls ein solcher nach dem Kriege entstehen würde, wäre von der Küste abgeschnitten und die Adria ein italienisches Binnenmeer geworden. Dem serbischen Ministerpräsidenten Pašić waren aber die Hände gebunden, er konnte in London nur Verwahrung gegen den Vertrag einlegen und mußte sogar mitansehen, wie noch andere, diesmal ureigenste serbische Interessen in Gefahr gerieten. Nicht nur Italien verhandelte nämlich mit beiden kriegführenden Parteien, sondern auch Bulgarien.

Der bulgarische Zar und seine Regierung sympathisierten zwar mit den Mittelmächten, mit deren Hilfe sie das im Zweiten Balkankrieg an Serbien und Griechenland verlorengegangene Makedonien zurückgewinnen wollten. Sie zögerten jedoch, einen seit August 1914 vorliegenden Bündnisvertrag mit Deutschland zu unterzeichnen, solange ihnen die Kriegslage noch nicht überschaubar schien. In dieser Situation ergriffen die Ententemächte, denen Bulgarien zur Abriegelung der Türkei wichtig war, die Initiative und boten den Bulgaren nun ihrerseits das serbische Makedonien an.

Die militärischen Erfolge der Mittelmächte in Rußland und das Mißlingen der alliierten Dardanellenoperation gaben dann aber schließlich den Ausschlag: In einer geheimen Militärkonvention mit den Mittelmächten vom 6. September 1915 verpflichtete sich Bulgarien, gegen Serbien in den Krieg einzutreten. Dafür wurde den Bulgaren aus der serbischen Beute Makedonien und ein Teil von Altserbien zugesichert.

Die Offensive gegen Serbien begann am 5. Oktober 1915. An ihr waren neben östereeichisch-ungarischen auch deutsche und bulgarische Truppen beteiligt, und sie war diesmal erfolgreich: Bereits am 9. Oktober wurde Belgrad erobert, und Anfang November drangen bulgarische Truppen bis Niš vor und besetzten gleichzeitig Makedonien. Dadurch wurde den Serben der Rückzug nach Süden abgeschnitten, wo die Franzosen inzwischen unter Mißachtung der griechischen Neutralität Truppen gelandet hatten. Der serbischen Armee, die sich auf das Amselfeld zurückgezogen hatte und der es an Munition und Lebensmitteln mangelte, blieb, wenn sie nicht kapitulieren wollte, nur noch der Fluchtweg nach Westen, an die albanische Küste. Es begann das, was von den Zeitgenossen als das 'serbische Golgatha' bezeichnet wurde: Quer über die bereits verschneiten albanischen Hochgebirge zogen die Reste der serbischen Armee an die Adriaküste, wo sie auf Schiffen der Entente nach Korfu gebracht wurden. Mit der Armee kamen auch Regierung und Hof nach Korfu, wo sie bis November 1917 verblieben.

Über die Ausnützung des Sieges kam es bald zu Meinungsverschiedenheiten zwischen dem deutschen und dem österreichisch-ungarischen Generalstab. Conrad von Hötzendorf wollte Montenegro und Albanien besetzen, die Ententetruppen aus Saloniki vertreiben und Rumänien zum Anschluß an die Mittelmächte zwingen. Die deutsche Heeresleitung hingegen hielt es für abwegig, die Entscheidung auf dem Balkan zu suchen. Trotz des deutschen Widerstandes ließ Conrad durch die 3. österreichisch-ungarische Armee Montenegro besetzen, im Frühjahr 1916 folgten Nord- und Mittelalbanien, worauf die Front zunächst erstarrte. Den Vorstoß nach Saloniki sollten, nach dem rumänischen Kriegseintritt, die bulgarischen Verbündeten unternehmen. Ihr Angriff scheiterte aber am Widerstand eines schon totgeglaubten Gegners – der serbischen Armee.

Bereits im Sommer 1916 verfügten die Serben, dank der Hilfe der Entente, wieder über vier einsatzbereite Divisionen, die am 30. September den stark befestigten Felsengipfel des Kajmakčalan an der Grenze zu Griechenland stürmten und am 3. Oktober Monastir (Bitolj), das erste Stück serbischen Territoriums, besetzten. Die als ausgeschaltet betrachtete serbische Armee war damit wieder in den

Krieg eingetreten. Es sollte allerdings noch gut zwei Jahre dauern, bis sie wieder in Belgrad einziehen konnte.

Die Südslawen der Donaumonarchie wurden durch den Weltkrieg in eine schwierige Lage gebracht, standen sich doch Serben und auf der anderen Seite Kroaten und Slowenen in zwei feindlichen Lagern gegenüber. Am 7. Dezember 1914 hatte die serbische Nationalversammlung in Niš die Befreiung aller unter österreichischer Herrschaft lebenden Südslawen und ihre Vereinigung mit Serbien als Kriegsziel proklamiert. Kroaten und Slowenen zeigten jedoch zunächst überwiegend Loyalität gegenüber dem Kaiserreich. In den südslawischen Gebieten der Monarchie erhielten sogar politische Richtungen neuen Auftrieb, die die südslawische Frage durch Einverleibung Serbiens in das Habsburgerreich gelöst wissen wollten. Politiker wie der Slowene Ivan Šušteršič (Slowenische Volkspartei) bezeichneten Serbien als „stete Schmach am Leibe der Südslawen“ *. Diesen anfänglichen Anzeichen von Reichstreue folgten indes bald eine gewisse Gleichgültigkeit, ja sogar Feindseligkeit gegenüber der Wiener Regierung. Erst im Frühjahr 1915 kam es wieder zu einem Stimmungsumschwung, als nämlich Gerüchte über den Londoner Vertrag laut wurden. Sehr zum Leidwesen der südslawischen Emigration kämpften Kroaten und Slowenen am Isonzo geradezu verbissen gegen die Italiener, deren Gebietsforderungen hauptsächlich ihr Siedlungsgebiet betrafen.

Die südslawische Emigration war bereits zu Beginn des Krieges aktiv geworden. An ihrer Spitze standen die ehemaligen dalmatinischen, jugoslawisch orientierten Reichs- und Landtagsabgeordneten Ante Trumbić und Frano Supilo sowie der bekannte Bildhauer Ivan Meštrović. Trumbić hatte bereits im Januar 1913 mit einigen kroatischen Politikern die Abmachung getroffen, im Falle eines Krieges vom Ausland her für eine Vereinigung der Südslawen zu wirken. Ein Teil dieser Politiker befand sich bei Kriegsbeginn gerade im Ausland, anderen gelang in den ersten Kriegstagen noch die Flucht in das neutrale Italien.

Die südslawischen Emigranten hatten sich am 30. Mai 1915 im 'Südslawischen Ausschuß' (Jugoslovenski odbor) organisiert, der in London seinen Sitz hatte; Ante Trumbić war Vorsitzender. Anfänglich hatte diese Emigration einen schwierigen Stand; sie stand im Schatten der tschechischen Emigration und versuchte vergeb-

* Zitiert nach Gilbert In der Maur, Die Jugoslawen einst und jetzt. 1. Leipzig–Wien 1936, S. 237.

lich, ähnlich wie die Tschechen von der Entente als Vertretung einer 'verbündeten Nation' anerkannt zu werden. Eine Wende brachte erst der Tod Kaiser Franz Josephs am 21. November 1916, der gewissermaßen das Ende einer Epoche signalisierte, die der Kaiser schon allein durch seine lange Präsenz an der Staatsspitze (seit 1848) bestimmt hatte. Die Thronbesteigung Kaiser Karls (I.) erweckte zunächst Reformhoffnungen: Bereits am 30. Mai 1917 forderten die Tschechen in einer im Reichsrat verlesenen Deklaration, den dualistischen Staatsaufbau zu beseitigen und die Monarchie in einen Bundesstaat gleichberechtigter Nationalstaaten umzuwandeln. Die habsburgischen Südslawen schlossen sich dieser Erklärung an und forderten die Vereinigung aller von Slowenen, Kroaten und Serben bewohnten Länder der Monarchie zu einem autonomen Staatsgebilde.

Die südslawischen Emigranten in London hatten bei ihrem Streben nach Anerkennung aber nicht nur bei der Entente Schwierigkeiten, sondern auch bei der serbischen Regierung auf Korfu, obwohl – oder gerade weil – Trumbić bereits im Februar 1916 den Prinzregenten Alexander als 'König von Jugoslawien' bezeichnet hatte. Trumbić und der serbische Ministerpräsident Nikola Pašić hatten ganz unterschiedliche Auffassungen von der künftigen Regelung der südslawischen Frage. Während Trumbić die Schaffung eines südslawischen Staates propagierte, hat Pašić lange Zeit nichts anderes angestrebt als eine Vergrößerung Serbiens. Er gehörte zu jener alten serbischen Generation, für die, nach den Worten eines deutschen Südosteuropa-Publizisten, das Jugoslawentum nichts anderes war als „eine rotierende Nebelmasse, deren einziger fester Kern Serbien hieß" *. Pašić war zudem Realpolitiker und wußte, daß 'jugoslawische' Pläne keine Aussicht auf Verwirklichung hatten, solange sich die Entente noch nicht auf eine Zerschlagung der Donaumonarchie festgelegt hatte. Es bedurfte erst massiver Bemühungen der englischen Freunde von Trumbić und der russischen Februarrevolution, daß sich Pašić bereit erklärte, mit Trumbić überhaupt zu verhandeln, der sich seit April 1917 auf Korfu aufhielt. Ergebnis dieser Verhandlungen war die 'Deklaration von Korfu' vom 20. Juli 1917, in der sich die serbische Regierung und der 'Südslawische Ausschuß' über die Gründung eines 'Königreiches der Serben, Kroaten und Slowenen' (Kraljevina Srba, Hrvata i Slovenaca, abge-

* Hermann Wendel, Der Kampf der Südslawen um Freiheit und Einheit. Frankfurt a. M. 1925, S. 723.

kürzt: SHS) unter der Dynastie Karadjordjević einigten. Trumbić hatte mit Rücksicht auf Pašić den ursprünglich geplanten Namen 'Südslawien' (Jugoslavija) fallengelassen. Pašić war nämlich nicht bereit, auf den Serbenbegriff im Staatsnamen zu verzichten. Nach der 'Deklaration von Korfu' sollte das Territorium des neuen Staates alle Gebiete umfassen, in denen das „dreinamige Volk" (troimeni narod, Präambel der Deklaration) der Serben, Kroaten und Slowenen in geschlossenen Siedlungsräumen lebte. Das SHS-Königreich sollte eine konstitutionelle Monarchie sein; weitere Verfassungsfragen wurden auf Korfu noch nicht geklärt, vor allem das später wichtigste Problem – zentralistischer oder föderalistischer Staatsaufbau – blieb ungelöst. Pašić mögen dergleichen Erwägungen zum damaligen Zeitpunkt verfrüht erschienen sein, vielleicht betrachtete er aber auch das Abkommen mit den Emigranten als für nicht sehr verbindlich. Für letzteres würde sprechen, daß es die serbische Regierung bis zuletzt ablehnte, den 'Südslawischen Ausschuß' als nationale Vertretung der habsburgischen Südslawen anzuerkennen und auch die Entente-Mächte dahingehend beeinflußte.

Überhaupt dauerte es lange, bis die Entente-Staaten konkret daran dachten, die Habsburgermonarchie zu zerschlagen. Der erste Anstoß ging von der neuen russischen Regierung aus, die im März 1917 erklärte, daß sie die Gründung eines südslawischen Staates begrüßen würde. Danach befürwortete Frankreich das Projekt – ein tschechoslowakischer, polnischer und südslawischer Staat sollten den deutschen 'Drang nach Osten' aufhalten. Auch die südslawischen Einigungsprojekten aus verständlichen Gründen sonst abgeneigten Italiener änderten ihre Haltung: Ende Oktober 1917 war den deutschen und österreichischen Truppen nämlich bei Tolmein (Tolmin) der Durchbruch durch die italienische Front gelungen. Erst an der Piave, unweit von Venedig, konnten die Italiener ihre Linien wieder festigen. In Italien begann man jetzt um Venetien zu bangen und wollte deshalb die Zerschlagung der Donaumonarchie auf jeden Fall, und zwar möglichst bald herbeiführen. Als Mittel dazu betrachtete man auch die südslawischen Selbständigkeitsbestrebungen. Am 9. April 1918 versammelte sich in Rom ein 'Kongreß der unterdrückten Nationen Österreich-Ungarns', an dem neben Italienern Tschechen und Slowaken, Südslawen, Rumänen und Polen teilnahmen. Den Vorsitz führte der italienische Senator Francesco Ruffini, seine beiden Stellvertreter waren Trumbić und der Tscheche Edvard Beneš. In der Schlußdeklaration vom

11. April wurde die Vereinigung und Unabhängigkeit der südslawischen Völker als im Interesse Italiens liegend hingestellt. Alle territorialen Streitigkeiten sollten auf der Grundlage des Völkerrechts in freundschaftlichem Einvernehmen gelöst werden. Minoritäten wurden sprachliche und kulturelle Sonderrechte zugesichert. Einen rechtlich bindenden Charakter hatte diese Deklaration natürlich nicht, sie diente aber wie der Kongreß selbst dazu, die noch zögernden Staatsmänner der Entente von der Notwendigkeit einer Zerschlagung des Vielvölkerstaates Österreich-Ungarn zu überzeugen.

Währenddessen war es auch dort zu Ereignissen gekommen, die den Bestrebungen der Emigranten in die Hände arbeiteten und die zeigten, wie weit die innere Auflösung des Habsburgerreiches bereits fortgeschritten war. Den Anfang machten auch hier wieder die Tschechen: Am 6. Januar 1918 versammelten sich in Prag die tschechischen Reichsrats- und Landtagsabgeordneten zu einem Generallandtag, der erstmals innerhalb der Monarchie die Forderung nach voller staatlicher Selbständigkeit stellte. Nach dieser 'Dreikönigsdeklaration' nahm der Verfall des Reiches einen raschen Verlauf: Am 31. Januar schlossen sich die südslawischen Abgeordneten den Tschechen an, und am 6. Oktober 1918 schließlich bildeten sie in Zagreb einen Nationalrat (Narodno vijeće Slovenaca, Hrvata i Srba). Dieser Nationalrat, dem der Slowene Anton Korošec, der Kroate Ante Pavelić (nicht identisch mit dem gleichnamigen späteren Ustaša-Führer) und der Serbe Svetozar Pribićević vorstanden, beanspruchte für sich das alleinige Recht, die habsburgischen Südslawen zu vertreten. Gegen Kriegsende hatten die Südslawen der Donaumonarchie also zwei nationale Vertretungen: den Nationalrat in Zagreb und den Ausschuß in London.

Zur gleichen Zeit unternahm Wien einen letzten Versuch, das Habsburgerreich in seinem territorialen Bestand zu retten. Am 16. Oktober 1918 erließ Kaiser Karl ein Manifest an die Völker der Monarchie, in dem die Bildung von Nationalräten nachträglich sanktioniert und versprochen wurde, Österreich-Ungarn in einen Bundesstaat umzuwandeln. Von dieser Umwandlung waren aber auf ausdrücklichen ungarischen Wunsch die Länder der Stefanskrone ausgenommen, also auch Kroatien. Das Manifest galt also nur für die österreichischen Länder (Zisleithanien, benannt nach dem Donaunebenfluß Leitha, der seit 1867 beide Reichsteile voneinander trennte), nicht für die ungarischen (Transleithanien). Der Zagreber Nationalrat lehnte dann auch das Völkermanifest ab und forderte einen einheitlichen südslawischen Nationalstaat auf allen

Territorien, wo Slowenen, Kroaten und Serben wohnten, ohne Berücksichtigung der dualistischen Struktur des Reiches. Damit war der Bruch der Südslawen mit dem Hause Habsburg bereits angedeutet, der wenige Tage später endgültig erfolgen sollte.

Diese starke Haltung Zagrebs war wahrscheinlich auch beeinflußt durch die Entwicklung der militärischen Lage auf dem Balkan im Herbst 1918. Dort hatte nämlich die serbische Rückeroberung begonnen. Am 15. September begann der schon seit Wochen erwartete serbisch-französische Angriff, der schon in den ersten Tagen zum vollständigen Zusammenbruch der bulgarischen Front führte. Am 29. September standen die Serben in Skopje, und noch in der gleichen Nacht schlossen die Bulgaren in Saloniki mit der Entente einen Waffenstillstand. Bei Leskovac versuchten österreichische und deutsche Truppen noch einmal, die vordringenden Serben aufzuhalten. Mit den geringen verfügbaren Kräften waren sie dazu aber nicht in der Lage. Am 12. Oktober besetzte die serbische Armee wieder Niš, und am 20. Oktober stand sie bei Negotin an der Donau. Am 30. Oktober räumten die Mittelmächte Belgrad, wo am 4. November 1918 Prinzregent Alexander Einzug hielt.

Angesichts dieser Situation hatte das Habsburgerreich keine Überlebenschance mehr: Am 28. Oktober wurde in Prag die Unabhängigkeit der Tschechoslowakei ausgerufen, und am 29. Oktober beschloß der Zagreber Nationalrat seine Loslösung vom österreichisch-ungarischen Staatsverband. Jetzt geschah alles sehr schnell: Am 3. November schloß Österreich-Ungarn mit der Entente Waffenstillstand. Am 6. November zogen serbische Truppen in Sarajevo ein, wenig später besetzten sie Mostar, Cetinje und schließlich auch Subotica und Sombor – die Nordgrenze des serbischen Siedlungsgebietes war damit erreicht. Als am 19. November auch noch eine montenegrinische Nationalversammlung in Cetinje die Absetzung der Dynastie Petrović Njegoš und den Anschluß Montenegros an Serbien verkündete, waren Pašićs Kriegsziele weitgehend erreicht.

Nun lagen Sarajevo, Mostar, Subotica usw. in Gebieten, die der Zagreber Nationalrat zu vertreten beanspruchte. Der Nationalrat und sein neuer Staat waren aber bisher von keiner Seite (indirekt nur von Kaiser Karl, der ihm am 30. Oktober die k. k. Kriegsflotte überlassen hatte) anerkannt. Vertragliche Regelungen zwischen den beiden Vertretungen der bisher habsburgischen Südslawen (Zagreb und London) und der inzwischen wieder in Belgrad residierenden serbischen Regierung waren daher dringend notwendig. Anfang

November 1918 trafen sich Korošec, Trumbić und Pašić in Genf. In der 'Genfer Deklaration' vom 9. November wurde beschlossen, in absehbarer Zukunft das in Korfu geplante SHS-Königreich zu schaffen. Bis zur Entscheidung einer Verfassunggebenden Nationalversammlung über die künftige Staatsform sollten Serbien und der Staat des Zagreber Nationalrats in der bisherigen Form weiterbestehen. Trumbićs 'Südslawischer Ausschuß' sollte als Auslandsvertretung des Nationalrats fungieren.

Die 'Genfer Deklaration' bedeutete also eine Zwischenlösung. Vor allem Pašić eilte es nicht mit der Errichtung des südslawischen Einheitsstaates. Er wollte zunächst abwarten, was die Friedensverhandlungen Serbien bringen würden. Alte territoriale Ziele Serbiens spielten dabei eine Rolle – so der bereits während der Balkankriege angestrebte Besitz Nordalbaniens. Zeit zum Abwarten hatten jedoch weder die serbische Regierung noch der Nationalrat, denn die Italiener marschierten. Bereits am 5. November hatten sie die Verbände der k. k. Kriegsflotte, die in Pula lagen, beschlagnahmt. Bald darauf besetzten sie Istrien, Rijeka und landeten in Šibenik und Zadar Truppen. Dazu waren sie nach den Bestimmungen des Waffenstillstands zwar berechtigt, um diese Gebiete militärisch zu sichern. In Zagreb befürchtete man aber nicht ganz zu Unrecht, daß Italien bereits vor Beginn der Friedensverhandlungen vollendete Tatsachen schaffen wollte. Im Nationalrat setzte sich die Ansicht durch, daß nur die Serben mit ihrer Armee in der Lage sein würden, die südslawischen Interessen zu schützen, denn sie wurden von der Entente als Mitsieger betrachtet, während Kroaten und Slowenen zu den Besiegten gehörten. Vor dem Hintergrund dieses italienischen Vormarsches wird der Beschluß des Nationalrates vom 24. November verständlich: Er entschied sich für eine sofortige Vereinigung der einst zum Habsburgerreich gehörigen südslawischen Gebiete mit dem Königreich Serbien. Am 27. November begab sich eine Abordnung des Nationalrates nach Belgrad, wo am 1. Dezember 1918 durch den Prinzregenten Alexander der SHS-Staat proklamiert wurde. Schneller als geplant war der südslawische Einheitsstaat Wirklichkeit geworden.

13. DIE FRAGE DER GRENZEN

Der neue Staat war zweifellos überstürzt zustande gekommen; er litt nicht nur daran, daß die Frage des Staatsaufbaus noch nicht entschieden war, sondern auch und vor allem daran, daß er international noch nicht anerkannt war und keine festen Grenzen, sondern nur Demarkationslinien hatte. Die Grenzen sollten auf der Friedenskonferenz in Paris bestimmt werden, und dort traf Anfang Januar 1919 die SHS-Delegation mit Pašić an der Spitze ein. Pašić wußte, daß er einen schwierigen Stand haben würde, denn er mußte nicht nur die weitgehend bereits während des Krieges anerkannten serbischen Forderungen, sondern auch die Interessen der Kroaten und Slowenen verteidigen, also von Völkern, die von den Ententemächten als besiegte Feinde betrachtet wurden. Die Territorialforderungen des SHS-Staates waren zu Beginn noch sehr weit gesteckt: Erstrebt wurden nicht nur Nordalbanien einschließlich Skutari, Strumica und Caribrod (Dimitrovgrad) und das Banat von Temesvár, sondern auch die gesamte ostadriatische Küste von Rijeka südwärts, ganz Istrien, die 'Julische Mark' mit Triest und Görz sowie Südkärnten samt Klagenfurt und Villach. Es war Pašić klar, daß man in Paris nur einen Teil dieser Forderungen erfüllen würde.

Vieles kam jetzt darauf an, wie sich der amerikanische Präsident Wilson zu den südslawischen Forderungen verhalten würde. Dieser hatte inzwischen die italienisch-südslawischen Streitfragen durch amerikanische Experten prüfen lassen. Als Ergebnis kam ein Kompromiß zustande, die 'Wilson-Linie': In Krain sollte die Wasserscheide zwischen Isonzo und Save die Grenze bilden, und Istrien sollte geteilt werden. Rijeka und Dalmatien sollten nach amerikanischen Vorstellungen an den SHS-Staat fallen. Das war ein Kompromiß, der keine von beiden Seiten befriedigte. Wilson trat am 15. Februar 1919 seine (erste) Heimreise an; kurz darauf, am 17. Februar, sprachen die USA als erster Staat ihre Anerkennung des SHS-Staates aus. Frankreich und England, die beide die Rolle des Geburtshelfers bei der Staatsgründung gespielt hatten, folgten zunächst nicht nach, mit Rücksicht auf Italien, das sich gegen eine Anerkennung wehrte, solange die Frage der Grenzen noch nicht entschieden war. Italien koppelte also die Anerkennungsfrage mit seinen Gebietsforderungen.

Da in der Adriafrage im Sommer 1919 keine Entscheidung mehr zu erwarten war, versuchte die SHS-Führung ihre Gebietsansprüche wenigstens im Norden gegenüber dem schwachen Deutsch-Österreich durchzusetzen. Zum Forderungspaket der Südslawen gehörte u. a. Südkärnten mit Klagenfurt und Villach.

Bereits im Frühjahr und Sommer 1919 hatten SHS-Verbände versucht, durch einen Einmarsch in die beanspruchten Gebiete vollendete Tatsachen zu schaffen. Das scheiterte aber nicht nur am entschlossenen Widerstand der Kärntner Volkswehr, sondern vor allem an dem der Ententemächte, die auf eine Volksabstimmung drängten. Schon im Januar 1919 hatte nämlich eine amerikanische Delegation unter Oberstleutnant Sherman Miles das strittige Gebiet bereist und dafür plädiert, den Raum nördlich der Karawanken ungeteilt bei Österreich zu belassen.

Beim Friedensschluß mit Österreich in St. Germain am 10. September 1919 entschieden sich die Mächte für eine Volksabstimmung in Kärnten und teilten, um den südslawischen Wünschen entgegenzukommen, das Abstimmungsgebiet in zwei Zonen: Die hauptsächlich südlich der Drau gelegene Zone A umfaßte 1706 qkm mit 22 800 Einwohnern deutscher und 49 600 slowenischer Umgangssprache; die Zone B (um Klagenfurt) hatte 365 qkm mit 49 000 Einwohnern deutscher und 4500 slowenischer Umgangssprache. Sollte die Zone A sich für Österreich entscheiden, würde in der Zone B die Abstimmung entfallen. Als Abstimmungstag wurde der 10. Oktober 1920 festgesetzt.

Günstiger für den SHS-Staat waren die Bestimmungen des Friedensvertrages über den steirischen Grenzabschnitt. Hier hatten südslawische Einheiten unter Major Rudolf Majster, einem ehemaligen k. k. Offizier, bereits kurz nach dem Waffenstillstand Marburg (Maribor) und Umgebung besetzt. Von einer Volksabstimmung wurde abgesehen; von den umstrittenen steirischen Gebieten blieb nur Radkersburg bei Österreich.

Relativ günstig für den SHS-Staat war auch die Grenzfestlegung gegenüber Ungarn und Rumänien, obwohl die Südslawen auch hier mehr gefordert hatten, als ihnen zugestanden wurde. Von Ungarn erhielten sie das Zwischenmurgebiet (Prekomurje); der von Serben und Rumänien gleichermaßen begehrte, bisher ungarische Banat wurde geteilt, wobei der größere Teil mit der Hauptstadt Temesvár (rum.: Timişoara) an Rumänien fiel. Ebenfalls rasch einigte man sich über die neue Grenze zu Bulgarien: Pašić hatte nur Caribrod (Dimitrovgrad) und Strumica in Makedonien gefordert, was ihm auch zugestanden wurde. Als die Pariser Vorortverträge unter Dach und Fach waren (nach St. Germain mit Österreich, am 27. November 1919 Neuilly mit Bulgarien und am 4. Juni 1920 Trianon mit Ungarn), hatte das SHS-Königreich eine international anerkannte und nicht unvorteilhafte Ostgrenze. Was jetzt noch ausstand, war die Abstimmung in Kärnten, die die Nordgrenze endgültig festlegen sollte, und als Hauptproblem die Einigung mit Italien, das sich hartnäckig weigerte, auch nur einen Schritt von seinen Forderungen abzugehen.

Die Kärntner Volksabstimmung fand am 10. Oktober 1920 unter internationaler Kontrolle in der Zone A statt, sie endete mit einer Niederlage für den SHS-Staat – 59% der Stimmberechtigten entschieden sich für einen Verbleib bei Österreich, und das in einem Gebiet, in dem bei der letzten Volkszählung 1910 70% der Bevölkerung Slowenisch als Muttersprache angegeben hatten.

In der Adriafrage waren die Emotionen auf beiden Seiten hochgespielt, extrem hoch im Fall Rijeka (Fiume). Am 12. September 1919 war der italienische Dichter Gabriele D'Annunzio von Ronchi (bei Monfalcone) aus mit etwa 1000 Freiwilligen (Legionari) aufgebrochen und hatte die 'città italianissima' besetzt, ohne dabei auf irgendwelchen Widerstand zu stoßen.

D'Annunzio gehörte zu den gefeiertsten Persönlichkeiten im damaligen Italien. Berühmt geworden war er als Romanautor. 1915 war er einer der heftigsten Verfechter der Intervention gewesen, der den italienischen Kriegseintritt „per la più grande Italia“ forderte. Während des Krieges machte sich der Dichter auch als Flieger einen Namen. Die Tat dieses 'Dichters und Soldaten', der später von den Faschisten als einer ihrer Wegbereiter beansprucht wurde, fand in der italienischen Öffentlichkeit begeisterte Zustimmung und machte die Rijeka-Frage mit einem Schlage in ganz Europa bekannt. Trotz aller Distanzierungen der italienischen Regierung und amerikanischer Proteste unternahm D'Annunzio im November 1919 noch eine ähnliche Aktion gegen Zadar (Zara), von wo er erst wich, nachdem ihm der Kommandant der italienischen Besatzungstruppen in Dalmatien, Admiral Millo, zugesichert hatte, er werde „keinen Zentimeter italienischen Landes“ herausgeben. Danach besetzte D'Annunzio die Quarnero-(Kvarner-)Inseln Cres, Krk und Lošinj und proklamierte am 8. September die „Reggenza italiana del Carnaro“, um auf diese Weise die über die Adriafrage verhandelnden Parteien vor vollendete Tatsachen zu stellen.

Wenn auch D'Annunzios Aktionen keinerlei völkerrechtliche Bedeutung hatten, so hatten sie doch zur Folge, daß in Paris in der Frage Rijekas keine Einigung erzielt werden konnte, man dort allmählich der italienisch-südslawischen Streitigkeiten müde wurde und deren Regelung den beiden Kontrahenten selbst überließ. So kam Anfang November 1920 die Konferenz von Rapallo zustande.

Die italienische Delegation kam mit der Bereitschaft nach Rapallo, auf Dalmatien zu verzichten, wenn Rijeka Freistaat und Zadar italienisch würden. Schwierigkeiten bei den Verhandlungen machte dann eigentlich nur die Frage der Zugehörigkeit Zadars, bei der die Südslawen schließlich nachgaben, um die Konferenz nicht scheitern zu lassen. Am 12. November 1920 wurde der Vertrag von Rapallo unterzeichnet. Die Grenze im Norden blieb die von den Italienern besetzte Demarkationslinie, d. h. Istrien blieb italienisch; italienisch wurden Zadar und Umgebung sowie die Inseln Cres, Lošinj und Lastovo sowie das Felsenriff Palagruža. Rijeka, neben Triest der einzige brauchbare Hafen an der ostadriatischen Küste, wurde Freistaat. Durch diesen Ausgleich mit Italien hatte das SHS-Königreich jetzt auch im Westen definitive und international anerkannte Grenzen.

Der Rapallo-Vertrag war nun aber nicht nur in Italien, sondern auch im SHS-Staat umstritten. D'Annunzio trat am 28. Dezember 1920 als Regent von Rijeka zurück; „es lohnt sich nicht, für Italien zu sterben", soll er bei dieser Gelegenheit geäußert haben, nicht ahnend, daß die Stadt drei Jahre später unter seinem Freund Mussolini Italien angegliedert werden würde. Im SHS-Königreich warfen serbische Kreise Außenminister Trumbić vor, zugunsten kroatischer und slowenischer Wünsche serbische Ansprüche in Albanien leichtfertig vergeben zu haben. Trumbić zog die Konsequenz und trat am 24. November von seinem Posten zurück; am 28. November folgte ihm Ministerpräsident Vesnić, der ebenfalls in Rapallo verhandelt hatte. Pašićs Zeit war wieder gekommen. Unter seiner Ministerpräsidentschaft (12. Dezember 1920–4. April 1926) begann der innere Ausbau des Staates den Vorrang vor der Außenpolitik zu bekommen.

14. DIE INNENPOLITIK DES SHS-STAATES BIS ZUR VIDOVDAN-VERFASSUNG

Die Proklamation des SHS-Königreiches am 1. Dezember 1918 hatte Landesteile mit unterschiedlichster Tradition zusammengeführt. Zu Serbien und Montenegro mit ihren schon älteren eigenstaatlichen Traditionen kamen Gebiete, die jahrhundertelang der Stefanskrone angehört hatten (Kroatien-Slawonien), Teile der Kronländer Steiermark und Kärnten sowie die Kronländer Krain und Dalmatien und die bis 1908 türkische Provinz Bosnien-Herzegowina. Alles dies waren Gebiete mit eigener Geschichte, unterschiedlicher Sozial-, Bevölkerungs- und Konfessionsstruktur. Die Bevölkerung des SHS-Staates lebte zu 80 % von der Landwirtschaft, wobei die Agrarstruktur in den einzelnen Landesteilen durchaus unterschiedlich war – während es in Serbien und Montenegro überwiegend freie Bauern gab, spielte in Kroatien, Bosnien-Herzegowina und Makedonien der Großgrundbesitz noch eine bedeutende Rolle. Die Bauern waren dort zwar persönlich frei, verfügten aber zum großen Teil über keinen oder nur geringen Grundbesitz. Auffallend war das wirtschaftliche und bildungsmäßige Nord-Süd-Gefälle, das den neuen Staat kennzeichnete. Dieser Staat war zudem, wie zuvor die Habsburgermonarchie, ein Vielvölkerstaat: Neben den drei im Staatsnamen auftauchenden südslawischen Völkern (Serben, Kroaten, Slowenen) lebten darin Deutsche, Ungarn, Albaner, Türken, Rumänen und zahlreiche andere Minderheiten. Neben den drei christlichen Konfessionen waren Islam und Judentum vertreten.

Als das erste SHS-Kabinett am 16. Dezember 1918 zusammengestellt wurde, sollte an seiner Spitze selbstverständlich wieder Nikola Pašić stehen, der seit 1880 die serbischen Geschicke entscheidend mitbestimmt hatte und seit 1912 als serbischer Ministerpräsident im Amt war – er war der einzige Staatsmann Europas, der während des ganzen Weltkrieges ununterbrochen die Regierungsgeschäfte geführt hatte. Doch Pašić, der sein Großserbentum nie verleugnete, konnte und wollte nicht mit Ante Trumbić zusammenarbeiten, der maßgeblich an der Gründung des neuen Staates mitgewirkt hatte und den man deshalb nicht übergehen konnte. So verzichtete Pašić auf eine neue Ministerpräsidentschaft und überließ sie seinem Parteifreund Stojan Protić. Stellvertretender Ministerpräsident wurde Anton Korošec, der Führer der 'Slowenischen Volkspartei' (Slovenska Ljudska Stranka), Außenminister Ante Trumbić und Innenminister Svetozar Pribićević, ein Serbe aus der Monarchie. Am 24. Dezember 1918 trat dann die Provisorische Nationalversammlung (Narodna Skupština) zusammen, die die Wahlen zur Konstituante vorbereiten sollte. Es war dies kein gewähltes Parlament, sondern eine Versammlung von Abgeordneten der lokalen Volksvertretungen der einzelnen jetzt zum SHS-Staat zusammengefaßten Gebiete.

In der Skupština waren alle alten Parteien vertreten, z. T. allerdings in neuem Gewande. Die älteste war die serbische 'Radikale Volkspartei' (Narodna Radikalna Stranka), 1869 als 'Radikale Partei' von Svetozar Marković und Nikola Pašić gegründet.

Marković hatte in Rußland studiert und dort die Narodniki-Ideologie und revolutionäre Studentenzirkel kennengelernt. Unter ihrem Einfluß begann er Kritik an den Verhältnissen im heimatlichen Serbien zu üben. Er setzte sich für die Befreiung aller unter fremder Herrschaft stehenden serbischen Gebiete ein, und zwar durch einen Volksaufstand. Ziel sollte eine demokratische Föderation aller Südslawen, die Bulgaren eingeschlossen, sein. Unter dem Einfluß sozialistischen und anarchistischen Gedankengutes entwickelte Marković sein Programm weiter. Im Genossenschaftswesen sah er eine Zukunftschance für Serbien, um ohne Industrieproletariat und Revolution die sozialistische Gesellschaft zu verwirklichen. Marković meinte, daß Serbien, wie Rußland über die Dorfkommune (mir), über die 'zadruga', die 'Hauskommunion' mit Gemeinschaftseigentum an Produktionsmitteln, dieses Ziel erreichen und das Stadium des Kapitalismus übergehen könnte.

Nach dem Tode von Marković (1875) trennte sich die Gruppe um Pašić von der Partei und begründete die 'Radikale Volkspartei' (1881), die bald politische Bedeutung erlangte, während die sozialistische Restpartei allmählich verfiel. An die Stelle des oft etwas verworrenen sozialistischen Konzepts von Marković setzte Pašić das einer lokalen Selbstverwaltung, die den bürokratischen Zentralismus der Obrenovići ersetzen sollte. Pašić machte aus einer ursprünglich sozialistischen Gruppierung eine konservative Bauernpartei, die in Serbien ihr Kerngebiet hatte und in bezug auf den Gesamtstaat für eine zentralistische Verfassung eintrat.

Als Konkurrent der 'Radikalen Partei' in Serbien entstand zur

Zeit der Staatsgründung die 'Demokratische Partei' (Demokratska Stranka). Sie war ein Zusammenschluß der serbischen Abgeordneten der 'Kroatisch-serbischen Koalition' des ehemaligen Zagreber Landtags mit der 'Serbischen Fortschrittspartei' (Srpska Napredna Stranka) und der 'Unabhängigen Radikalen Partei' (Samostalna Radikalna Stranka). Die Partei stand unter der Führung von Svetozar Pribićević und Ljuba Davidović, ihr Ziel war die Vereinigung von Serben, Kroaten und Slowenen zu einer unteilbaren 'jugoslawischen' Nation. Einzelnationalismen wurden ebenso abgelehnt wie ethnisch, konfessionell oder kulturell begründete Autonomiebestrebungen. Die Partei forderte auch soziale Reformen, um die revolutionären Strömungen im Lande zu paralysieren.

Geringere Bedeutung hatten zwei andere serbische Parteien: der 'Bauernbund' (Savez Zemljoradnika), der aus der serbischen Genossenschaftsbewegung hervorgegangen war, und die 'Serbische Sozialdemokratische Partei' (Srpska Socijaldemokratska Stranka) unter der Leitung von Dimitrije Tucović und Dragiša Lapčević, die im vorwiegend agrarischen Serbien wenig erfolgreich war.

In Kroatien gab es zwei bedeutende Parteien: die föderalistische, z. T. republikanisch gesonnene 'Kroatische Bauernpartei' (Hrvatska Seljačka Stranka) und die separatistische 'Kroatische Rechtspartei' (Hrvatska Stranka Prava). Die Bauernpartei, die das politische Leben im Jugoslawien der Zwischenkriegszeit entscheidend mitprägen sollte, war 1904 von Antun und Stjepan Radić gegründet worden.

Stjepan Radić – sein Bruder war bereits 1919 gestorben – ist wohl die interessanteste Gestalt unter den Parteiführern der damaligen Zeit. Er entstammte einer Bauernfamilie aus Trebarjevo an der Save, studierte in Zagreb, Prag und Budapest Jurisprudenz, wurde wegen politischer Aktivitäten mehrfach verhaftet und schloß 1899 sein Studium in Paris mit einer Arbeit über 'La Croatie actuelle et les Slaves du Sud' ab. 1902 wurde er Sekretär der Landtagsfraktion der 'Vereinigten Opposition' in Zagreb und begann seine eigentliche politische Tätigkeit. Er forderte eine stärkere Einbeziehung der Bauernschaft, die er als „die stärkste Partei in Kroatien" bezeichnete (so die gleichnamige Schrift 'Najjača stranka u Hrvatskoj', Rijeka 1902), in das politische Leben. Da dieses Konzept bei den vorhandenen Parteien keinen Anklang fand, gründete er seine eigene Partei, der zunächst ein größerer Erfolg versagt blieb. Während des Weltkrieges war Radić Befürworter eines austroslawischen Kurses, war dann aber im Oktober 1918 an der Gründung des Zagreber Nationalrats beteiligt, stimmte im Landtag auch für den Abbruch der staatsrechtlichen Beziehungen zu Ungarn und für die Schaffung eines unabhängigen Staates der habsburgischen Südslawen. Vor einer voreiligen Vereinigung mit Serbien warnte er jedoch nachdrücklich und stimmte am 24. November 1918 im Nationalrat gegen die Entsendung einer Delegation nach Belgrad.

Nach Ausrufung des SHS-Staates bekämpfte Radić leidenschaftlich die von Belgrad ausgehende Zentralisierungspolitik. Sein Ziel war eine föderalistische Gliederung des Staates, in dem Kroatien als 'Bauernrepublik' seinen Platz haben sollte. In Kroatien sollte nicht repräsentative, sondern – mittels Volksbegehren und Volksentscheid – weitgehend unmittelbare Demokratie herrschen.

Die zweite größere Partei in Kroatien, die 'Kroatische Rechtspartei', die ihre Anhängerschaft vor allem unter der städtischen Bevölkerung fand, hatte seit ihrer Gründung durch Ante Starčević (1878) einige Wandlungen durchgemacht. Unter Josip Franks Führung hatte sich 1895 eine 'Reine Rechtspartei' (Čista Stranka Prava) von der Mutterpartei abgespalten. In totaler Umkehrung von Starčevićs antiösterreichischer Konzeption bemühte sich Frank um die Unterstützung des Wiener Hofes bei der Lösung der Kroatischen Frage im Rahmen der Monarchie. Im Oktober 1918, nachdem ihr Programm gegenstandslos geworden war, beschloß die 'Reine Rechtspartei' ihre Auflösung, nahm jedoch bereits im Dezember unter dem alten Namen 'Kroatische Rechtspartei' ihre Arbeit wieder auf. Unter der Führung von Vladimir Prebeg und dem späteren Ustašaführer Ante Pavelić erklärte sie am 3. Dezember 1918 die Gründung des SHS-Staates für nicht rechtsgültig, da das kroatische Volk nicht befragt worden sei. Der neue Staat und die Dynastie seien den Kroaten aufgezwungen worden. In ihrem Programm vom 1. März 1919 forderte die Rechtspartei die Vereinigung aller kroatischen Gebiete einschließlich Bosniens und der Herzegowina zu einer unabhängigen Kroatischen Republik.

Von den Parteien in Slowenien war allein die klerikal geführte 'Slowenische Volkspartei' (Slovenska Ljudska Stranka) von überregionaler Bedeutung. 1892 unter dem Namen 'Katholische Nationalpartei' (Katoliška Narodna Stranka) durch den Pfarrer und späteren Bischof von Krk Anton Mahnič gegründet, errang die Partei dank ihrer Konsumgenossenschaften, Darlehenskassen, Absatzverbände, Gesellenvereine und Turnerbünde in Slowenien einen ungeheuren Einfluß. Zur Zeit der Balkankriege bildeten sich zwei Richtungen heraus: Die südslawisch orientierte Gruppe führten die Priester Janez Krek und nach dessen Tode 1917 Anton Korošec; die zweite, österreichtreue Gruppe leitete Ivan Šušteršič, der vor und während des Krieges Landeshauptmann von Krain war. Zum endgültigen Bruch kam es erst Ende 1917, als Šušteršič die 'Slowenische Bauernpartei' (Slovenska Kmetska Stranka) gründete, nach deren Mißerfolg er in die Emigration ging.

Von der Vielzahl der Parteien, die 1918 im SHS-Staat bestanden, verdienen nur noch zwei erwähnt zu werden: Das sind die Partei der bosnischen Muslime unter Mehmed Spaho und die Kommunisten. Die 'Jugoslawische Muslimische Organisation' (Jugoslavenska Muslimanska Organizacija) war im Februar 1919 gebildet worden und wurde bald die bosnisch-herzegowinische Hauptpartei. Sie war südslawisch gesinnt, trat aber für eine gewisse Autonomie der muslimischen Provinzen und besonders für den Schutz der islamischen religiösen Einrichtungen ein. Die Kommunistische Partei ging aus der 'Sozialistischen Arbeiterpartei Jugoslawiens' hervor. Auf dem II. Kongreß dieser Partei, im Juni 1920, wurde der neue Name 'Kommunistička Partija Jugoslavije' festgelegt. Die Partei erzielte bei Gemeindewahlen 1919–20 Erfolge in diversen größeren Städten (u. a. Belgrad, Zagreb, Skopje); sie hatte im Frühjahr 1920 65000 Mitglieder.

Im SHS-Staat existierte also ein relativ buntes Spektrum von Parteien, als es zu den Wahlen zur Konstituierenden Nationalversammlung, den ersten Wahlen im neuen Staat überhaupt, kam. Das Wahlgesetz vom 20. Juli 1920 sah allgemeine, gleiche und geheime Wahlen für alle Männer vom vollendeten 21. Lebensjahr an vor. Gewählt wurde am 28. November 1920, mit einer relativ hohen Wahlbeteiligung von 70%. Das Wahlergebnis erbrachte einen überwältigenden Erfolg für die zentralistisch gesonnenen Parteien: Die Demokraten erhielten 94, die Radikalen 93 Mandate; die Kommunisten wurden mit 58 Sitzen drittstärkste Partei, sie verdrängten Radić mit seiner Bauernpartei auf den vierten Platz (50 Mandate). Radić, dessen Partei in Kroatien mehr als die Hälfte aller Stimmen gewonnen hatte, suchte das Wahlergebnis für seine Zwecke umzudeuten und erklärte am 6. Dezember in Zagreb, die Wahlen hätten in Kroatien den Charakter eines Volksentscheids gehabt. Der kroatische Volkswille sei gegen die Vereinigung mit dem Königreich Serbien und wolle die Republik. Er nannte noch im Dezember 1920 seine Partei in 'Kroatische Republikanische Bauernpartei' um.

Hauptaufgabe der neuen Konstituante war die Ausarbeitung einer Verfassung für das SHS-Königreich. Es wurde ein Verfassungsausschuß gebildet, in dem die Zentralisten (Demokraten und Radikale) mit 22 von 42 Stimmen eine knappe Mehrheit hatten. Sie strebten den Einheitsstaat mit zentralistischer Verfassung nach serbischem Vorbild an. Die Opposition (zu ihr gehörten neben sieben Kommunisten vier Vertreter der Slowenischen Volkspartei, vier der Serbischen Bauernpartei, drei der Bosnischen Muslime und zwei Sozialdemokraten) vertrat autonomistische Forderungen. Die Föderalisten fehlten vollständig: Radić hatte sich nämlich entschlossen, die Abgeordneten seiner Bauernpartei von Belgrad fernzuhalten. Daß das ein Fehler war, sollte sich bald herausstellen. Die Kroatische Bauernpartei wäre nämlich im Verfassungsausschuß mit sieben Abgeordneten vertreten gewesen, sie hätte die Zentralisten in die Minderheit abgedrängt. So begab sie sich selbst der Chance, bei der Gestaltung des Staates mitzuwirken. Radić trieb seinen Widerstand gegen Belgrad auf die Spitze, als er am 21. Februar 1921 dem Prinzregenten Alexander ein Manifest seiner Partei übermittelte, in dem die Adresse des Zagreber Nationalrats vom 1. Dezember 1918 als „formal und sachlich null und nichtig" bezeichnet wurde.

Währenddessen hatte die Parlamentsarbeit in Belgrad unter der Leitung des neuen Ministerpräsidenten Nikola Pašić ihren Fortgang genommen. Am 13. Mai 1921 wurde der Verfassungsentwurf von der Nationalversammlung angenommen, mit der knappen Mehrheit von 35 Stimmen: 99 Abgeordnete hatten die Abstimmung boykottiert (darunter die der Radić-Partei), 93 hatten dagegen gestimmt. Noch knapper war die Mehrheit bei der endgültigen Abstimmung über die Verfassung, die am 28. Juni 1921, dem historischen Vidovdan, stattfand: Von den 419 Mitgliedern des Parlaments waren 161 der Abstimmung ferngeblieben und 35 hatten dagegen gestimmt. Mit nur 27 Stimmen Anwesenheitsmehrheit wurde somit die Vidovdan-Verfassung Gesetz.

Dieser Verfassung gemäß war der SHS-Staat eine konstitutionelle Monarchie mit Serbokroatisch und Slowenisch als Amtssprachen. Zu den Rechten des Königs gehörten: Verkündung der Gesetze, Besetzung der höheren militärischen Posten, Erklärung von Krieg und Frieden. Der König war Oberbefehlshaber der Armee und er übte das Recht der Begnadigung aus. Allerdings durfte kein königlicher Akt ohne Gegenzeichnung des verantwortlichen Ministers erfolgen, und der König hatte auch vor dem Parlament den Eid auf die nationale Einheit und die Verfassung zu leisten. Im SHS-Staat herrschte das Einkammer-System. Das Parlament wurde auf vier Jahre gewählt; es konnte durch den König aufgelöst werden, Neuwahlen mußten dann aber binnen drei Monaten erfolgen. Die Bürgerlichen Grundrechte wurden gewährleistet. Besonders wichtig war Art. 70 der Verfassung, der die neue Verwaltungseinteilung betraf. Er sah die Gliederung des Staates in höchstens 35 Bezirke (oblasti) vor; eine Autonomie der einzelnen Verwaltungsbezirke war nicht vorgesehen. Die historischen Landschaften wurden dadurch zerschlagen, wobei man Wert darauf legte, wo es ging, Bezirke mit serbischer Bevölkerungsmehrheit zu schaffen.

Nachdem die Vidovdan-Verfassung im Parlament angenommen war, wurde der Prinzregent zur Vereidigung geholt. Als er zusammen mit Pašić von der Feierlichkeit zurückkehrte, wurde gegen seinen Wagen eine Bombe geworfen; beide blieben unverletzt. Der nicht ermittelte Täter soll angeblich ein Kommunist gewesen sein. Wenig später fiel der Innenminister Milorad Drašković einem Attentat zum Opfer; Täter war diesmal wirklich ein Kommunist, nämlich Alija Alijagić, Mitglied der kommunistischen Terrororganisation 'Crvena pravda' (Rotes Recht). Die Regierung nahm diese Attentate zum willkommenen Anlaß, um die Kommunistische Partei, deren Streikaufrufe immer häufiger befolgt wurden, in Acht und Bann (Obznana) zu tun. Am 3. August 1921 wurde ein Staatsschutzgesetz mit 190 gegen 54 Stimmen von der Skupština verabschiedet, das die Kommunisten in die Illegalität drängte. Ihre Mandate in der Skupština wurden für ungültig erklärt. Mit diesem Schritt hatte Pašić eine weitere Oppositionsgruppe abgedrängt, nachdem die Radić-Partei sich selbst ausgeschaltet hatte.

Radić beharrte weiter auf seiner Obstruktionspolitik. Seine Anhängerschaft hatte inzwischen sogar einigen Zuwachs bekommen. Es war nämlich ein 'Block kroatischer Abgeordneter' gebildet worden, dem neben der Bauernpartei die Rechtspartei und die Anhänger des ehemaligen Außenministers Trumbić angehörten. Diese neue Gruppierung verstand sich als kroatische Nationalvertretung und sprach im Februar 1922 in einer Denkschrift an die Weltwirtschaftskonferenz in Genua den „Belgrader Machthabern" jegliches Recht ab, die Kroaten völkerrechtlich zu vertreten. Solches Vorgehen fiel zweifellos unter den Tatbestand „staatsfeindliche Umtriebe', gegen die das Staatsschutzgesetz hätte angewendet werden können. Daß Pašić das nicht tat, hatte seine Gründe: Er stand dem Gedanken einer Koalition mit der größten kroatischen Partei nämlich nicht mehr grundsätzlich ablehnend gegenüber.

15. DIE KLEINE ENTENTE

Außenpolitisch war die, gewiß schwierige, Festlegung der Grenzen nicht das einzige Problem gewesen. Der neue Staat hatte auch ein durchaus verständliches Sicherheitsbedürfnis. Was man in allen Staaten, die aus dem Zusammenbruch der Donaumonarchie hervorgegangen waren oder aus ihm Gewinn gezogen hatten, am meisten befürchtete, war eine Restauration der Habsburger und eine Revision der Pariser Vorortverträge zugunsten Ungarns. Der SHS-Staat begann sich deshalb frühzeitig nach Bundesgenossen umzusehen. Daß eine Verständigung mit der Tschechoslowakei dabei zuerst zustande kam, verwundert nicht, da es alte Verbindungen aus der Zeit der Emigration gab. Bereits Mitte August 1920 – der Krieg zwischen Sowjetrußland und Polen war im Gange, und die Russen standen kurz vor Warschau – kam Beneš nach Belgrad. Zweck dieses Besuches war der Abschluß eines gegenseitigen Beistandspaktes für den Fall eines ungarischen Angriffs. Die Notwendigkeit eines solchen Bündnisses schien sich zu bestätigen, als Kaiser Karl im April 1921 als König von Ungarn einen – vergeblichen – Restaurationsversuch machte. Er hatte zur Folge, daß sich jetzt auch Rumänien dem tschechoslowakisch-südslawischen Bündnis anschloß. Bereits am 23. April 1921 schloß Rumänien mit der Tschechoslowakei ein Verteidigungsbündnis, das sich ebenfalls gegen einen möglichen ungarischen Angriff richtete. Diesem rumänisch-tschechoslowakischen Vertrag folgte am 7. Juni ein Abkommen zwischen Rumänien und dem SHS-Königreich, das sich diesmal nicht nur gegen Revisionsversuche Ungarns, sondern auch gegen solche Bulgariens richtete. Damit war die antirevisionistische 'Kleine Entente' entstanden, ein Dreibund, der politische, wirtschaftliche und militärische Zusammenarbeit praktizieren und den drei Staaten auf der Ebene der internationalen Politik das Prestige einer Großmacht geben sollte. Die verantwortlichen Staatsmänner der drei Länder wollten sich von nun an in regelmäßigen Jahreskonferenzen treffen; die erste fand bereits im Juli 1921 in Prag statt. Als dann Ende Oktober 1921 Kaiser Karl abermals eine Rückkehr nach Ungarn versuchte, mobilisierte der SHS-Staat sofort, die Tschechoslowakei und Rumänien schlossen sich an. Diese militärischen

Aktivitäten waren begleitet von einer diplomatischen Demarche der drei Verbündeten. Von der ungarischen Regierung wurde gefordert, weder Kaiser Karl noch ein anderes Mitglied des Hauses Habsburg jemals wieder auf den ungarischen Thron zu lassen. Da die Großmächte und vor allem Italien die Forderungen der Kleinen Entente unterstützten, blieb der ungarischen Nationalversammlung nichts weiter übrig, als am 4. November 1921 die Dethronisation des Hauses Habsburg auszusprechen. Kaiser Karl mußte Ungarn verlassen und wurde auf einem englischen Kriegsschiff nach Madeira gebracht, wo er am 1. April 1922 starb. Die Kleine Entente hatte damit ihre erste Bewährungsprobe bestanden, gleichzeitig aber auch den Höhepunkt ihres Bündniszweckes überschritten. Die Habsburgerfrage war nicht mehr existent, die Revisionswünsche Ungarns blieben allerdings bestehen. Rumänien versuchte um die Mitte der 20er Jahre, Polen in die Kleine Entente zu bringen, was von Belgrad begrüßt wurde, schließlich aber an den Differenzen zwischen der Tschechoslowakei und Polen scheiterte. Der tschechoslowakische Außenminister Edvard Beneš hatte zeitweise mit der Kleinen Entente große Pläne – sie sollte zu einem neuen mitteleuropäischen System, zu einem Donaubund unter der Führung Prags ausgebaut werden. Derartige Pläne stießen aber auf den Widerstand Italiens, das nicht zu Unrecht vermutete, daß ein solcher Donaubund sich an Frankreich anlehnen würde.

Als für den SHS-Staat positiv erwies sich, daß durch die Kleine Entente eine Verbesserung der Beziehungen zu Rumänien zustande kam, die wegen der Banat-Frage gespannt gewesen waren. Durch die Heirat des nunmehrigen Königs Alexander (König Peter war 1921 gestorben) mit der Tochter des rumänischen Königs, Maria, im Juni 1922 festigten sich diese Beziehungen weiter.

Von diesen positiven Auswirkungen abgesehen erwies sich die Kleine Entente als ein äußerst brüchiges Gebilde, wenn auch die Bündnispartner bis zuletzt der Illusion anhingen, einer Großmachtkonstellation zuzugehören. Wie schwach dieses Bündnis war, sollte sich 1938/39 zeigen, als der tschechoslowakische Staatsverband schrittweise aufgelöst wurde. Keiner der Vertragspartner rührte auch nur einen Finger für die Tschechen, die trotz ihrer mannigfachen außenpolitischen Absicherungen plötzlich allein dastanden.

16. VOM ADRIAPAKT ZU DEN KONVENTIONEN VON NETTUNO

Als Benito Mussolini am 31. Oktober 1922 in Italien die Macht übernahm, war es klar, daß er, nach seinen sozialistischen Anfängen ein Befürworter des 'größeren Italien', auch gegenüber dem SHS-Staat einen schärferen Ton anschlagen würde. Zunächst ließ er zwar die Ausführungsbestimmungen des Rapallovertrages, die 'Konventionen von S. Margherita' ratifizieren. Danach beeilte er sich aber, die Fiume-Frage im italienischen Sinne zu bereinigen.

In Fiume (Rijeka) hatten die Faschisten bereits vor dem 'Marsch auf Rom' die Macht ergriffen. Am 3. März 1922 waren etwa 1000 Angehörige des 'Fascio di combattimento' unter der Führung des ehemaligen Kabinettchefs von D'Annunzio, Francesco Giurati, und Francesco Giuntas von Pula und Triest aus in Rijeka einmarschiert, wo ihnen nur Teile der Stadtwehr Widerstand leisteten. Am Abend des folgenden Tages war die Stadt in ihren Händen. Riccardo Zanella, der prosüdslawische Chef des Stadtstaates, floh und richtete im nahen Bakar eine Exilregierung ein. Die Annexion durch Italien war von jetzt an nur mehr eine Frage der Zeit. Mehr als ein Jahr lang regierten die Faschisten mit Aldo Depoli an der Spitze den Stadtstaat, der hauptsächlich von italienischen Unterstützungsgeldern lebte. Am 15. September 1923 erschien dann Depoli in Rom und forderte die italienische Regierung auf, in Rijeka die Gewalt zu übernehmen. Mussolini ernannte daraufhin General Gaetano Giardino, der während des Weltkrieges zeitweise Kriegsminister gewesen war, zum Militärgouverneur der Stadt. De facto war das die Annexion Rijekas durch Italien, wenn auch diese Maßnahme nicht so genannt wurde. Offiziell hieß es, man wollte die öffentliche Ordnung in der Stadt sichern und 'unverantwortliche Elemente' von Aktionen gegen den SHS-Staat abhalten. Ein Protest der Belgrader Regierung gegen den Gewaltakt blieb dann auch aus, Pašić begann vielmehr mit Mussolini zu verhandeln. Angesichts der starken inneren Opposition brauchte er außenpolitisch Ruhe. Am 27. Januar 1924 wurde der sog. 'Vertrag von Rom' (auch 'Adriapakt' genannt) unterzeichnet; das zweiteilige Vertragswerk umfaßte ein Abkommen über Rijeka und einen Freundschaftsvertrag.

Das Fiume-Protokoll überließ die Stadt den Italienern; der Porto Baroš (ehemaliger Holzhafen) und das Delta der Rječina (Fiumara) kamen an den SHS-Staat. Der Korridor, der Fiume mit dem italienischen Istrien verband, wurde zugunsten der Südslawen verengt. – Im Freundschaftsvertrag verpflichteten sich beide Seiten, zur Erhaltung der durch die Pariser Vorortverträge geschaffenen Ordnung zusammenzuarbeiten. Im Falle eines unprovozierten Angriffs auf einen der Vertragspartner verpflichtete sich der andere zu Neutralität und diplomatischer Unterstützung.

Der Freundschaftsvertrag erregte wegen der bisherigen Feindschaft zwischen dem SHS-Staat und Italien in Europa einiges Aufsehen; im südslawischen Staat war er zwar nicht sehr populär, aber Pašić setzte seine Ratifizierung in der Skupština am 19. Februar 1924 durch.

Im Adriapakt war bereits angekündigt worden, daß beide Vertragspartner jetzt auch die noch anstehenden wirtschaftlichen und handelspolitischen Maßnahmen in einem besonderen Protokoll regeln wollten. Das geschah zunächst am 14. Juli 1924 durch die sog. 'Belgrader Konventionen'. Diese bestanden aus einem Handels- und Schiffahrtsabkommen. Was es nun noch zu regeln gab, war eine Reihe von finanziellen und rechtlichen Einzelfragen, die vor allem den Transit- und den Kleinen Grenzverkehr betrafen. Die Verhandlungen wurden von Expertenkommissionen am 24. Oktober 1924 in Venedig begonnen und am 20. Juli 1925 in Nettuno beendet. Die Konventionen von Nettuno bestanden aus 32 Einzelabkommen, die eigentlich jeglicher politischer Brisanz entbehrten, in Kroatien aber auf einen Sturm der Entrüstung stießen. Besonders umstritten war das Abkommen über das Niederlassungsrecht, demzufolge sich Bürger beider Staaten auf dem Territorium des anderen niederlassen und dort einem Gewerbe nachgehen sowie Immobilienbesitz erwerben konnten. Kroatischerseits befürchtete man, daß das wirtschaftlich überlegene Italien diese Bestimmungen weitaus stärker ausnützen könnte als der südslawische Staat. Vor allem aber befürchtete man, daß jetzt einer italienischen Ansiedlung in Dalmatien keine Grenzen mehr gesetzt sein würden und der slawische Charakter dieser Landschaft gefährdet wäre. Außenminister Ninčić hatte bei der Unterzeichnung die baldige Ratifizierung beider Abkommen versprochen. Dazu sollte es wegen des erbitterten Widerstands hauptsächlich von kroatischer Seite nicht kommen. Erst Ende Mai 1926 wurden die Konventionen von Belgrad und Nettuno – getrennt – der Skupština vorgelegt. Die Belgrader Konventionen wurden am 9. Juni 1926 angenommen, die Ratifizierung der Konventionen von Nettuno hingegen am 21. Juni abgelehnt, was entscheidend dazu beitrug, die italienisch-südslawischen Beziehungen, die durch den Adriapakt gerade erst normalisiert worden waren, wieder zu verschlechtern.

17. RADIĆS BAUERNPARTEI UND DIE INNENPOLITISCHE KRISE DES SHS-STAATES

Das Bündnis von Radikalen und Demokraten, das der Vidovdan-Verfassung zum Sieg verholfen hatte, war nicht so fest, wie es zunächst den Anschein gehabt hatte. Ein Flügel der Demokraten unter Ljubomir Davidović suchte nämlich eine Annäherung an die kroatische Opposition, die durch größere Selbstverwaltung gewonnen werden sollte, während ein anderer Parteiflügel unter Svetozar Pribićević für eine kompromißlos harte zentralistische Politik eintrat. Pašić nutzte die inneren Gegensätze innerhalb der Partei, die sich bald darauf (1924) spaltete, und kündigte die Koalition mit den Demokraten auf. Für den 18. März 1923 wurden Neuwahlen ausgeschrieben, aus denen die Radikalen als absolute Sieger hervorgingen – sie gewannen 108 von den insgesamt 312 Sitzen im Parlament und wurden damit dort stärkste Partei. Eine starke Abnahme hatten die Demokraten zu verzeichnen, sie erhielten nur noch 51 Mandate, also etwa die Hälfte ihrer bisherigen Parlamentssitze. Radićs Kroatische Bauernpartei hatte bei den Wahlen Stimmenzuwachs zu verbuchen – mit 70 Mandaten wurde sie zweitstärkste Partei in der Skupština. Es war jetzt die Frage, ob Radić den Parlamentsboykott aufrechterhalten würde. Besonders für Pašić war das von Bedeutung, da er trotz seines Wahlsieges mit den Radikalen keine ausreichende parlamentarische Mehrheit hätte, wenn die Abgeordneten der Kroatischen Bauernpartei in die Skupština einzögen. Er mußte Radić also für eine Koalition oder für eine Fortführung der bisherigen Abstinenzpolitik gewinnen. Nach dem Scheitern von Koalitionsgesprächen wurde am 13. April 1923 ein innenpolitisches Stillhalteabkommen, das sog. 'Markov protokol' unterzeichnet, in dem Radić versprach, die Abgeordneten seiner Bauernpartei vorerst weiterhin von Belgrad fernzuhalten, um der Regierung Pašić eine parlamentarische Mehrheit zu sichern. Pašić seinerseits sicherte zu, seine Regierung würde die von der Vidovdan-Verfassung vorgesehene administrative Neugliederung des SHS-Staates vorerst aussetzen. Er konnte am 4. Mai 1923 sein radikales Minderheitskabinett bilden, in dem vier Ministerposten unbesetzt blieben, um sie für die Kroatische Bauernpartei offenzuhalten.

Zu einer Zusammenarbeit Pašić–Radić kam es trotzdem nicht, vielmehr begann Radić bald wieder die Belgrader Regierung derart heftig anzugreifen, daß seine parlamentarische Immunität aufgehoben wurde. Um einer drohenden Verhaftung zu entgehen, begab sich Radić im Sommer 1923 in das Ausland, wo er sich vorwiegend in Wien und London aufhielt und ohne allzu großen Erfolg für die kroatische Sache zu werben versuchte. Anfang Juni 1924 nahm er eine Einladung der 'Bauerninternationale' (Krest'intern), einer Teilorganisation der Dritten Internationale an, und begab sich nach Moskau. Am 27. Juni 1924 erklärte er dort den Beitritt der 'Kroatischen Republikanischen Bauernpartei' (so umbenannt im Dezember 1920) zur Bauerninternationale. Dieser Schritt, der von den gewählten Abgeordneten seiner Partei nachträglich gutgeheißen wurde, bedeutete natürlich nicht, daß die Partei kommunistisch infiltriert gewesen wäre. Radić versuchte damit vielmehr nur ein letztes Mal, die Unterstützung einer Großmacht zu gewinnen, die Kroatische Frage zu internationalisieren. Das Risiko, das er damit einging, war allerdings schwer kalkulierbar.

Inzwischen hatte die Kroatische Bauernpartei in Abwesenheit Radićs einen neuen Weg beschritten. Unter der Führung des Slowenen Anton Korošec hatte sich die Opposition gegen das zentralistische Regime Pašićs neu formiert. Korošec gelang es, die Bauernpartei zur Aufgabe ihrer Abstinenz im Belgrader Parlament zu bewegen. Bereits im März 1924 wurden die ersten 20 Mandate der Skupština zur Beglaubigung vorgelegt, im Mai folgten die übrigen 50. Die seit dem 27. März 1924 bestehende Koalitionsregierung Pašić–Pribićević verlor damit ihre parlamentarische Mehrheit und trat zurück. Am 27. Juli beauftragte daraufhin König Alexander – widerstrebend – den Demokraten Davidović mit der Regierungsbildung. Die neue Regierung, der außer Davidovićs Demokraten die Slowenische Volkspartei und die Muslime Spahos angehörten, wurde im Parlament von der Kroatischen Bauernpartei unterstützt. Davidović bemühte sich auch ernsthaft um eine innenpolitische Verständigung, vor allem um einen Ausgleich mit den Kroaten, was ihm aber von zwei Seiten nicht leichtgemacht wurde: Da waren einerseits die Reden des aus Moskau zurückgekehrten Radić, der zwar seine Unterstützung der neuen Regierung betonte, andererseits aber Radikale und Hofkreise hemmungslos attackierte. Auf der anderen Seite waren König, Pašić und Armeeführung nicht bereit, eine Regierung zu dulden, die mit 'kommunistischen Föderalisten' zusammenarbeitete, kroatische und slowenische Autonomiewünsche berücksichtigen und eine Gesetzesvorlage gegen die weitverbreitete Korruption einbringen wollte. Am 15. Oktober mußte Davidović zurücktreten, die Regierungsgeschäfte übernahm erneut Nikola Pašić. Für Radić bedeutete dies vorerst eine Unterbrechung seiner politischen Karriere: Wegen des Beitritts zur Bauerninternationale wurden er und einige führende Funktionäre der Kroatischen Bauernpartei am 23. Dezember 1924 verhaftet. Ihrer Führung beraubt und im Wahlkampf massiv behindert, konnte die Bauernpartei dennoch bei den Parlamentswahlen vom 8. Februar 1925 67 Mandate erringen; sie blieb damit zweitstärkste Partei.

Dieser Wahlerfolg änderte nun aber nichts daran, daß Radić und die Parteiführung weiterhin in Haft blieben, und auch die Mandate der übrigen Abgeordneten der Bauernpartei drohten aufgrund des Staatsschutzgesetzes annulliert zu werden – die Regierung hatte bereits die Anträge gestellt. In dieser Situation beschloß Radić, seine Taktik zu ändern. Am 27. März 1925 verlas sein Neffe Pavle Radić im Parlament eine Erklärung des inhaftierten Parteiführers, in der dieser sich zur Einheit des Staates und zur monarchischen Staatsform mit der Dynastie Karadjordjević an der Spitze bekannte und sogar die Vidovdan-Verfassung grundsätzlich akzeptierte. Gleichzeitig erklärte Radić den Austritt seiner Partei aus der Bauerninternationale und strich das Wort 'republikanisch' aus dem Parteinamen. Damit waren alle Forderungen Pašićs erfüllt, und die von ihm angestrebte neue Koalition konnte in die Wege geleitet werden. Am 16. Juli trat das Kabinett Pašić–Pribićević zurück, und am 18. Juli bildete Pašić eine neue Regierung, in der die Kroatische Bauernpartei vier Ministerien erhielt. Radić wurde aus der Haft entlassen und das Verfahren gegen ihn eingestellt. Im November 1925 trat er als Kultusminister selbst in die Regierung ein. Es sollte sich allerdings nur zu bald herausstellen, daß von den alten Gegensätzen nichts geschwunden war. Radić begann schon bald wieder, Forderungen der Opposition zu unterstützen und eine Revision der Vidovdan-Verfassung zu verlangen. Der greise Pašić war dazu natürlich nicht bereit. Im April 1926 schied Radić, fast gleichzeitig mit seinem langjährigen Gegner Pašić, der wegen einer Korruptionsaffäre seines Sohnes zurücktreten mußte, aus der Regierung aus. Die übrigen Minister der Bauernpartei folgten im Januar 1927. Das Regierungsbündnis der ungleichen Partner war damit gescheitert.

Nach dem Rücktritt von Pašić versuchte Nikola Uzunović, ein gemäßigter Radikaler, mit sechs Kabinetten vom April 1926 bis zum April 1927 zu regieren. Als sich das als unmöglich herausstellte, da die Abgeordneten der Kroatischen Bauernpartei selbst gegen die von den eigenen Ministern vorgebrachten Gesetzesvorlagen stimmten, bildete im April 1927 Velja Vukićević ein sog. 'Kabinett der Persönlichkeiten', d. h. von nicht nach parteipolitischen Gesichtspunkten ausgewählten Fachleuten. Am 11. September 1927 kam es zu – vorgezogenen – Neuwahlen; es sollten die letzten Wahlen im SHS-Königreich sein. Für die Kroatische Bauernpartei, die erstmals landesweit kandidierte, bedeutete das Wahlergebnis eine herbe Enttäuschung: sie erhielt ein Drittel weniger Stimmen als 1925 und verlor sechs Mandate. Die Wähler honorierten also die Koalition mit den Radikalen und vielleicht auch die Regierungsbeteiligung überhaupt nicht.

Wieder in der Opposition, vollzog Radić erneut einen Kurswechsel in seiner Politik. Er verständigte sich mit Svetozar Pribićević, dem Führer der 'Selbständigen Demokratischen Partei' (Samostalna Demokratska Stranka). Pribićević war bisher ein Intimfeind von Radić gewesen. Er hatte die zentralistische Vidovdan-Verfassung geradezu leidenschaftlich verteidigt und in der Kroatischen Bauernpartei seinen Hauptgegner gesehen. Inzwischen war er zu der Einsicht gekommen, daß es den 'altserbischen' Parteien (d. h. denjenigen des ehemaligen Königreiches Serbien) weniger um einen integralen 'Jugoslawismus' als um großserbisches Hegemoniestreben gegangen war. Obwohl grundsätzliche politische Divergenzen fortbestanden, verbündete sich Pribićević am 11. November 1927 mit Radić in der 'Bäuerlich-Demokratischen Koalition' (Seljačko-Demokratska Koalicija). Man hat diese Koalition auch als 'prečanski front' bezeichnet (von 'preko' = drüben, jenseits), also als die Front der 'Drübigen', der einstigen südslawischen Bürger der Donaumonarchie. Erstmals machten Kroaten und Serben der Monarchie gemeinsame Front gegen Belgrad. Alle späteren Versuche, die beiden Parteien wieder zu entzweien, sind gescheitert.

Nach den Wahlen vom September 1927 besserten sich die Verhältnisse im Parlament nicht. Es kam dort sogar zu tätlichen Auseinandersetzungen. Einen traurigen Höhepunkt erreichte die innenpolitische Krise am 20. Juni 1928, als Puniša Račić, montenegrinischer Abgeordneter und Mitglied der Radikalen Partei, mitten in einer Parlamentssitzung die kroatischen Abgeordneten Djuro Basariček und Pavle Radić erschoß und Ivan Pernar, Ivan Grandja und Stjepan Radić schwer verwundete. Stjepan Radić starb am 8. August an seinen Verletzungen.

Die Morde in der Skupština hatten das Band zwischen Belgrad und Zagreb endgültig zerrissen. Bei der Wiedereröffnung des Parlaments am 2. August 1928 erschien die 'Bäuerlich-Demokratische Koalition' nicht mehr, sie fand sich vielmehr in Zagreb zu einer Sondersitzung zusammen, auf der Vladimir Maček, der neue Führer der Kroatischen Bauernpartei, ein selbständiges, nur durch Personalunion mit Serbien verbundenes Kroatien forderte. Jede weitere Beteiligung an der Parlamentsarbeit und jeder Verkehr mit Regierungsvertretern wurden abgelehnt.

Währenddessen bemühte sich Anton Korošec, der Führer der Slowenischen Volkspartei, noch einmal parlamentarisch zu regieren; er war der erste und einzige nichtserbische Regierungschef der Zwischenkriegszeit. Er versuchte es fünf Monate lang, vom 27. Juli bis 30. Dezember 1928. Korošec wollte den Kroaten entgegenkommen und arbeitete einen Plan aus, der eine Föderalisierung des SHS-Staates vorsah: Es sollten ein serbisches, ein kroatisches und ein slowenisches Banat mit eigenen Landtagen und innerer Selbstverwaltung geschaffen werden. Gemeinsam sollten nur das Königshaus, Außenpolitik, Verteidigung, Verkehrswesen und Post sein. Er konnte sich mit diesem Plan aber gegenüber seinem Koalitionspartner, den Davidović-Demokraten, nicht durchsetzen.

Nach dem Rücktritt von Korošec stand der SHS-Staat, zehn Jahre nach seiner Entstehung, jetzt wieder ohne Regierung da; er hatte in diesem Zeitraum mehr als 30 Kabinette verbraucht. Als Hauptproblem hatte sich der Gegensatz Kroaten–Serben, Föderalisten–Zentralisten erwiesen. Und ein Ende der Krise war nicht abzusehen: Zu Jahresende hielt Maček nämlich in Križevci eine Rede, die darauf hindeutete, daß die Kroaten sich auch weiterhin von der Parlamentsarbeit fernhalten wollten. Eine föderalistische Neuordnung des Staates sei unerläßlich, sagte Maček. Die innenpolitische Krise könne nicht mehr durch Flickwerk gelöst werden, vielmehr müsse alles, was nach dem Dezember 1918 geschaffen wurde, zuerst zerstört und dann eine neue Ordnung geschaffen werden. Der Bestand des südslawischen Staates stand damit auf dem Spiel.

18. DIE KÖNIGSDIKTATUR

Am 4. und 5. Januar 1929 empfing König Alexander nacheinander die Parteiführer des SHS-Staates, als ersten Maček, ein Hinweis auf die Bedeutung, die man der kroatischen Frage beimaß. Maček ebenso wie sein Koalitionspartner Pribićević wiesen auf die Notwendigkeit einer Verfassungsänderung im föderalistischen Sinne hin; es handele sich nicht mehr um eine Regierungs-, sondern um eine Staatskrise. Die anderen Parteiführer lehnten weitgehende Verfassungsänderungen rundweg ab. Dieses Dilemma bekräftigte den König, der schon vorher mit diktatorischen Mitteln in die Innenpolitik eingegriffen hatte (s. Entlassung Davidović), in seinem Entschluß, vom Parlamentarismus zur Diktatur überzugehen. Am 6. Januar 1929 erschien ein königliches Manifest, das die Skupština für aufgelöst und die Vidovdan-Verfassung für außer Kraft gesetzt erklärte. Alle Gesetze sollten zwar ihre Gültigkeit behalten, aber nur so lange, wie sie nicht durch königlichen Erlaß aufgehoben würden. Begründet wurde dieser Schritt damit, daß der Parlamentarismus versagt habe, daß die staatliche und nationale Einheit in Gefahr seien. Bereits am 7. Januar veröffentlichte das SHS-Amtsblatt eine Reihe von neuen Gesetzen: ein Gesetz über die Machtbefugnisse des Königs, ein neues Staatsschutzgesetz, ein Pressegesetz und ein Gesetz über die Änderung der bisherigen Gemeinde- und Bezirksverwaltung.

Das Gesetz über die Machtbefugnisse des Königs erklärte diesen zum alleinigen Träger der Gewalt im Lande; er gibt aus eigener Machtbefugnis neue Gesetze, ernennt den Präsidenten und die Mitglieder des Ministerrates, die nur dem König verantwortlich sind.

Das Staatsschutzgesetz bedrohte mit der Todesstrafe bzw. mit 20 Jahren Haft: Druck und Verbreitung von Schriften, die zur Gewaltanwendung gegen Behörden aufriefen, Werbung für gewaltsame Änderung der politischen Ordnung im Lande, Beitritt oder Unterstützung einer Vereinigung, die für Kommunismus, Anarchismus oder Terror eintritt, Militärdienstverweigerung, Verbindung zu Personen oder Vereinigungen im Ausland, die einen Umsturz vorbereiten sowie die Herstellung oder Beschaffung von Waffen und Munition zum Zwecke eines gewaltsamen Umsturzes. Verboten bzw. aufgelöst wurden alle politischen Parteien oder Vereinigungen, die für eine Veränderung der bestehenden Ordnung im Staate warben. Verboten wurden ebenfalls alle Parteien, welche konfessionellen, regionalen oder 'Stammes'charakter hatten – das waren praktisch alle alten Parteien.

Durch das neue Pressegesetz wurde die Zensur eingeführt; das Gesetz über die Gemeinde- und Bezirksverwaltungen sah deren Auflösung vor. Für Belgrad, Zagreb und Laibach wurden neue Gemeindeverwaltungen durch königlichen Erlaß eingesetzt; für die übrigen Gemeinden sollte der Innenminister die Ernennungen vornehmen.

Die genannten Gesetze sollten erst der Anfang einer Entwicklung sein, die den SHS-Staat zur ersten Königsdiktatur der Balkanhalbinsel machte. Eigenartigerweise ist die Diktatur Alexanders nicht nur im übrigen Europa, wo bereits eine starke Tendenz zur autoritären Regierungsform bestand, sondern auch im SHS-Staat selbst durchaus nicht ungünstig aufgenommen worden. Besonders in Kreisen der Kroatischen Bauernpartei hoffte man auf den König als staatlichen Integrationsfaktor, der das Großserbentum durch ein Jugoslawentum ersetzen würde – eine Hoffnung, die sich nicht erfüllte.

Im Manifest vom 6. Januar war die Einsetzung einer dem Monarchen verantwortlichen Regierung angekündigt worden, mit deren Bildung sich der König, im Gegensatz zu der sonstigen Eile, mit der Gesetze erlassen wurden, durchaus Zeit ließ, bis zum 1. April. Präsident des Ministerrates und gleichzeitig Außenminister wurde General Peter Živković. Živković war 1903 am Attentat gegen Alexander Obrenović beteiligt gewesen; 1917 war er einer der Initiatoren des Prozesses gegen Apis in Saloniki und schließlich Kommandant der Königlichen Garde. Er genoß das unbedingte Vertrauen des Königs. Sein Kabinett bestand aus zehn Serben, vier Kroaten und einem Slowenen, darunter bekannte Vertreter der verbotenen alten Parteien wie Korošec und Uzunović.

In seinem Manifest hatte Alexander ebenfalls verlautbart, daß er Änderungen in der Verwaltungseinteilung des Staates vornehmen wolle, die besser als bisher den Interessen von Volk und Staat Rechnung tragen würden. Am 3. Oktober 1929 wurde das 'Gesetz über die Neueinteilung des Königreiches' veröffentlicht, das dem bisherigen SHS-Staat endlich den Namen 'Jugoslawien' (Jugoslavija) gab. An die Stelle der bisherigen 33 Bezirke traten neun Banate, die mit Ausnahme der Küstenbanschaft nach Flußnamen benannt wurden; die Hauptstadt bildete eine eigene Verwaltungseinheit. Ethnische und historische Gesichtspunkte wurden dabei kaum berücksichtigt, die Grenzen wurden vielmehr so gezogen, daß in sechs der neun Banate die Serben die Mehrheit hatten.

Gleichzeitig bemühte sich die neue Regierung, auch im Hinblick auf die unsichere außenpolitische Lage, die Landesverteidigung zu stärken. Unter dem Vorsitz von General Živković wurde ein Landesverteidigungsrat eingerichtet, der Mobilmachungsmaßnahmen koordinieren und die Arbeitskräftereserven mobilisieren sollte. Im August 1930 wurde für die männliche Jugend vom vollendeten 18. Lebensjahr an die Arbeitsdienstpflicht eingeführt. Die Arbeitsdienstpflichtigen sollten für mindestens drei Tage im Jahr beim Straßen- und Brückenbau, beim Katastrophenschutz und bei anderen öffentlichen Arbeiten eingesetzt werden.

Die Diktatur Alexanders, die von vielen zunächst als Lösung der Staatskrise begrüßt worden war, stieß in Jugoslawien allmählich auf Mißbehagen, da sie sich außerstande gezeigt hatte, die drückenden wirtschaftlichen (Weltwirtschaftskrise, Verfall der Agrarpreise, steigende Arbeitslosigkeit) und nationalen Probleme (Autonomieforderungen von Kroaten und Slowenen) zu lösen. Als in der Regierung selbst Stimmen laut wurden, die auf eine Wiederherstellung des Parlamentarismus drängten, beschloß Alexander, zumindest der Form nach zu konstitionellen Verhältnissen zurückzukehren. Am 3. September 1931 wurde eine neue Verfassung verkündet. Sie bestätigte die seit dem 6. Januar 1929 geschaffene Ordnung und schuf ein neues Parlament, das diesmal aus zwei Kammern bestand – einer gewählten Skupština und einem Senat, dessen Mitglieder zur Hälfte vom König ernannt wurden. Die bürgerlichen Grundrechte blieben zwar formal unangetastet, sie wurden aber durch die zahlreichen Ausnahmegesetze de facto beschränkt. Es handelte sich also um eine autoritäre Verfassung nach italienischem Vorbild.

Der Verfassung folgten wenig später ein Vereins- und Versammlungsgesetz, das das Verbot konfessioneller und regionaler Parteien bestätigte, und ein Wahlgesetz. Nach diesem Wahlgesetz waren nur noch überregionale Listen zugelassen, die Stimmabgabe hatte öffentlich zu geschehen. Die Liste mit der höchsten Stimmenanzahl erhielt automatisch zwei Drittel der Sitze in der Skupština. Das Wahlgesetz sah ferner vor, daß Wahlen auch dann stattfinden sollten, wenn nur eine Liste zustande kam, was dann ja auch tatsächlich der Fall sein sollte. Die oppositionellen politischen Kräfte, die meist nur eine regionale Basis hatten, hatten kaum Aussichten, eigene Listen aufzustellen, zumal jede Liste im ganzen Lande 80000 polizeilich beglaubigte Unterschriften aufbringen mußte. Die einzige

Möglichkeit der Opposition war, zum Wahlboykott aufzurufen, was die Führer der alten Parteien auch taten. Bei den Wahlen am 8. November 1931 wurde nur über die Liste Živković abgestimmt; die Wahlbeteiligung (= Zustimmung zur Regierungsliste) betrug nach amtlichen Angaben über 65 %, was sicher – wie von der Opposition sofort behauptet – eine Wahlfälschung von seiten der Regierung war. Am 7. Dezember wurde die neue Skupština eröffnet, und am 5. Januar 1932 stellte Živković sein Kabinett vor: Es setzte sich aus acht Serben, vier Kroaten und zwei Slowenen zusammen; der einstigen Parteizugehörigkeit nach waren drei Minister Demokraten, vier Radikale, drei Radić-Anhänger und vier parteilos. General Živković trat dann am 4. April 1932 mit der Begründung zurück, er habe seine Mission erfüllt, die Krise sei überwunden und die Einheit des Staates wiederhergestellt. Sein Nachfolger wurde der bisherige Außenminister Vojislav Marinković.

Marinković, einige Jahre lang Bankdirektor und Präsident der Belgrader Börse, war eines der führenden Mitglieder der aufgelösten 'Demokratischen Partei' gewesen und galt als liberaler Politiker. Unter seiner nur dreimonatigen Ministerpräsidentschaft (4. April–2. Juli 1932) begannen sich dann auch die alten Parteien wieder zu regen, was der Grund für seine frühe Ablösung gewesen sein dürfte.

Marinkovićs Nachfolger wurde Milan Srškić, ein Serbe aus Bosnien. Er versuchte, die wiedererwachte Aktivität der alten Parteien dadurch auszuschalten, daß er eine von ihm im Dezember 1931 mitbegründete Partei zur jugoslawischen Staatspartei machen wollte, die 'Jugoslawische Radikal-Bäuerliche Demokratie' (Jugoslovenska Radikalno-Seljačka Demokratija). In dieser neuen Partei sollten die Politiker der drei einflußreichsten alten Parteien – der Radikalen, der Demokraten und der Kroatischen Bauernpartei – vereint werden. Viel Erfolg war der Neugründung, die dem neuen Parlamentarismus mehr Legitimation verleihen sollte und die bereits am 21. Juli 1933 in 'Jugoslawische Nationalpartei' (Jugoslovenska Nacionalna Stranka) umbenannt wurde, nicht beschieden. Die kroatischen Politiker verweigerten sich, und die alten Parteien bestanden im Untergrund weiter. Gerade bei Kroaten und Slowenen begannen diese Parteien wieder Programme für eine nationale Selbstverwaltung aufzustellen. Am 7. November 1932 fand in Zagreb eine Versammlung von Politikern der ehemaligen 'Bäuerlich-Demokratischen Koalition' statt, auf der eine programmatische Entschließung verabschiedet wurde, die als die 'Zagreber

Punktationen' in die jugoslawische Parteiengeschichte eingegangen ist. Darin wurde nicht nur die Wiederherstellung der Demokratie, sondern auch eine föderalistische Umgestaltung des Staates gefordert, wobei auf das Jahr 1918 als Ausgangspunkt zurückzukehren sei. Die serbische Vorherrschaft habe den ehemals habsburgischen Landesteilen Jugoslawiens bisher nur geschadet. Auf diese 'Zagreber Punktationen' folgten am 31. Dezember 1932 die 'Laibacher' der ehemaligen Slowenischen Volkspartei. Sie forderten eine weitestgehende Selbstverwaltung für das slowenische Siedlungsgebiet mit allen äußeren Kennzeichen wie eigenem Landesnamen, eigener Flagge usw. Im Januar 1933 schlossen sich auch die bosnischen Muslime mit den 'Punktationen von Sarajevo' den Autonomiekundgebungen der Kroaten und Slowenen an.

Wenn auch Slowenen und Bosnier keine Rückkehr zu den Verhältnissen von 1918 forderten und den jugoslawischen Staat in seiner damaligen Form nicht generell ablehnten, so wurden trotzdem von der Regierung die Punktationen von Laibach und Sarajevo als genauso staatsfeindlich betrachtet wie die von Zagreb. Obwohl sich auch die Führer der alten serbischen Parteien am 14. Februar 1933 den Forderungen von Kroaten, Slowenen und Bosniern weitgehend anschlossen, wurden im Frühjahr 1933 alle alten Parteiführer der Kroaten, Slowenen und Bosnier mit Maček, Korošec und Spaho an der Spitze verhaftet und interniert.

Aber nicht nur die alten föderalistisch gesonnenen Parteien begannen sich zu Beginn der 30er Jahre wieder zu rühren, das taten auch die kroatischen Separatisten und die makedonische Untergrundorganisation. Schon bald nach Verkündung der Königsdiktatur waren in verschiedenen Landesteilen, vor allem aber in Kroatien, Attentate verübt worden, die einige Male auch Menschenleben forderten. Die Regierung machte für die Anschläge zwei vom Ausland her wirkende Gruppen verantwortlich: die 'Innere Makedonische Revolutionäre Organisation' (Vnatrešna Makedonska Revolucionarna Organizacija), abgekürzt IMRO, und die kroatische Emigration.

Die IMRO war als Kampforganisation in der zweiten Hälfte des 19. Jahrhunderts im damals noch türkischen Makedonien entstanden. Sie wirkte von Bulgarien aus und strebte die Loslösung Makedoniens vom jugoslawischen Staatsverband und dessen Anschluß an Bulgarien an.

Mit der kroatischen Emigration war vor allem die Führungsspitze der Kroatischen Rechtspartei gemeint, die sich noch rechtzeitig in das Ausland begeben konnte. Ihr für die spätere Entwicklung wichtigster Mann war Ante Pavelić, Anwalt und Sekretär der Partei, die vor allem unter der städtischen Bevölkerung ihren Anhang hatte. Pavelić hatte bis zu Radićs Regierungseintritt gewisse Kontakte zur Kroatischen Bauernpartei unterhalten. Als Radić dann aber die Koalition mit Pašić einging, geriet die Rechtspartei, die im Parlament nur mit zwei Abgeordneten vertreten war, in die politische Isolierung. Pavelić begann deshalb nach Verbündeten für seinen Kampf gegen den jugoslawischen Einheitsstaat zu suchen. Er fand sie in den Terroristen von der IMRO. Als Anwalt übernahm er die Strafverteidigung von IMRO-Attentätern. Nach dem Attentat auf Radić sah Pavelić die Zeit für gekommen, jetzt auch selbst die Methoden der IMRO zu übernehmen und eine gewaltsame Lösung der Kroatischen Frage vorzubereiten. Unmittelbar nach dem Attentat war es in Zagreb zu Demonstrationen und zu Zusammenstößen mit der vorwiegend serbischen Polizei gekommen. Es gab Tote, und besonders unter den Studenten wuchs die Erregung. Die Situation zur Verwirklichung von Pavelićs Plänen war also günstig. Unter der Bezeichnung 'Kroatische Heimwehr' (Hrvatski Domobran) wurde eine bewaffnete Truppe zusammengestellt, die nun ihrerseits Anschläge auf Serben und deren vermeintliche Sympathisanten zu verüben begann.

Am 7. Januar 1929 schuf Pavelić dann auch die politische Grundlage für seine neue Aktion und gründete die 'Revolutionäre Kroatische Aufstandsorganisation' (Ustaša Hrvatska Revolucionarna Organizacija), bekannt geworden unter dem Kurznamen 'Ustaša'. Aus der politischen Tradition der Rechtspartei hervorgegangen, begann die Ustaša, sich an fremden Vorbildern, vor allem an dem der serbischen 'Schwarzen Hand' (Crna Ruka) und dem der IMRO zu orientieren. Als ihre Aufgabe legte Pavelić fest: Vorbereitung eines bewaffneten Aufstandes zur Befreiung Kroatiens vom „fremden Joch" und Schaffung eines unabhängigen kroatischen Staates auf dem gesamten „historischen Territorium", unter Einschluß von Bosnien-Herzegowina.

Unmittelbar nach Gründung der Ustaša verließen Pavelić und seine engsten Mitarbeiter Jugoslawien, nicht nur, um der drohenden Verhaftung zu entgehen, sondern auch, um in Emigrantenkreisen Unterstützung zu suchen. Pavelić begab sich zunächst nach Wien, wo er Verbindung mit dem ehemaligen k. u. k. Obersten Ivan v. Perčević aufnahm, der ein wichtiger Kontaktmann der Ustaša werden sollte. Gustav Perčec, der Redakteur des verbotenen

Parteiblattes der Staatsrechtler 'Hrvat' (Der Kroate) ging nach Ungarn, wo er nahe der Grenze in Jankapuszta ein Ustaša-Lager errichtete. Im April 1929 fuhren Pavelić und Perčec nach Bulgarien, wo sie von der IMRO begeistert empfangen wurden. Am 20. April 1929 veröffentlichten Ustaša und IMRO ein Manifest, in dem sie sich gegenseitige Unterstützung im Kampf gegen das Belgrader Regime versprachen. Ziel sei die vollständige Unabhängigkeit Kroatiens und Makedoniens. In Belgrad eröffnete man daraufhin einen Prozeß wegen Hochverrats; Pavelić und Perčec wurden am 17. Juli in Abwesenheit zum Tode verurteilt.

Von Bulgarien aus reiste Pavelić nach Rom. Dort wurde die Tätigkeit der Ustaša bald von Staatsseite aktiv gefördert. Pavelić wurde von Mussolini empfangen und erhielt ein Haus in Bologna zur Verfügung gestellt, das der Ustaša jahrelang als Hauptquartier diente. Die Ustaša wurde vom italienischen Staat auch finanziell unterstützt und erhielt die Möglichkeit, zur Ausbildung ihrer Leute Lager zu errichten.

Im April 1930 fand in Baden bei Wien eine Konferenz kroatischer Emigranten statt, an der u. a. Pavelić und der IMRO-Chef Michajlov teilnahmen. Beide sprachen sich dafür aus, es nicht bei publizistischen Aktivitäten bewenden zu lassen, sondern durch Terrorakte die Weltöffentlichkeit auf die Kroatische Frage aufmerksam zu machen. Die Terrorakte begannen wie angekündigt: allein von Ende Juni bis Anfang August 1931 wurden elf Anschläge auf Züge verübt. Im Sommer 1932 versuchte man, die Widerstandskraft der jugoslawischen Staatsorgane zu testen und inszenierte den 'Aufstand von Gospić' (Lika). Von der Inlands-Ustaša sollte ein Aufstand begonnen werden, dem man von Italien aus zu Hilfe kommen wollte. Pavelić und Perčec kamen persönlich nach Jugoslawien, um die Leitung des Aufstandes zu übernehmen. Die Regierung, die von den dilettantischen Aufstandsvorbereitungen Kenntnis erhalten hatte, konnte die Erhebung leicht unterdrücken, bevor sie eigentlich begonnen hatte. Einige hundert Ustaša-Leute wurden verhaftet, Pavelić und Perčec gelang allerdings die Flucht nach Italien. Der Aufstand auf Probe war also fehlgeschlagen.

Trotz dieses Mißerfolgs setzte die Ustaša ihre Anschläge fort. Hauptziel wurde jetzt die Ermordung des jugoslawischen Königs, in dem die Ustaša-Führung ihren Hauptgegner erblickte. Das Attentat wurde in Jankapuszta vorbereitet, ausgeführt werden sollte es, als das Königspaar im Dezember 1933 Zagreb einen Besuch abstattete. Aus nicht genau bekannten Gründen wurde das Attentat verschoben. Die nächste Gelegenheit ergab sich, als König Alexander Anfang Oktober 1934 zu einem Staatsbesuch nach Frankreich reiste. Am 9. Oktober wurde der König in Marseille auf offener Straße ermordet, zusammen mit dem französischen Außenminister Louis Barthou, der zu seinem Empfang gekommen war. Der Mord ist niemals endgültig aufgeklärt worden. Der von der Volksmenge gelynchte Mörder hieß angeblich Veličko Kerin, genannt auch Vlada Makedonski. Er besaß einen tschechoslowakischen Paß und trug eine IMRO-Tätowierung. Ein Mann dieses Namens, so stellte man später fest, war Chauffeur des IMRO-Chefs Michajlov und später Verbindungsmann der IMRO zur Ustaša gewesen. Es kann als erwiesen gelten, daß beide Organisationen hinter dem Attentat standen.

Nach dem Attentat hatte die französische Polizei einige Komplizen des Mörders gefaßt; sie wurden im Februar 1936 in Aix en Provence zu lebenslänglicher Zwangsarbeit verurteilt. Ante Pavelić, sein Vertrauter Eugen Kvaternik und Ivan von Perčević wurden als Anstifter 'in contumaciam' zum Tode verurteilt. Italien und Österreich verweigerten ihre Auslieferung, weil es sich um ein politisches Vergehen handelte. Im Dezember 1934 hatte sich auf jugoslawischen Antrag hin auch der Völkerbund mit dem Mord von Marseille zu befassen. England und Frankreich tadelten zwar, daß Ungarn und Italien auf ihrem Territorium Ustaša-Lager duldeten, zu einem offiziellen Protest oder gar zu Sanktionen konnten sie sich nicht entschließen, da sie im Interesse einer Frontbildung gegen Deutschland Mussolini nicht verärgern wollten. Die europäische Öffentlichkeit war nichtsdestotrotz über das Attentat so empört, daß es der italienischen Regierung ratsam erschien, die Unterstützung der Ustaša einzuschränken.

19. DIE VERSUCHTE EINKREISUNG JUGOSLAWIENS

Die Nichtratifizierung der Nettuno-Konventionen durch die Skupština im Juni 1926 löste in Italien einen Sturm der Entrüstung aus, zumal sie vom römischen Parlament schon längst ratifiziert worden waren. Mussolini antwortete darauf am 27. November 1926 mit dem Abschluß eines Vertrages mit Albanien, dem Ersten Tirana-Pakt, der gegenseitige Unterstützung und Zusammenarbeit vorsah. Albanien geriet damit zunehmend in das Fahrwasser Italiens. Der alte Leitsatz Ninčićs, daß der Balkan den Balkanvölkern gehören müsse, war dadurch verletzt worden. Hinzu kam, daß der Adriapakt verletzt worden war, denn dort war gegenseitige Konsultation bei allen wichtigen außenpolitischen Fragen vorgesehen gewesen. Mit dem Ersten Tirana-Pakt hatte Mussolini den ersten Schritt zur Einkreisung Jugoslawiens getan. Momčilo Ninčić zog aus dem Scheitern seiner Verständigungspolitik mit Italien die persönlichen Konsequenzen und trat am 6. Dezember 1926 zurück.

Der nächste Schritt Roms war dann die italienisch-ungarische Verständigung: Am 4. April 1927 traf der ungarische Ministerpräsident Graf Bethlen zur Unterzeichnung eines Freundschaftsvertrages in der italienischen Hauptstadt ein. Ungarn hatte damit die seit Trianon bestehende Isolierung gesprengt und Anschluß an eine Großmacht gefunden.

Am 17. April 1927 bekam Jugoslawien mit Vojislav Marinković einen neuen Außenminister, der versuchte, die Spannungen mit Italien abzumildern, zunächst durch eine Einstellung der gegenseitigen Pressefehden. Er versprach gleichzeitig die Ratifizierung der Konventionen von Nettuno, zu der es aber nicht kam, da bereits Mitte Juli 1927 die Skupština aufgelöst und Neuwahlen ausgeschrieben wurden. Um Italien nicht weiter zu provozieren, verpflichtete Marinković alle Parteiführer, in ihrer Wahlagitation auf Themen der Außenpolitik nicht einzugehen. Zur gleichen Zeit versuchte Marinković, die italienische Bedrohung durch Anschluß an eine andere Großmacht auszuschalten. Am 11. November wurde ein Bündnisvertrag mit Frankreich unterzeichnet, den bereits Ninčić vorbereitet hatte. Der Vertrag war antirevisionistisch; beide Partner verpflichteten sich, jedem Versuch einer Änderung des status quo in Europa entgegenzuwirken. Sie verpflichteten sich, sich nicht gegenseitig anzugreifen und auch an keinem Angriff Dritter gegen den Vertragspartner teilzunehmen. Obwohl der Vertrag verbal keine Spitze gegen Italien enthielt, wurde er dort als Provokation aufgefaßt. Mussolinis Reaktion auf das französisch-jugoslawische Bündnis war der Zweite Tirana-Pakt vom 22. November 1927, ein Verteidigungsbündnis mit Albanien, abgeschlossen auf 20 Jahre. Albaniens Abhängigkeit von Italien wurde dadurch auch auf militärischem Gebiet gefestigt.

Mussolini war jetzt bemüht, das bisher aus Ungarn und Albanien bestehende italienische Lager in Südosteuropa weiter auszubauen. Möglichkeiten dafür schienen sich in Griechenland und Bulgarien zu bieten.

Serbien und Griechenland waren seit den Balkankriegen verbündet. Beide Staaten hatten gemeinsame Interessen: Einmal wollten sie die Bulgaren von Makedonien fernhalten, zum anderen waren beide gegen die albanische Eigenstaatlichkeit. Das auf zehn Jahre befristete griechisch-serbische Bündnis vom Mai 1913 kam nach Beendigung der Balkankriege nicht zur Auswirkung. Griechenland trat erst 1917 auf seiten der Entente in den Krieg ein und paktierte nach Kriegsende sofort mit Italien. Am 29. Juli 1919 kam es zu einem italienisch-griechischen Geheimabkommen, in dem Italien sich verpflichtete, griechische Ansprüche auf Ost- und Westthrakien sowie auf Südalbanien zu unterstützen. Griechenland anerkannte dafür die italienische Hoheit über Valona und sagte zu, ein Völkerbundsmandat Italiens über Albanien zu unterstützen. Beide Staaten hatten sich damit über eine Aufteilung Albaniens geeinigt, bei der der neue SHS-Staat leer ausging. Erst als Griechenland bei seinem Feldzug in Kleinasien 1922 eine vernichtende Niederlage erlitten hatte, bemühte es sich wieder um eine Verbesserung seiner Beziehungen zu Belgrad. Am 10. Mai 1923 wurde das Abkommen über eine Freizone im Hafen von Saloniki abgeschlossen, deren Einrichtung den Serben bereits 1913 versprochen worden war.

Für den SHS-Staat war Saloniki als Hafen sehr wichtig, da Rijeka, der einzige für Hochseeschiffe benutzbare Adriahafen, an Italien verloren schien. Die Griechen ließen sich mit der Realisierung des Abkommens allerdings bis Ende Februar 1925 Zeit. Die SHS-Regierung versuchte wenig später, mit ihren Forderungen noch etwas weiterzugehen und verlangte nicht nur eine Erweiterung der Hafenfreizone, sondern auch eine Minderheitenautonomie für die in Griechenland lebenden Slawen. Sie deklarierte diese als 'Südserben', die die Möglichkeit erhalten sollten, südslawische Staatsbürger zu werden und in Griechenland einen besonderen Rechtsstatus zu erwerben. Die griechische Regierung war natürlich nicht bereit, dergleichen zuzugestehen, sie verhandelte aber mit Belgrad weiter. Am 17. August 1926 kam es zum Abschluß der 'Athener Konventionen', die verschiedene Abkommen über die erweiterte Hafenfreizone (Slobodna zona) in Saloniki und einen Vertrag über Freundschaft und Zusammenarbeit umfaßten. Auf die ursprünglich geforderte Minderheitenautonomie hatte die SHS-Regierung stillschweigend verzichtet. Die sich anbahnende Verständigung wurde durch die innenpolitische Entwicklung in Griechenland zunichte gemacht. Die Ratifizierung der 'Athener Konventionen' wurde vom griechischen Parlament am 25. August 1927 abgelehnt. Unter der Regierung Venizelos kam es zu einer erneuten Annäherung an Italien und am 23. September 1928 zum Abschluß eines Freundschaftsvertrages zwischen beiden Staaten. Griechenland war damit wieder in das italienische Lager geraten. Im Konfliktfall kam Saloniki als Hafen für französische Hilfslieferungen an den SHS-Staat nicht mehr in Frage.

Nicht ohne Erfolg bemühte sich die italienische Diplomatie auch in Sofia. Bulgarien war seit Wiedererringung seiner Eigenstaatlichkeit ja zumeist ein Gegner Serbiens und dann des SHS-Staates gewesen, eine Ausnahme bildete nur die kurze Regierungszeit Alexander Stambolijskis.

Stambolijski, geb. 1879, war bäuerlicher Herkunft. Er zählte zu den Gründungsmitgliedern der 'Bulgarischen Agrarunion' (Bŭlkarski Zemedelski Naroden Sŭjuz), deren Führer er bald wurde. Seit 1908 Parlamentsabgeordneter, wandte er sich gegen den Kriegsbeitritt Bulgariens auf seiten der Mittelmächte und verbrachte wegen Majestätsbeleidigung und Hochverrats die Kriegsjahre im Gefängnis. Erst als die bulgarische Front zusammenbrach und das Land in ein Chaos zu versinken drohte, besann man sich wieder des Bauernführers, der, von Boris III. begnadigt, am 6. Oktober 1919 Chef einer Koalitionsregierung wurde und am 21. Mai 1920 eine reine Agrarier-Regierung bildete. Stambolijski träumte von einem großsüdslawischen Staat, wie einst die Illyristen: Bulgarien müsse, nachdem sein balkanischer Führungsanspruch im Weltkrieg eine Niederlage erlitten hatte, sich dem SHS-Staat anschließen. Mit diesem Zusammenschluß würde eine Balkangroßmacht entstehen, die eine eigenständige Politik zu betreiben in der Lage wäre. Ende November 1922 kam Stambolijski nach Belgrad, wo seine Pläne allerdings mit Zurückhaltung aufgenommen wurden. Pašić, der sich nur mit Mühe zur Errichtung des SHS-Staates bereitgefunden hatte, war nicht gewillt, diesen Staat auch noch durch Bulgarien zu erweitern, was die Integrationsprobleme nur noch vergrößert und Serbien in den Hintergrund gedrängt hätte. Trotz des Mißerfolgs der Reise fürchtete jetzt die IMRO, Stambolijski würde der Annäherung an den SHS-Staat zuliebe die bulgarischen Ansprüche auf Makedonien opfern. Am 9. Juni 1923 kam es in Sofia zum Putsch, an dem neben der IMRO und der Armee auch bürgerliche Politiker beteiligt waren. Stambolijski wurde am 14. Juni 1923 in seinem Heimatort Slavovica auf bestialische Weise ermordet. In seiner Hinterlassenschaft fand man Aufzeichnungen, die darauf hindeuteten, daß er die Ausrufung der Republik beabsichtigt hatte. Dies und seine Bemühungen um die Schaffung einer Föderation osteuropäischer Bauernstaaten ('Grüne Internationale') lassen eine gewisse Ähnlichkeit mit den politischen Vorstellungen Stjepan Radićs erkennen.

Nach Stambolijskis Tod war es immer wieder die IMRO, die alle Versuche einer Verständigung zwischen Sofia und Belgrad durch Attentate vereitelte. Als Ende Juni 1926 der bulgarische Außenminister Burov zu einem offiziellen Besuch nach Belgrad kam, antwortete die IMRO mit der Entsendung einer größeren Freischar nach Makedonien. Anfang August kam es bei Kriva Palanka zu einem blutigen Gefecht mit SHS-Truppen. Die Häufung der Zwischenfälle veranlaßte Belgrad zu schärferer Reaktion. Es gelang Außenminister Ninčić, Rumänien und Griechenland, die ebenfalls von IMRO-Aktivitäten betroffen waren, zu einem diplomatischen Kollektivschritt in Sofia zu bewegen. Am 11. August 1926 übergaben die Botschafter der drei Staaten eine gemeinsame Note, die behauptete, daß die Banden, die jenseits der bulgarischen Grenzen Überfälle und Attentate verübten, in Bulgarien ausgebildet und bewaffnet worden seien. Der Grenzübertritt erfolge zumindest mit Duldung der bulgarischen Grenzorgane. Die IMRO, die damit gemeint war, wurde namentlich allerdings nicht erwähnt. Die bulgarische Antwort vom 27. August 1926 war ausweichend: Die Existenz von Banden wurde zwar nicht abgestritten, gleichzeitig aber darauf hingewiesen, daß Bulgarien aufgrund der Bestimmungen des Friedensvertrages nicht über genügend Truppen verfüge, um die Grenzen ausreichend zu sichern. Die Kollektivnote war damit entkräftet, ganz erfolglos war sie aber insofern nicht, als es für etwa ein Jahr zu einer Beruhigung an den Grenzen zwischen Bulgarien und seinen Nachbarstaaten kam. Während dieser Zeit begann Italien in Bulgarien zu werben. Neue italienische Schulen und Kultureinrichtungen wurden eröffnet, der italienische Botschafter verzichtete 1927 sogar auf seinen Heimaturlaub, um die Ferien zusammen mit dem bulgarischen Außenminister Burov am Strand von Varna zu verbringen. Daß die IMRO beträchtliche finanzielle Zuwendungen aus Rom erhielt, war nicht nur in Bulgarien kein Geheimnis, promimente IMRO-Vertreter wurden in Rom von Regierungsstellen offiziell empfangen. Hinter allem stand das Bemühen Italiens, es zu keiner Verbesserung der Beziehungen zwischen dem SHS-Staat und Bulgarien kommen zu lassen. Sofia ging auf das italienische Werben zwar nicht direkt ein, die bulgarische Außenpolitik blieb aber zweigleisig: Auf der einen Seite bemühte sich Außenminister Burov um einen Ausgleich mit Belgrad, auf der anderen Seite gab es aber in Regierung und Parlament eine einflußreiche Gruppe, die eine Anlehnung an Italien und eine Tolerierung der IMRO befürwortete. Auf jeden Fall muß man Bulgarien mit zu den Staaten rechnen, mit deren Hilfe Mussolini den SHS-Staat einzukreisen versuchte.

Als Alexander Karadjordjević im Januar 1929 Parlament und Verfassung suspendierte und die Königsdiktatur proklamierte, war Südosteuropa in zwei Lager gespalten: in das italienische, bestehend aus Albanien, Ungarn, Griechenland und – mit einigen Einschränkungen – Bulgarien, und in das Lager der Kleinen Entente, das sich auf Frankreich stützte. In der Außenpolitik änderte sich unter der Königsdiktatur nichts. Die Politik des alten und neuen Außenministers Vojislav Marinković war auf Zeitgewinn ausgerichtet. Jugoslawien sollte sich erst einmal innenpolitisch festigen und mit französischer Hilfe aufrüsten. Zu Italien blieb das Verhältnis kühl. Am 27. Januar 1929 lief der Adriapakt aus; er wurde nicht erneuert. Mit Griechenland wurde am 17. März 1929 in Genf eine Reihe von Protokollen unterzeichnet, die das Problem der Freizone von Saloniki endgültig regelten. Am 27. März 1929 folgte ein Freundschaftsvertrag, in dem sich beide Staaten zur Erhaltung des status quo verpflichteten und vereinbarten, alle Streitfragen friedlich zu regeln. Das war zweifellos ein Erfolg für Marinković – Mussolinis Einkreisungsring war etwas durchlässiger geworden.

Auch gegenüber Bulgarien war man jugoslawischerseits um Korrektheit bemüht, obwohl Ereignisse wie der begeisterte Empfang Pavelićs in Sofia durch die IMRO oder der Abschluß des von Italien angeregten Freundschaftsvertrages zwischen Bulgarien und Ungarn am 22. Juli 1929 sich erschwerend auswirkten. Auf zwei Konferenzen in Pirot im März und im September/Oktober 1929 bemühte man sich um eine Regelung der komplizierten Grenzverhältnisse zwischen beiden Staaten. Dabei ging es vor allem um den Landbesitz, den jugoslawische und bulgarische Staatsangehörige jenseits der Grenze hatten. Im Januar 1930 einigte man sich in Sofia, wo die Verhandlungen fortgeführt wurden darauf, mit dem Austausch der fraglichen Ländereien zu beginnen. Die IMRO erblickte auch in diesem schon längst überfälligen Grenzabkommen einen Schritt zur Annäherung zwischen beiden Ländern und setzte im Sommer 1930 ihren Terror fort. Die Krise spitzte sich so weit zu, daß die jugoslawische Regierung ihren Gesandten in Sofia abberief und die Grenze zu Bulgarien sperrte.

Jugoslawien stützte sich während dieser ganzen Zeit auf Frankreich und auf die fiktive Großmacht Kleine Entente, deren Mitgliedstaaten allerdings stark von der Weltwirtschaftskrise betroffen waren. Edvard Beneš versuchte, eine engere wirtschaftliche Zusammenarbeit der Bündnispartner einzuleiten, die untereinander noch nicht einmal Handelsverträge besaßen. Als hinderlich erwies sich auch, daß in der Kleinen Entente zwei reine Agrarstaaten (Jugoslawien und Rumänien) und ein Agrar-Industriestaat (Tschechoslowakei) kooperieren mußten. Trotzdem war für Jugoslawien schon aus Sicherheitsgründen der Rückhalt in diesem Bündnis wichtig. Als Marinković 1932 von der politischen Bühne Jugoslawiens abtrat, hatte er, gemessen an den Umständen, viel erreicht. Wenn es Mussolini auch gelungen war, die Einkreisung Jugoslawiens durch einen Freundschaftsvertrag mit Österreich am 6. Februar 1930 weiterzuführen, so war der Ring doch nicht so dicht, wie das in Rom ursprünglich geplant worden war.

Marinkovićs Nachfolger im Außenministerium war Bogoljub Jef(v)tić.

Jeftić (1886–1960) begann seine Laufbahn als Diplomat, u. a. war er Gesandter des SHS-Staates in Tirana. Nach der Errichtung der Königsdiktatur wurde er zunächst Hofminister; 1931 gehörte er zu den Mitbegründern der 'Jugoslawischen Nationalpartei'; den Posten des Außenministers hatte er in vier Kabinetten zweieinhalb Jahre hindurch inne.

Unter Jeftić wurde die Zusammenarbeit innerhalb der Kleinen Entente intensiviert. Im November 1932 kamen die Generalstabschefs der drei Länder in Belgrad überein, aufzurüsten und die bestehenden Militärkonventionen auszubauen. Einen Monat später trafen sich ebenfalls in Belgrad Beneš, der rumänische Außenminister Titulescu und Jeftić, um über die Gründung eines 'Ständigen Bündnisrates' zu beraten, der am 16. Februar 1933 während eines erneuten Außenministertreffens in Genf auch eingerichtet wurde. In Genf wurde auch vereinbart, daß die Kleine Entente künftig bei außenpolitischen Aktionen als Einheit auftreten sollte. Auf der Jahreskonferenz der Kleinen Entente am 24. September 1933 in Sinaia in Rumänien wurde dann eine Bewaffnungs- und Rüstungsangleichung der drei Verbündeten sowie die Gründung eines ständigen 'Wirtschaftsrates' beschlossen; ähnlich wie die Außen- und Verteidigungspolitik sollte auch die Wirtschaftspolitik koordiniert werden. Weiterhin wurde in Sinaia eine aktive Balkanpolitik vereinbart, und tatsächlich setzte schon bald eine lebhafte Reisediplomatie ein. König Alexander besuchte Griechenland und die Türkei, und am 26. Oktober 1933 wurde ein jugoslawisch-türkischer Freundschaftsvertrag unterzeichnet. Auch Titulescu reiste nach Ankara, wo am 15. Oktober ein rumänisch-türkischer Freundschaftsvertrag abgeschlossen wurde. Anfang Februar 1934 trafen sich die Außenminister der Türkei, Rumäniens und Griechenlands in Belgrad, wo am 9. Februar das Vertragswerk unterzeichnet wurde, das den Höhepunkt der diplomatischen Wirksamkeit der Kleinen Entente auf dem Balkan darstellte, der 'Balkanpakt'. Die vier Vertragspartner garantierten sich darin die gemeinsamen Grenzen auf dem Balkan und verpflichteten sich, mit keinem Balkanstaat, der den Pakt nicht unterzeichnet hatte, politische Vereinbarungen zu treffen, ohne die Zustimmung der Vertragspartner erlangt zu haben. Mussolinis zeitweise gelungen erscheinender Versuch, Jugoslawien einzukreisen, war damit letztlich gescheitert.

20. 'WEDER KRIEG NOCH PAKT' – STOJADINOVIC ALS MINISTERPRÄSIDENT

Der Mord von Marseille brachte die von den Extremisten erwartete Wende nicht; der Vielvölkerstaat Jugoslawien zerfiel nicht. Als Alexander Karadjordjević am 9. Oktober 1934 starb, war der Thronfolger, sein Sohn Peter, erst elf Jahre alt. Das Testament des Königs hatte für diesen Fall die Einsetzung eines dreiköpfigen Regentschaftsrates angeordnet, dem sein Vetter Paul Karadjordjević vorstand. Die Regierung (Ministerpräsident Uzunović) blieb im Amt, es wurden ihr lediglich die drei ersten Ministerpräsidenten aus der Zeit der Königsdiktatur – Živković, Marinković und Srškić – als Minister ohne Portefeuille beigesellt. Es erwies sich jedoch als nicht so leicht, eine Königsdiktatur ohne König fortzusetzen. Das Kabinett war gespalten; ein Teil der Minister trat für eine Fortführung des autoritären Kurses ein, ein anderer war für eine Rückkehr zum Parlamentarismus. Uzunović kapitulierte vor diesen Schwierigkeiten und trat zurück; sein Nachfolger Jeftić betonte in seiner Regierungserklärung vom 3. Januar 1935, daß außenpolitisch alles beim alten bleiben würde. Innenpolitisch wollte sich die Regierung aber bei genereller Respektierung der Verfassung von 1931 um eine Dezentralisierung der Verwaltung und um ein gutes Einvernehmen mit allen Konfessionen bemühen; vor allem die Mitarbeit der katholischen Kirche wollte man durch den Abschluß eines Konkordates gewinnen. Jeftić, als Außenminister recht erfolgreich, hatte mit seiner Innenpolitik keine glückliche Hand. Er suchte zwar den Kontakt zu den verbotenen, im Untergrund aber weiter agierenden Parteien, fühlte sich aber zu sehr als Testamentsvollstrecker König Alexanders, als daß er sich zu größeren Konzessionen an die außerparlamentarische Opposition hätte bereit finden können. Am 6. Februar 1935 ließ Jeftić, der sich selbst der Unterstützung der regierenden 'Jugoslawischen Nationalpartei' nicht mehr sicher war, die Skupština auflösen und Neuwahlen ausschreiben. Sofort nach Parlamentsauflösung bemühte sich Maček, eine gemeinsame Liste der Opposition zustande zu bringen. Es kam zu einem Wahlbündnis der von Maček und Pribićević geführten 'Bäuerlich-Demokratischen Koalition' mit den Davidović-Demokraten, dem Bauernbund und den Bosnischen Muslimen. Trotz öffentlicher Stimmabgabe und Wahlmanipulationen erhielt die Liste der 'Vereinigten Opposition' (Udružena Opozicija) bei den Wahlen vom 5. Mai 1,1 Millionen der abgegebenen Stimmen (gegenüber 1,7 Millionen für die Regierungsliste). Bei der Sitzverteilung erhielt die Regierungsliste gemäß dem Wahlgesetz von 1931 301 Parlamentssitze, die Opposition hingegen nur 67. Die 'Vereinigte Opposition' blieb aus Protest dem Parlament fern. Es schienen sich also Zustände wie unter Radić anzubahnen. Der erste, der das zu erkennen schien, war General Živković; er forderte bereits am 20. Juni den Rücktritt der Regierung, der er selbst als Kriegsminister angehörte. Jeftić trat noch am gleichen Tage zurück, nachdem sich noch vier weitere Minister Živkovićs Forderung angeschlossen hatten.

Mit der Regierungsbildung wurde vom Prinzregenten Paul Milan Stojadinović beauftragt, dessen Regierung mit fast vier Jahren am längsten von allen jugoslawischen Kabinetten der Zwischenkriegszeit amtierte.

Stojadinović (1888–1961) stammte aus Čačak; er hatte in Belgrad, München und Berlin studiert, mit einer Arbeit über den deutschen Staatshaushalt promoviert und war seit 1914 im serbischen Finanzministerium beschäftigt. Von 1922 bis 1926 war er mehrmals Finanzminister. Während der Königsdiktatur gehörte Stojadinović zur Opposition, erst nach der Ermordung König Alexanders übernahm er in der Regierung Jeftić wieder das Finanzministerium. Stojadinović galt im In- und Ausland als hervorragender Finanzfachmann, dem u. a. die Stabilisierung des Dinar zu verdanken war.

Bei Stojadinovićs Ministerliste fällt auf, daß einige Männer der ersten Stunde darin vertreten waren: der Slowene Anton Korošec als Innen-, und der Führer der Bosnischen Muslime Mehmed Spaho als Verkehrsminister. Zusammen mit diesen beiden alten Parteipolitikern und mit Unterstützung der serbischen Radikalen unter Aca Stanojević gründete Stojadinović am 19. August 1935 die 'Jugoslawische Radikale Union' (Jugoslovenska Radikalna Zajednica) als neue Regierungspartei. Die Parteigründung wurde von vielen als gegen die Kroaten gerichteter Schritt verstanden, als Versuch, die Kroaten politisch zu isolieren. Justizminister Auer und Gesundheitsminister Preka, beide Kroaten, reagierten mit Rücktritt. Im Parlament verfügte die 'Jugoslawische Radikale Union' über eine Mehrheit, da die 'Vereinigte Opposition' auch weiterhin ihre Mandate nicht wahrnahm. Die Opposition im Parlament bestand so nur aus den Anhängern des gestürzten Ministerpräsidenten Jeftić und den Gefolgsleuten von General Živković.

Die innenpolitische Lage in Jugoslawien blieb auch unter Stojadinović spannungsgeladen. Dazu trug nicht nur die Instabilität der 'Radikalen Union' bei, sondern auch die Konkordatsfrage, die 1937 zu einer Krise in der jugoslawischen Innenpolitik führte.

Die Konkordatsverhandlungen hatten bereits 1920 begonnen. Sie waren notwendig geworden, weil die verschiedenen Gebiete, aus denen 1918 der SHS-Staat gebildet wurde, von früher her unterschiedliche Vereinbarungen mit dem Heiligen Stuhl hatten.

So galten auf dem Territorium Jugoslawiens nebeneinander: a) das 1855 mit dem Kaisertum Österreich abgeschlossene Konkordat, b) das Konkordat mit Montenegro von 1886 und c) das erst 1914 geschlossene Konkordat mit Serbien. Es galt also, für die katholische Kirche in Jugoslawien einen einheitlichen Rechtsstatus zu schaffen, was für die anderen Religionsgemeinschaften schon längst geschehen war – für die orthodoxe Kirche bereits 1929, für die islamische Religionsgemeinschaft 1931 und für die evangelischen Kirchen 1933.

Am 15. Juli 1935 wurde Ljudevit Auer, der Minister für Justiz und Kultusangelegenheiten, nach Rom geschickt, um das nach langwierigen Verhandlungen fertiggestellte Konkordat zu unterzeichnen. Durch das Konkordat wurde das jugoslawische Staatsgebiet in 16 Erzdiözesen und Diözesen unterteilt, von denen einige (z. B. Niš) neu waren. Vor jeder Bischofsernennung sollte der Heilige Stuhl bei der jugoslawischen Regierung wegen der politischen Unbedenklichkeit des Kandidaten anfragen. Eine unpolitische katholische Laienbewegung (Katholische Aktion) wurde zugelassen und die Kirchengüter von allen Enteignungs- und Agrarreformmaßnahmen ausgenommen. Die Bestimmungen des Konkordats unterschieden sich also nicht wesentlich von vergleichbaren Verträgen des Heiligen Stuhls mit anderen Staaten. Trotzdem rief das Konkordat einen Sturm der Entrüstung vor allem bei der orthodoxen Kirche hervor. Man war dort der Meinung, daß der katholischen Kirche durch das Konkordat eine Vorzugsstellung eingeräumt würde, da ihr Rechtsstatus durch einen internationalen Vertrag geregelt werde. Da aus einer kirchenpolitischen nur zu leicht eine parteipolitische Auseinandersetzung werden konnte, ließ sich Stojadinović mit der Ratifizierung des Konkordates Zeit; erst am 23. Juli 1937 legte er den Vertrag der Skupština vor, wo er mit 166 gegen 128 Stimmen angenommen wurde. Der Heilige Synod, das höchste Gremium der orthodoxen Kirche, reagierte darauf mit der Exkommunizierung der orthodoxen Regierungsmitglieder und aller orthodoxen Abgeordneten, die für die Ratifizierung gestimmt hatten. Als der Heilige Synod dann auch noch das von der Regierung angeordnete Staatsbegräbnis für den soeben verstorbenen Patriarchen Varnava ablehnte, beschloß Stojadinović, das Konkordat dem Senat vorläufig nicht vorzulegen. Die orthodoxe Kirche hob daraufhin am 9. Februar 1938 die Exkommunikation auf. So endete der Konkordatsstreit, der so viel Staub aufgewirbelt hatte, mit einem Rückzieher des Ministerpräsidenten.

In seiner Außenpolitik war Stojadinović erfolgreicher; darin erging es ihm ähnlich wie seinem Vorgänger Jeftić. Die traditionellen Verbindungen mit Frankreich wurden zunächst aufrechterhalten und der französisch-jugoslawische Bündnisvertrag am 12. Oktober 1937 erneuert. Allerdings war die Zusammenarbeit mit Frankreich und der Kleinen Entente nicht mehr ganz so eng wie in den früheren Jahren. Stojadinović wollte sich nicht mehr einseitig wie seine Vorgänger, sondern multilateral absichern. Er suchte also auch einen Ausgleich mit Italien und ein gutes Verhältnis zu Deutschland. Italien war wegen seiner Abessinien-Aktion vom Völkerbund als Aggressor gebrandmarkt und mit Sanktionen belegt worden, an denen sich auch Jugoslawien beteiligen mußte. Nach Aufhebung der Sanktionen verfolgte Stojadinović eine Politik der vorsichtigen Wiederannäherung an das trotz aller Maßnahmen des Völkerbundes zunehmend erstarkende Italien, das im Sommer 1936 auch in den Spanischen Bürgerkrieg eingriff. Am 25. März 1937 wurde in Belgrad ein Abkommen mit Italien unterzeichnet, das die gemeinsamen Grenzen garantierte und im Falle von internationalen Komplikationen gegenseitige Konsultationen vorsah; gleichzeitig wurde vereinbart, auf dem eigenen Staatsterritorium keine gegen den Vertragspartner gerichteten Aktivitäten zu dulden.

Zwischen Deutschland und Jugoslawien war es bisher zu keinen politischen Vereinbarungen gekommen. Die Reichsregierung hatte stets erklärt, auf dem Balkan keine politischen Interessen zu verfolgen und betont, daß man dort dem verbündeten Italien den Vorrang lassen wollte. Um so größeren Wert legte man auf beiden Seiten auf eine enge wirtschaftliche Zusammenarbeit. Am 1. Mai 1934 unterzeichneten Vertreter beider Staaten einen bereits in den Jahren der Weimarer Republik vorbereiteten Handelsvertrag. Deutschland wurde unter Stojadinović der beste Kunde und ein bevorzugter Lieferant Jugoslawiens. Der deutsche Anteil an den jugoslawischen Importen betrug 1934 13,9 %, 1937 waren es bereits 32,7 % und 1940 sogar 53,7 %; nach Deutschland lieferte Jugoslawien 1934

15,4 %, 1937 21,7 % und 1940 36 % seiner Gesamtexporte. Deutschland bezahlte den Jugoslawen für ihre Agrarprodukte und Rohstoffe ca. 20 % über dem Weltmarktpreis, und es verkaufte ihnen Industrieprodukte bis zu 40 % billiger als andere Staaten. Es hoffte sich dabei ohne Rücksicht auf Rentabilitätserwägungen kriegswichtige Rohstoffe (wie Kupfer, Mangan, Blei) zu sichern und die Versorgung der Bevölkerung mit Agrarprodukten zu gewährleisten (1938 gingen 61,7 % der Ausfuhr landwirtschaftlicher Produkte nach Deutschland).

Dieser deutschen Wirtschaftsoffensive folgte zunächst keine politische. Erst der Besuch des deutschen Außenministers Konstantin von Neurath am 7. Juni 1937 in Belgrad und die Staatsbesuche Stojadinovićs in Rom und Berlin (Dezember 1937 bzw. Januar 1938) waren dann eine gewisse Andeutung dafür, daß sich Jugoslawien auch außenpolitisch den revisionistischen Staaten annähern könnte. Als Hitler am 13. März 1938 den 'Anschluß' Österreichs an das Reich proklamierte und Deutschland damit direkter Nachbar Jugoslawiens wurde, bezeichnete die jugoslawische Regierung diesen Schritt als eine innere Angelegenheit des deutschen Volkes. Mitbestimmend für diese Reaktion mag gewesen sein, daß die Gefahr einer Restauration der Habsburger damit endgültig gebannt war. Zudem hatte Österreich zum italienischen Einkreisungsring gehört. Ähnlich verhielt sich Jugoslawien während der Sudetenkrise. Auf der vorletzten Konferenz der Kleinen Entente am 4./5. Januar 1938 in Sinaia erklärte Stojadinović, daß die Sudetenfrage eine ausschließlich deutsch-tschechoslowakische Angelegenheit sei, die die Entente, die ja nur gegen Revisionsbestrebungen Ungarns gerichtet sei, nicht berühre. Ihren Höhepunkt erreichte die Neuorientierung der jugoslawischen Außenpolitik, als im Januar 1939 der italienische Außenminister Graf Ciano nach Belgrad kam. Bei seinen Gesprächen mit dem jugoslawischen Regierungschef ging es nicht nur um einen Ausgleich zwischen Jugoslawien und Ungarn, sondern auch um die von Mussolini geplante Besetzung Albaniens, an der sich Jugoslawien beteiligen sollte, um dafür einige nordalbanische Gebiete einschließlich Skutari zu erhalten. Inwieweit sich Stojadinović darauf einließ, ist nicht bekannt. Zur Ausführung kam der Plan jedenfalls nicht, da der jugoslawische Ministerpräsident wenig später gestürzt wurde, aus innenpolitischen Gründen, wie dazu offiziell aus Belgrad verlautete.

Innenpolitisch hatte Stojadinović einen zunehmend autoritärer werdenden Kurs vertreten, wobei er Methoden übernahm, die rein äußerlich an die Regime in Deutschland und Italien erinnerten: So schuf er eine mit grünen Hemden uniformierte Jugendorganisation seiner Partei, die ihn mit 'Führer' titulierte. Die Opposition gegen Stojadinović begann sich unter der Leitung Mačeks zu sammeln; zu ihr gehörten neben der Kroatischen Bauernpartei auch die Anhänger der aufgelösten alten serbischen Parteien. Am 14. August 1938 beschloß sie in Belgrad ein gemeinsames Vorgehen bei den nächsten Parlamentswahlen, die auch bald fällig wurden, da der Ministerpräsident am 10. Oktober die Skupština auflöste und Neuwahlen für den 11. November ausschrieb. Bei den Wahlen errang die Regierungsliste mit 58,9 % zwar die absolute Mehrheit, die 'Vereinigte Opposition' unter Maček konnte mit ihrer Liste aber ebenfalls einen großen Erfolg verbuchen – sie errang 40 % aller Stimmen. Dem neuen Kabinett Stojadinović war allerdings nur eine kurze Lebensdauer beschieden. Es gelang Stojadinović zwar noch, den unbequem gewordenen Innenminister Korošec mit Unterstützung des Prinzregenten Paul auszubooten, dann kam er aber selbst an die Reihe. Am 3. Februar 1939 reichten fünf Minister überraschend ihren Rücktritt ein. Als Begründung gaben sie an, daß es dringend notwendig sei, endlich eine Verständigung mit den Kroaten zu erzielen, was mit der jetzigen Regierung aber nicht möglich sei. Am darauffolgenden Tage erklärte Stojadinović den Rücktritt des Restkabinetts, und Prinzregent Paul beauftragte den bisher kaum hervorgetretenen Dragiša Cvetković mit der Bildung einer neuen Regierung.

Die Hintergründe des überraschenden Sturzes von Stojadinović sind noch nicht endgültig geklärt. Möglich ist, daß der Prinzregent durch ihn seine eigene Stellung und die des Königshauses bedroht sah, möglich aber auch, daß man in Stojadinović das Haupthindernis für eine Verständigung mit den Kroaten erblickte. Stojadinović wurde auf jeden Fall nicht nur als Ministerpräsident, sondern auch aus dem politischen Leben des Landes überhaupt entfernt. Die Regierung Cvetković begann bereits im Sommer 1939, die 'Jugoslawische Radikale Union' von Anhängern des gestürzten Ministerpräsidenten zu säubern. Am 19. April 1940 wurde Stojadinović verhaftet und in Rudnik interniert. Im März 1941 wurde er, aus Furcht vor einer möglichen deutschen Intervention, in Saloniki den Engländern übergeben, die ihm die Insel Mauritius als Zwangsaufenthalt zuwiesen, wo er die gesamte Kriegszeit verbrachte. Nach Kriegsende ging er nach Buenos Aires, wo er unter dem Titel 'Ni rat ni pakt. Jugoslavija izmedju dva rata' (Weder Krieg noch Pakt. Jugoslawien zwischen zwei Kriegen, Buenos Aires 1963) seine Memoiren verfaßte, in denen er seine achsenfreundliche Politik zu rechtfertigen versuchte. Er vertrat darin die Auffassung, daß er, wenn man ihn an der Macht gelassen hätte, es verstanden hätte, Jugoslawien durch eine strikte Neutralitätspolitik aus dem Krieg herauszuhalten.

21. DER AUSGLEICH MIT DEN KROATEN UND DER BEITRITT JUGOSLAWIENS ZUM DREIMÄCHTEPAKT

Die neue Regierung, die am 5. Februar 1939 unter Dragiša Cvetković gebildet worden war, wurde offiziell als Übergangskabinett betrachtet, um die drängendste innenpolitische Frage, den Ausgleich mit den Kroaten und die Heranziehung der Kroatischen Bauernpartei zur Regierungsverantwortung, in die Wege zu leiten. Der Ausgleich mit den Kroaten war um so notwendiger geworden, als Maček bereits begonnen hatte, Kontaktleute sowohl nach Deutschland wie nach Italien zu senden. Ob die Verhandlungen ernst gemeint waren, die diese zunächst in Berlin und dann in Rom führten, läßt sich schwer beurteilen. Möglicherweise wollte sie Maček nur als Druckmittel benützen, um die Belgrader Regierung zu Zugeständnissen zu zwingen. Seit Anfang April 1939 verhandelte er nämlich auch mit Cvetković. Am 24. August 1939 kam es zur Einigung (Sporazum) zwischen dem Ministerpräsidenten und Maček. Das Abkommen, das am 26. August als Dekret des Regentschaftsrates veröffentlicht wurde, sah die Errichtung einer Kroatischen Banschaft (Banovina Hrvatska) vor, die aus den bisherigen Banaten Save (Binnenkroatien) und Primorje (Küstenland) sowie aus acht Kreisen (darunter Dubrovnik, Travnik, Fojnica) bestehen sollte, die bisher anderen Banaten angehört hatten. Diese Kroatische Banschaft sollte weitgehende innere Selbstverwaltung erhalten; lediglich Verteidigung, Außenpolitik und Verkehrswesen sollten in die Kompetenz der Belgrader Zentralregierung fallen. Skupština und Senat sollten aufgelöst und Neuwahlen zu einer Verfassungsändernden Nationalversammlung ausgeschrieben werden. Gleichzeitig wurde in Belgrad die Regierung umgebildet; fünf kroatische Minister wurden in das Kabinett aufgenommen und Maček zum Stellvertretenden Ministerpräsidenten ernannt. Verwirklicht werden konnte die Einigung mit den Kroaten nicht mehr, denn am 1. September 1939 brach mit Hitlers Überfall auf Polen und der englischen und französischen Kriegserklärung an Deutschland der Zweite Weltkrieg aus. Angesichts der angespannten außenpolitischen Lage glaubte man sich in Belgrad außerstande, die versprochenen Neuwahlen und eine Verfassungsänderung vornehmen zu können.

Auf dem Gebiet der Außenpolitik bemühten sich Cvetković und sein Außenminister Alexander Cincar-Marković zunächst, die durch die Entlassung von Stojadinović belasteten Beziehungen zu Deutschland wieder zu normalisieren. Prinzregent Paul fuhr am 1. Juni 1939 zu einem Staatsbesuch nach Berlin. Er betonte dort die jugoslawische Bereitschaft, mit Deutschland in gut nachbarlichen Verhältnissen zu leben, lehnte aber den von der deutschen Seite vorgeschlagenen Austritt aus dem Völkerbund und den Beitritt zum Antikominternpakt ab. Bedrohlicher wurde die außenpolitische Lage für Jugoslawien, als Hitler nach der überraschend schnellen Niederwerfung von Jugoslawiens traditionellem Verbündeten Frankreich mit seiner Expansionspolitik, zunächst indirekt, auch auf den Balkan übergriff. Rumänien verlor im Sommer 1940 Bessarabien und die Nordbukovina an die Sowjetunion, das nördliche Siebenbürgen an Ungarn und die Süddobrudscha an Bulgarien. Für die Grenzen des erheblich verkleinerten Rumänien übernahmen das Deutsche Reich und Italien die Garantie. Im November 1940 traten Ungarn, Rumänien und die Slovakei dem Dreimächtepakt bei, der am 27. September zwischen Deutschland, Italien und Japan abgeschlossen worden war, Bulgarien folgte am 1. März 1941 nach. Eine neue Einkreisung Jugoslawiens schien sich anzubahnen. In dieser Zeit der Unsicherheit unternahm die jugoslawische Führung einige unerwartete außenpolitische Schritte: Am 11. Mai 1940 schlossen Jugoslawien und die Sowjetunion einen Handelsvertrag, und am 25. Juni nahmen beide Staaten diplomatische Beziehungen auf. Jugoslawien war, wenn man vom Vatikan absieht, der letzte europäische Staat, der diesen Schritt vollzog. Unerwartet war auch der Abschluß eines Freundschaftsvertrages mit Ungarn am 12. Dezember 1940, den Hitler angeregt haben soll.

Inzwischen hatte der Krieg auch die bisher verschonte Balkanhalbinsel erreicht: Am 28. Oktober 1940 hatte nämlich Mussolini, durch den Machtzuwachs Deutschlands besorgt, von Albanien aus einen Feldzug gegen Griechenland eröffnet, der allerdings nicht so erfolgreich verlief, wie er sich das wohl vorgestellt hatte. Griechische Gegenangriffe drängten die Italiener bis nach Südalbanien zurück. Hitler, der ein englisches Eingreifen befürchtete, entschloß sich zu einem deutschen Entlastungsangriff über Rumänien und Bulgarien gegen Griechenland. Zuvor aber wollte er versuchen, Jugoslawien an die Achsenmächte zu binden. Auf dem Berghof bei Berchtesgaden führte Hitler im Februar 1941 mehrere Unterredungen mit dem jugoslawischen Außenminister Cincar-Marković, wobei er die Jugoslawen nicht nur zum Beitritt zum Dreimächtepakt aufforderte, sondern ihnen auch vorschlug, die Vermittlung zwischen Griechenland und Italien zu übernehmen. Die jugoslawische Regierung zögerte zunächst, geriet aber unter Zeitdruck, als deutsche Truppen Anfang März 1941 mit dem Einmarsch in Bulgarien begannen. Am 4. März erklärte Prinzregent Paul anläßlich eines neuen Deutschlandbesuches, Jugoslawien wäre grundsätzlich bereit, dem Dreimächtepakt beizutreten, allerdings unter der Bedingung, daß es die militärischen Aktionen der Verbündeten nicht unterstützen müsse. Nachdem die deutsche Seite die Zusicherung gegeben hatte, daß Jugoslawien nicht nur zu keiner militärischen Hilfeleistung verpflichtet sei, sondern daß es auch nicht den Transit von Truppen zuzulassen brauche, unterzeichneten Cvetković und Cincar-Marković am 25. März 1941 im Schloß Belvedere in Wien das Beitrittsprotokoll Jugoslawiens zum Dreimächtepakt. Die jugoslawische Führung hatte sich zu diesem Schritt schwer durchgerungen, letzten Endes gab aber die Überzeugung den Ausschlag, daß Deutschland im Falle eines Nichtbeitritts das Land überfallen würde.

Prinzregent und Regierung überlebten politisch den Paktbeitritt nur zwei Tage. In der Nacht vom 26. zum 27. März kam es in Belgrad zu einem Militärputsch, an dessen Spitze der ehemalige Generalstabschef Dušan Simović und der Luftwaffengeneral Bora Mirković standen. Der 17jährige Sohn Alexander Karadjordjevićs wurde für volljährig erklärt und bestieg als Peter II. den jugoslawischen Thron. Prinzregent Paul begab sich nach Griechenland, die Landesgrenzen wurden geschlossen und in diversen jugoslawischen, vor allem serbischen, Städten kam es zu deutschfeindlichen Kundgebungen. Die neue Regierung, die Simović als Ministerpräsident führte, versuchte zunächst Zeit zu gewinnen. Gegenüber Deutschland und Italien wurde versichert, daß Belgrad zu seinen internationalen Verpflichtungen stehe. Der Beitritt zum Dreimächtepakt sollte zwar nicht ratifiziert, der Vertrag aber auch nicht gekündigt werden. Das konnte Jugoslawien aber nicht mehr retten, ebensowenig wie der noch am 5. April abgeschlossene Freundschafts- und Nichtangriffsvertrag mit der Sowjetunion. Hitler hatte bereits unmittelbar nach dem Staatsstreich in Belgrad beschlossen, den Unsicherheitsfaktor Jugoslawien „militärisch und als Staatsgebilde zu zerschlagen“*.

* Hitler in der Lagebesprechung am 27. 3. 1941; Der Prozeß gegen die Hauptkriegsverbrecher vor dem Internationalen Militärgerichtshof. XXVIII, Nürnberg 1948, S. 23.

22. DAS ENDE DES KÖNIGREICHES JUGOSLAWIEN

Der Feldzug gegen Jugoslawien begann am Morgen des 6. April 1941 ohne vorherige Kriegserklärung mit einem Bombardement Belgrads und der wichtigsten jugoslawischen Flughäfen. Italien und Ungarn wurden zur Teilnahme am Feldzug aufgefordert und gaben ihre Zusicherung. Bulgarien, mit Jugoslawien durch einen Freundschaftsvertrag verbunden, wollte sich am Angriff nicht beteiligen, erklärte sich aber bereit, Truppen für Besatzungszwecke zur Verfügung zu stellen.

Den Oberbefehl über die jugoslawische Armee, insgesamt etwa 750000 Mann, übernahm Ministerpräsident General Simović selbst. Sein Plan sah vor, das Staatsterritorium hinhaltend zu verteidigen und nur gegenüber den Italienern in Albanien, wo man die schwächste Stelle des Gegners vermutete, offensiv vorzugehen. Es sollte jedoch zu keinen gezielten militärischen Aktionen der Jugoslawen mehr kommen. Unter dem deutsch–italienisch–ungarischen Angriff brach die jugoslawische Verteidigung vielmehr rascher zusammen, als man nach den Erfahrungen des Ersten Weltkrieges erwartet hatte.

Der deutsche Angriff begann von der jugoslawischen Ost- bzw. Südostgrenze her: Am 7. April besetzten deutsche Truppen von Bulgarien aus Skopje. An der albanischen Grenze vereinigten sie sich mit den Italienern und schnitten den Jugoslawen den Zugang nach Griechenland ab. Es folgte am 8. April von Sofia her der Vormarsch deutscher Panzertruppen in Richtung Serbien: Am 9. April wurde Niš und am 12. April Belgrad besetzt.

Der Angriff im Norden hatte erst am 10. April begonnen. Die zweite deutsche Armee unter Generaloberst v. Weichs besetzte noch am selben Tage Zagreb und stieß am 12. April auf die von Görz aus vorrückenden italienischen Truppen, die in den folgenden Tagen ganz Dalmatien besetzten. Am 12. April marschierten deutsche Truppen in Sarajevo ein. Angesichts dieser aussichtslosen Lage entschloß sich die jugoslawische Führung zur Einleitung von Waffenstillstandsverhandlungen. Am 17. April unterzeichnete Danilo Kalafatović, der Nachfolger des als Oberbefehlshaber zurückgetretenen Generals Simović, die bedingungslose Kapitulation der jugoslawischen Streitkräfte. König und Regierung begaben sich von Nikšić in Montenegro aus mit Hilfe englischer Flugzeuge nach Athen und von dort nach London, wo Simović eine Exilregierung bildete, der er bis zum 12. Januar 1942 vorstand.

Über das Schicksal des geschlagenen Jugoslawien begannen am 20. April die Außenminister Deutschlands und Italiens in Wien zu verhandeln. Hitler hatte bereits vor Beginn des Angriffs seine Absicht geäußert, Jugoslawien zwischen Deutschland, Italien, Ungarn und Bulgarien aufzuteilen; Kroatien sollte einen eigenen Staat bilden. Diesen Richtlinien gemäß verkündeten am 8. Juli 1941 beide Regierungen die Ergebnisse ihrer Wiener Verhandlungen: Das Draubanat (Slowenien) wurde zweigeteilt – Oberkrain und die ehemals zu Kärnten und zur Steiermark gehörigen Gebiete kamen an das Deutsche Reich, Unterkrain mit Laibach an Italien. Kroatien wurde ein selbständiger Staat, der allerdings durch die italienischen Gebietserwerbungen von der Adria weitgehend abgeschnitten war: Italien erhielt nämlich alle dalmatinischen Inseln mit Ausnahme von Pag, Brač und Hvar, das Küstenland von Zadar bis Split und die Boka Kotorska mit Hinterland. Kroatien erhielt zwar Bosnien und die Herzegowina zugesprochen, was aber für den Verlust des Küstenlandes wenig entschädigte, da beide Gebiete ethnisch und konfessionell gemischt waren, was den neuen Staat vor schwer lösbare Integrationsprobleme stellte. Ungarn erhielt die Gebiete Bačka und Baranja, das ebenfalls von Ungarn geforderte, aber auch von Rumänien beanspruchte bisherige jugoslawische Banat wurde zunächst unter deutsche Militärverwaltung gestellt. Unklar blieb vorerst auch das Schicksal des von Ungarn und Kroatien beanspruchten Zwischenmurgebietes (Medjimurje). Montenegro wurde unter italienischem Protektorat nominell wieder selbständig. Das seit dem 12. April 1939 in Personalunion mit Italien verbundene Albanien erhielt Kosovo, Westmakedonien sowie Ulcinj. Das restliche Makedonien und das Gebiet von Pirot kamen unter bulgarische Herrschaft. Was übrigblieb, war Serbien, auf den Umfang des ehemaligen Paschaliks Belgrad reduziert und deutscher Militärverwaltung unterstellt.

Das einzige Gebiet des zerschlagenen Königreichs, das eine gewisse staatliche Souveränität beanspruchen konnte, war der 'Unabhängige Staat Kroatien' (Nezavisna Država Hrvatska). Er war am 10. April 1941, nur wenige Stunden vor Ankunft der deutschen Truppen, in Zagreb durch Slavko Kvaternik als Stellvertreter von Ante Pavelić proklamiert worden. Mit dieser Proklamation war in

Kroatien eine politische Gruppe an die Macht gekommen, die bisher nur durch Terrorakte hervorgetreten war und die im Lande nur über wenig Einfluß verfügte. Auch die deutsche Regierung hatte zunächst den Ustaša-Aktivitäten ablehnend gegenübergestanden. Nach Simovićs Staatsstreich lag Berlin zwar daran, die kroatisch-serbischen Spannungen zu verschärfen, dies jedoch lieber gestützt auf Maček und seine Bauernpartei, als auf die vergleichsweise unbedeutende Ustaša. Am 31. März 1941 sondierte als Sonderbeauftragter Ribbentrops der SS-Standartenführer Edmund Veesenmayer in Zagreb. Er mußte feststellen, daß Mačeks Bemühungen sowohl der Erhaltung des Friedens mit Deutschland wie auch der Erhaltung des jugoslawischen Staates galten, dem er sich trotz aller Animositäten gegen Belgrad doch verpflichtet fühlte. Am 3. April trat Maček in die Regierung Simović ein; wollte man die Kroaten gegen Belgrad ausspielen, so mußte man sich anderer Kräfte bedienen – jetzt erst schlug die Stunde der Ustaša. Als die vom Zagreber Rundfunk verbreitete Proklamation der kroatischen Unabhängigkeit in Rom bekannt wurde, reagierte man dort besorgt, zumal in der am 12. April veröffentlichten provisorischen Kabinettsliste Pavelić und seine Gefolgsleute in Italien nicht vertreten waren. Mussolinis Schützling Pavelić mußte also schnellstens nach Kroatien, um einer einseitigen deutschen Einflußnahme zuvorzukommen. Am 13. April traf Pavelić in Karlovac ein, der ersten größeren kroatischen Stadt, die die Italiener besetzt hatten. Dorthin kamen noch am selben Tag Kvaternik und Veesenmayer, um Pavelićs Führungsanspruch ausdrücklich anzuerkennen. Am 15. April übernahm dieser in Zagreb als Staatschef die Regierungsgeschäfte.

Der neue Staat war von Anfang an mit einer schweren Hypothek belastet: Er war seinen beiden Geburtshelfern Deutschland und Italien verpflichtet, was im Falle Italiens schon wegen dessen Gebietsforderungen besonders schwer wog. In den Römischen Verträgen vom 18. Mai 1941 mußte Kroatien die schon zitierten Gebietseinbußen im Küstenland hinnehmen. Es mußte auf eine eigene Kriegsmarine und auf militärische Einrichtungen im Küstenbereich verzichten. Auf die ursprünglich geforderte Zollunion und auf die Unterstellung der kroatischen Armee unter italienisches Oberkommando verzichtete Mussolini schließlich. In Rom wurde gleichzeitig beschlossen, Kroatien als Königreich wiederherzustellen. Die Zvonimir-Krone (so benannt nach dem gleichnamigen mittelalterlichen kroatischen König) wurde von Pavelić Viktor Emanuel III. von Italien angeboten und von diesem an den Prinzen

Aimone von Savoyen, Herzog von Spoleto, übertragen. Eine Krönung Tomislavs II., wie der neue König heißen sollte, fand jedoch niemals statt; Kroatien blieb wie Ungarn ein Königreich ohne König.

Trotz aller Einschränkungen, denen der neue Staat unterworfen war, läßt sich nicht leugnen, daß er großkroatischen Wünschen sehr weit entgegenkam. Der 'Unabhängige Staat Kroatien' umfaßte mit 102000 qkm Fläche rund zwei Fünftel des ehemaligen Königreiches Jugoslawien und war damit doppelt so groß wie Rest-Serbien. Allerdings waren von den 6 Millionen Einwohnern dieses Staates nur wenig mehr als 3 Millionen katholische Kroaten; ca. 2 Millionen bekannten sich zur serbisch-orthodoxen Kirche, mehr als eine halbe Million zum Islam, 140000 waren Deutsche, 70000 Ungarn, 18000 Juden und 150000 gehörten den verschiedensten Nationalitäten (Slowenen, Slowaken usw.) an. Es war vorauszusehen, daß die Ustaša-Führung sich bemühen würde, den kroatischen Charakter des Landes zu stärken.

Die Ustaša-Statuten, auf die Pavelić bei seiner Machtübernahme den Amtseid abgelegt hatte und die damit zu verfassungsrechtlicher Geltung gekommen waren, schlossen alle Nichtkroaten von der Staatsführung aus. Politische Verantwortung konnte nur ausüben, wer „kroatischer Rasse und kroatischen Blutes" war; Kroaten und Serben galten dabei als nicht stammesverwandt. In der Folgezeit wurden dann auch alle Nichtkroaten aus den öffentlichen Ämtern, aus Presse und Rundfunk entfernt.

Der neue Staat versuchte, das deutsche bzw. italienische Vorbild nachzuahmen. Die Ustaša als Staatspartei wurde eng mit dem gesamten Staatsapparat verschmolzen; nach dem Vorbild (und mit Hilfe) der SS wurde eine Ustaša-Miliz aufgebaut, die bald in Konkurrenz zur regulären Armee trat. Der polizeistaatliche und rassistische Charakter des Regimes kam auch in der Gesetzgebung zum Ausdruck: Ein bereits am 17. April 1941 erlassenes 'Gesetz zum Schutz von Volk und Staat' sah jede Verletzung von „Ehre und Lebensinteresse" des kroatischen Volkes und jede Bedrohung der Staatsautorität als Hochverrat an, der nur mit der Todesstrafe geahndet werden konnte. Es wurden Ustaša-Standgerichte und Konzentrationslager – besonders berüchtigt war Jasenovac – eingerichtet, die beide nicht der Aufsicht der regulären Justizorgane unterstanden. Am 30. April 1941 wurde ein Staatsbürgerschaftsgesetz erlassen, das zwischen „Staatsangehörigem" (državni pripadnik) und „Staatsbürger" (državljanin) unterschied. Kroatischer Staatsbürger konnte nur sein, wer arischer Abstammung war; Eheschließungen zwischen Kroaten und Nichtariern wurden verboten. Die ersten Opfer der neuen Gesetzgebung wurden die Juden, die den Davidstern tragen mußten und deren Vermögen seit September 1941 enteignet wurden.

Härter und umfassender als die Judenverfolgung – um die Ustaša verdiente Juden wurden ausgenommen – waren die Zwangsmaßnahmen, unter denen die serbische bzw. die orthodoxe Bevölkerung zu leiden hatte. Am 25. April 1941 wurde der Gebrauch der kyrillischen Schrift verboten; 'Serbismen' wurden aus dem offiziellen Sprachgebrauch ausgemerzt. Schwerwiegender als diese vergleichsweise harmlosen sprachpolitischen Maßnahmen wirkte sich die Religionspolitik des Pavelić-Regimes aus. Man entzog der orthodoxen Kirche die bisherige finanzielle Unterstützung; die meisten orthodoxen Kirchen und Klöster wurden geschlossen. Gefördert wurde eine Kampagne zur 'Rekatholisierung' der orthodoxen Bevölkerung, von der die Ustaša-Propaganda behauptete, daß sie ursprünglich kroatisch und katholisch gewesen und erst in der Türkenzeit zur Orthodoxie übergetreten sei. Der Verfolgung der orthodoxen Kirche folgte eine generelle der Serben. Im Frühjahr 1941 begann eine große Umsiedlungsaktion, bei der man zunächst versuchte, die Serben in das unter deutscher Militärverwaltung stehende Rest-Serbien abzuschieben. Als sich die deutschen Militärbehörden im ohnehin schon mit Flüchtlingen überfüllten Serbien immer stärker gegen jene Abschiebeaktionen zur Wehr setzten, wurden Serben verstärkt in den Konzentrationslagern interniert. Erst im Sommer 1942 besserte sich die Lage für die Serben in Kroatien wieder etwas; auch die serbisch-orthodoxe Kirche konnte in bescheidenem Ausmaße wieder wirksam werden.

Im besetzten Serbien kam die oberste vollziehende Gewalt zwar dem deutschen Militärbefehlshaber in Belgrad zu, man begann von seiten der Besatzungsmacht aber schon bald, serbische Zivilbehörden zu schaffen, um der Versorgungs- und Verwaltungsprobleme Herr zu werden. Noch im Laufe des April 1941 fanden Gespräche mit verschiedenen, zumindest als nicht deutschfeindlich geltenden, serbischen Politikern statt; zu ihnen gehörten der ehemalige Innenminister Milan Aćimović und Dimitrije Ljotić, der Führer des 'Zbor' (Sammlung), einer sozial-nationalen Sammelbewegung, die 1934 entstanden war und im besetzten Serbien noch eine gewisse politische Rolle spielen sollte. 'Zbor' war streng antikommunistisch und ständestaatlich orientiert. Nachdem die deutschen Stellen sich bereit erklärt hatten, die serbischen Gesetze gelten und die serbischen Gerichte weiter amtieren zu lassen sowie der Tätigkeit der orthodoxen Kirche keine Hindernisse in den Weg legen zu wollen, kam am 30. April 1941 unter dem Vorsitz von Aćimović ein 'Kommissarischer Rat im besetzten Serbien' zustande. Zu seinen Hauptaufgaben mußte vor allem die Bewältigung des Problems der Flüchtlinge und Abgeschobenen gehören, die aus Ungarn, vor allem aber aus Kroatien in das Land strömten. Der 'Kommissarische Rat' trat bereits im August 1941 zurück, da er sich mit seinen geringen Machtmitteln und Kompetenzen nicht imstande sah, der sich im Lande ausbreitenden Anarchie und der beginnenden kommunistischen Partisanenbewegung Herr zu werden. Am 29. August 1941 bildete der ehemalige Kriegsminister General Milan Nedić eine neue Zivilregierung, die deutscherseits dadurch aufgewertet wurde, daß man Nedić den Titel eines Ministerpräsidenten gab. Faktisch änderte das an der Abhängigkeit von den deutschen Besatzungsbehörden aber wenig. Nedić hob in seiner Regierungserklärung als politische Hauptaufgaben die Rettung des serbischen Volkes vor der physischen Vernichtung und den Kampf gegen den Kommunismus hervor. Die Aufstandsbewegung sollte möglichst mit eigenen Kräften bezwungen werden; zu diesem Zweck wurde mit deutscher Hilfe die serbische Polizei besser ausgerüstet. Am 15. September 1941 wurde, hauptsächlich aus Ljotić-Anhängern, das 'Serbische Freiwilligenkorps' (Srpski dobrovoljački korpus) aufgestellt, das der Partisanenbekämpfung dienen sollte. Im Februar 1942 folgte die Bildung der 'Serbischen Staatswache' (Srpska državna straža), die unter der Leitung des Bürgermeisters von Belgrad, Draga Jovanović, stand. Nedić verfolgte mit der Aufstellung dieser serbischen Truppenverbände vor allem vier Ziele: 1. sollte Vergeltungsmaßnahmen der deutschen Besatzungstruppen gegenüber der Zivilbevölkerung nach Partisanenangriffen vorgebeugt werden (am 16. September 1941 war die Hinrichtung von 50–100 Zivilpersonen für einen getöteten deutschen Soldaten angeordnet worden); 2. wollte er einer Besetzung weiterer südserbischer Gebiete durch bulgarische Truppen zuvorkommen; 3. wollte er der kommunistischen Partisanentätigkeit durch Zusammenfassung aller nationalen Kräfte und möglichst auch durch Zusammenarbeit mit Mihailović begegnen; 4. und endlich sollte durch eigene Truppen zumindest der Schein serbischer Eigenstaatlichkeit gewahrt werden. Erreicht wurden diese Ziele nicht, die serbische Eigenstaatlichkeit blieb eine Fiktion. Nedić hat stets, und vergeblich, versucht klarzustellen, daß er kein einfacher Kollaborateur sei. Noch 1943 verwahrte er sich gegenüber der jugoslawischen Exilregierung, ihn und seine Regierung als ‘Quislinge’ zu bezeichnen; sein Bestreben sei lediglich, bis zur Rückkehr des Königs und der legalen Regierung in Serbien Ruhe und Ordnung zu erhalten. Nedić wurde nach Kriegsende von den Amerikanern an Jugoslawien ausgeliefert und verübte am 4. Februar 1946 im Gefängnis Selbstmord.

23. DER WIDERSTAND GEGEN DIE BESATZUNGSMÄCHTE

Der Widerstand begann von national-serbischer Seite; die späteren Sieger, die kommunistischen Partisanen, waren durch das Bündnis Hitler-Deutschlands mit Sowjetrußland vorläufig noch blockiert. Der nichtkommunistische Widerstand stützte sich auf die ‘Četniks’ (von: četa = Bande, Schar), milizartige Dorfwehren, die es bereits während der Türkenzeit gegeben hatte. Die Koordination der verschiedenen, lokal gebundenen und selbständig operierenden Četnik-Gruppen übernahm Oberst Draža Mihailović, der vor dem Kriege Militärattaché in Sofia und Prag sowie Lehrer an der Belgrader Militärakademie gewesen war. Mihailović erkannte die bedingungslose Kapitulation Jugoslawiens nicht an und zog sich mit einem Teil der von ihm befehligten Einheit in das unwegsame Berggebiet von Ravna Gora in Westserbien zurück. Von dort aus versuchte er, eine von ihm schon 1940 entwickelte Guerillataktik in die Tat umzusetzen. Diese Taktik war eher defensiv denn offensiv: Die Besatzungstruppen sollten durch Sabotageakte und kleinere Überfälle geschwächt, die eigene Organisation unterdessen ausgebaut und bis zur Aufstellung einer alliierten Balkanfront nach Möglichkeit geschont werden. Mit dieser Taktik stand Mihailović im Gegensatz zu den Kommunisten, die in ihrer Partisanenbewegung auf Aktion drängten. Aber nicht nur in der Frage des militärischen Vorgehens unterschieden sich beide Widerstandsbewegungen, als unüberwindlich erwiesen sich vor allem die politisch-ideologischen Gegensätze: Während Mihailović die bestehenden Verhältnisse in Jugoslawien möglichst bewahren wollte, strebte Tito eine umfassende soziale Revolution an. Die im September/Oktober 1941 in der Ravna Gora geführten Verhandlungen zwischen beiden Partisanenführern führten deshalb auch zu keinem Ergebnis. Vielmehr kam es bereits im November 1941 zwischen Četniks und kommunistischen Partisanen zu den ersten bewaffneten Auseinandersetzungen. Mihailović galt dabei zunächst als der unbestrittene Führer des jugoslawischen Widerstandes. Er stand in Funkkontakt zum britischen Nahostkommando in Kairo, und bereits im Oktober hatte sich in der Person des Hauptmanns Bill Hudson ein erster britischer Verbindungsoffizier zu ihm durchgeschlagen.

Die Kommunisten wurden bald – neben der Ustaša – zum Hauptgegner der Četniks, worüber der Kampf gegen die deutsche und italienische Besatzungsmacht allmählich etwas in den Hintergrund trat. Auf deutscher Seite war man über die Kontakte Mihailović–Tito natürlich informiert, und man versuchte im Dezember 1941, die Četnik-Organisation in der Ravna Gora zu zerschlagen. Die Aktion führte zu keinem Erfolg, die Četniks beherrschten vielmehr schon bald weite Teile Bosniens und fast ganz Montenegro, und sie wurden ungeachtet deutscher Verbote von der Nedić-Regierung und auch von den Italienern mit Geld und Waffen versorgt. Auch bei der Londoner Exilregierung stieg das Prestige des Četnikführers Mihailović: Von ihr bereits am 7. Dezember 1941 zum Brigadegeneral befördert, wurde er am 11. Januar 1942 zum Kriegsminister und zum Kommandanten der 'Jugoslawischen Armee in der Heimat' (Jugoslovenska vojska u otadžbini) ernannt. Auch die offizielle Verwaltung der Nedić-Regierung war mit Vertrauensleuten Mihailovićs durchsetzt. So kam es, daß im besetzten Serbien der Einfluß Mihailovićs stärker war als der Titos; so sollte es bis Ende des Krieges bleiben. Nachdem die Deutschen im September 1942 in Serbien eine neue Großaktion gegen die Četniks unternommen und ihnen schwere Verluste zugefügt hatten, verlegte Mihailović seine Aktivitäten verstärkt auf italienisches Besatzungsgebiet, besonders auf Montenegro und die Herzegowina. In den von den Italienern besetzten jugoslawischen Gebieten wurden die Četniks mehr oder weniger legalisiert, sehr zum Unwillen der Ustaša und auch der deutschen Wehrmachtsführung, die seit Mihailovićs Aufnahme in die Exilregierung auch die Četniks zu den Gegnern zählte. Der Waffenstillstand Italiens mit den Alliierten am 3. September 1943 bedeutete dann auch einen schweren Schlag für die Četnik-Bewegung, die mit den Italienern ihre Schutzmacht verlor und sich jetzt wohl oder übel wieder mit den Deutschen arrangieren mußte. Die englische Regierung hatte nämlich bereits im Sommer 1943 ihre Hilfe für Mihailović eingestellt. Nach der italienischen Kapitulation änderte sich auch die offizielle deutsche Haltung gegenüber der nationalen serbischen Widerstandsbewegung. Im Herbst 1943 wurde der ehemalige Bürgermeister von Wien, Gesandter Hermann Neubacher, zum 'Sonderbevollmächtigten für den Südosten' ernannt. Sein Auftrag war, alle antikommunistischen Kräfte zusammenzufassen. Mihailović hielt sich zunächst noch zurück, erst nachdem die Alliierten auf der Konferenz von Teheran (28. November–1. Dezember 1943) beschlossen hatten, Tito verstärkt zu unterstützen, kam es zu einer Vereinigung aller antikommunistischen Gruppen in dem von ihm geleiteten 'Verband des jugoslawischen Heeres in der Heimat'. Mihailović, der als erster in Europa den organisierten Widerstand gegen die deutsche Besatzung begonnen hatte, geriet so vollends auf die Seite des einstigen Gegners. Auf Druck Churchills hin forderte der jugoslawische König am 12. September 1944 in einer Rundfunkansprache alle Jugoslawen zum Eintritt in Titos 'Volksbefreiungsarmee' auf. Für Mihailović war der Kampf damit verloren, zumal die Deutschen im Oktober 1944 Serbien zu räumen begannen.

Die kommunistische Widerstandsbewegung, die bereits 1944 in Jugoslawien unbestritten das Feld beherrschte, trat später als die Četniks in Erscheinung. Die KP Jugoslawiens, die 1921 nach kaum zweijähriger Existenz verboten worden war, hatte in der Zwischenkriegszeit nur eine sehr bescheidene politische Rolle gespielt. Nach dem deutschen Überfall auf Jugoslawien konnten die jugoslawischen Kommunisten zunächst nichts unternehmen, bestand doch zwischen Deutschland und der Sowjetunion ein Nichtangriffspakt. Die Situation änderte sich erst nach dem deutschen Angriff gegen die Sowjetunion. Am 4. Juli 1941 beschloß in Belgrad das ZK der KPJ, nunmehr zur bewaffneten Aktion überzugehen. Spitzenfunktionäre wurden in die einzelnen Landesteile entsandt, um dort den Widerstand zu organisieren. Interessanterweise wurde Makedonien dabei ausgespart, da dieses nach Komintern-Beschluß der bulgarischen KP als Betätigungsfeld vorbehalten blieb. Die nationalen Konflikte auf dem Balkan wirkten also bis in die 'internationalistischen' KP-Kreise hinein. Tito und einige seiner engsten Mitarbeiter blieben vorerst in Belgrad.

Josip Broz, genannt Tito, war, wie sich bald herausstellen sollte, die beherrschende Figur der KPJ. 1897 in Kumrovec, einem kleinen Dorf an der slowenisch-kroatischen Grenze geboren, ist seine Biographie von Legenden umwoben. Vieles, einschließlich des genauen Geburtsdatums, ist umstritten. Nach Abschluß einer Mechanikerlehre wechselte er seinen Arbeitsplatz mehrfach und mußte dann ab 1913 seinen zweijährigen Militärdienst in der k. u. k. Armee ableisten, wobei er es bis zum Unteroffizier brachte. Während des Ersten Weltkrieges geriet er 1915 in Galizien in russische Gefangenschaft, nahm 1917 angeblich an den Revolutionsereignissen teil, trat 1920 in Omsk in die jugoslawische Sektion der Russischen Kommunistischen Partei ein und kehrte im Herbst gleichen Jahres nach Zagreb zurück, wo er der KPJ beitrat. In der Zeit des Verbots der Kommunistischen Partei beteiligte sich Josip Broz an deren illegaler Tätigkeit, ab 1928 als hauptamtlicher Funktionär. Er wurde mehrfach verhaftet, wurde 1934 Mitglied des von Wien aus agierenden ZK und 1935 zur Schulung nach Moskau geschickt, wo er in der Balkanabteilung der Komintern tätig war und sich das Vertrauen des späteren bulgarischen Ministerpräsidenten Georgi Dimitrov erwarb, dem er sein Leben lang verbunden bleiben sollte. Nach seiner Rückkehr nach Jugoslawien 1936 hatte er nicht nur die Aufgabe, Freiwillige für den Spanischen Bürgerkrieg anzuwerben, sondern auch die Partei, deren Mitgliederzahl auf wenige hundert zusammengeschrumpft war, auf föderalistischer Grundlage (KP Sloweniens und KP Kroatiens) neu zu organisieren. 1939 wurde er Generalsekretär der KPJ.

Als mit Beginn des deutschen Angriffs auf die Sowjetunion die jugoslawischen Kommunisten von Moskau zum Widerstand aufgefordert wurden, stellte sich der KPJ die Frage, welcher Parolen sie sich bedienen sollte, um im Lande Unterstützung zu finden. Man entschied sich schnell für nationale: Für die „Befreiung der Völker Jugoslawiens" sollten alle Patrioten kämpfen, „die zum bewaffneten Kampf gegen die Okkupanten fähig sind, ohne Rücksicht auf ihre politischen Überzeugungen" (Bulletin des kommunistischen Hauptstabes vom 10. August 1941).* Solcherlei Maximen waren notwendig, nicht nur, weil die Basis der KPJ viel zu schwach war, sondern auch, weil das bisherige nationale Monopol der Četniks gebrochen werden mußte. Der kommunistische Widerstand konzentrierte sich zunächst auf das Gebiet entlang der neuen Grenze zwischen Kroatien und Serbien. Im Spätsommer 1941 bereits gelang es den kommunistischen Partisanen, in der Mačva und in Westserbien größere Gebiete unter ihre Kontrolle zu bringen. Am 24. September fiel ihnen Užice (heute Titovo Užice) in die Hände, in der Tito sein Hauptquartier aufschlug.

Die Beherrschung größerer geschlossener Gebiete brachte es mit sich, daß die Partisanen an die Organisation einer Verwaltung denken mußten. Es wurden 'Volksbefreiungsausschüsse' gebildet, die sich um die Versorgung von Partisanen und Bevölkerung kümmern sollten. Der 'Republik Užice' (Užička republika) war jedoch erwartungsgemäß keine lange Lebensdauer beschieden, denn bereits im Herbst 1941 begann deutscherseits eine großangelegte 'Säuberungsaktion', die nicht nur den Partisanen schwere Verluste zufügte,

* Zitiert nach Gottfried Prunkl u. Axel Rühle, Josip Tito in Selbstzeugnissen und Bilddokumenten, Reinbek 1973, S. 77.

sondern auch die Zivilbevölkerung – vor allem durch Geiselerschießungen – zahlreiche Opfer kostete. Militärisch war die Aktion nur ein Teilerfolg: Zwar konnte am 29. November Užice zurückerobert werden, Tito konnte aber entkommen und im Sandschak seine Leute wieder sammeln. Am 20. Januar 1942 eroberten die Partisanen die Stadt Foča in Ostbosnien, die jetzt für drei Monate Titos Hauptquartier wurde. Mitte April 1942 wurde das Aufstandsgebiet in Ostbosnien dann Ziel eines deutsch-italienisch-kroatischen Angriffs. Um der drohenden Einschließung durch überlegene Verbände zu entgehen, mußten die Partisanen Foča aufgeben. Sie versuchten Montenegro zu erreichen, stießen aber auf so heftigen Widerstand montenegrinischer Četniks, daß Tito seinen Plan änderte und einen Vorstoß nach Nordwesten beschloß. Nach teilweise heftigen Kämpfen gegen italienische und Ustaša-Verbände wurde Anfang November 1942 Bihać in Nordwestbosnien erreicht, wo die Partisanen ihr neues Hauptquartier einrichteten. Während des langen Marsches durch Gebiete, die unter dem Terror der Ustaša und den Rachezügen der Četniks zu leiden gehabt hatten, konnten sie ihre Kontingente wesentlich verstärken. Ende 1942 soll die Gesamtstärke der Partisanen ca. 130–150000 Mann betragen haben, die allerdings schlecht ausgerüstet waren.

Tito hatte seit dem Winter 1941/42 versucht, von der Sowjetunion Hilfe zu erlangen. In Montenegro hatten die Partisanen in der Nähe von Žabljak bereits einen provisorischen Feldflugplatz eingerichtet. Die erwarteten sowjetischen Flugzeuge blieben jedoch aus. Titos unentwegte Funksprüche an die Sowjetregierung, in denen er um Waffen und Munition sowie um die Entsendung einer Militärmission bat, blieben vergeblich, während Mihailović von den Briten zumindest in der ersten Phase des Krieges fortlaufend unterstützt wurde. Abgesehen von den sicher vorhandenen technischen Schwierigkeiten spielten damals für die Sowjetunion politische Rücksichten auf den Bündnispartner England eine entscheidende Rolle. Moskau legte deshalb den Partisanen nahe, ihre revolutionäre Zielsetzung etwas in den Hintergrund zu stellen; auf keinen Fall sollte der von Moskau anerkannten Londoner Exilregierung eine kommunistische entgegengestellt werden. Das Exekutivkomitee des am 26. November 1942 in Bihać gebildeten ‘Antifaschistischen Volksbefreiungsrates Jugoslawiens’ (Antifašističko vijeće narodnog oslobodjenja Jugoslavije = AVNOJ) wurde deshalb auch nicht als Regierung bezeichnet, obwohl es de facto die Funktionen einer solchen ausübte.

Ende Januar 1943 begann eine neue, von den Deutschen geplante und von italienischen und kroatischen Truppen unterstützte Großaktion gegen die Partisanengebiete in Bosnien, das sog. 'Unternehmen Weiß'. Unter schweren Kämpfen mußten die Partisanen den Rückzug nach Süden antreten. In wochenlangen Märschen durch die verschneiten Gebirge schlugen sie sich bis zur Neretva und von dort in das nördliche Montenegro durch. Die Partisanen verloren dabei über 12000 Mann; als äußerst hinderlich erwies sich außerdem, daß auch Teile der Zivilbevölkerung mit nach Süden gezogen waren und nun ebenfalls versorgt werden mußten. Der erfolgreiche Durchbruch nach Montenegro verschaffte Tito allerdings bei den Alliierten ein erhöhtes Prestige. Besonders die britische Presse feierte ihn als den eigentlichen Helden des jugoslawischen Widerstandes, während gleichzeitig erste Kritik an der Taktik Mihailovićs laut wurde. Ende Mai traf eine britische Militärmission in Titos Hauptquartier in Montenegro ein; für die Partisanen war dies ein großer Prestigeerfolg, der einer Anerkennung ihres Kampfes durch die Alliierten gleichkam. Trotzdem war ihre Lage nicht sehr einfach, denn in Montenegro gab es Versorgungsschwierigkeiten, die Partisanen litten unter Typhus, und mit der 'Operation Schwarz' begannen neue Angriffe der Deutschen und ihrer Verbündeten. Tito und dem Gros seiner Partisanenarmee gelang es auch diesmal, der drohenden Einschließung und Vernichtung zu entgehen. Jajce in Nordwest-Bosnien wurde neues Hauptquartier. Große Vorteile konnten die Partisanen dann aus der Kapitulation Italiens am 3. September 1943 ziehen. Die deutschen Truppen waren nämlich nicht in der Lage, die gesamte ehemalige italienische Besatzungszone militärisch zu besetzen, was den Partisanen, deren Bewaffnung sich zusehends verbesserte, neue Operationsmöglichkeiten gab. Am 29. November 1943 fand in Jajce die 2. AVNOJ-Tagung statt, auf der ein 'Nationalkomitee zur Befreiung Jugoslawiens' (Nacionalni komitet oslobodjenja Jugoslavije) geschaffen wurde, das nunmehr auch erklärt die Rolle einer Provisorischen Regierung übernahm: Der Londoner Exilregierung wurde die Berechtigung abgesprochen, Jugoslawien fortan zu vertreten. Dem König wurde die Rückkehr in das Land verboten, bis die Völker Jugoslawiens nach dem Kriege über die Staatsform abgestimmt hätten. Gleichzeitig wurde Tito in Jajce der Titel eines 'Marschalls von Jugoslawien' verliehen. Dieser innenpolitischen folgte eine Stärkung der außenpolitischen Position Titos. Auf der Konferenz von Teheran (29. November–3. Dezember 1943) beschlossen die Alliierten, ihn verstärkt zu unterstützen.

Noch im Dezember traf eine Delegation der Partisanen in Alexandria ein, um über Waffenhilfe zu verhandeln. Tatsächlich wurden 1944 beträchtliche Mengen an Waffen und Ausrüstung nach Jugoslawien geliefert. Gleichzeitig wurde Tito als selbständiger alliierter Befehlshaber anerkannt, wobei sein Hauptförderer Churchill war, der es am 17. Mai 1944 auch durchsetzte, daß König Peter die Regierung Božidar Purić entließ. Chef der neuen Exilregierung, in der Mihailović nicht mehr als Kriegsminister vertreten war, wurde der Kroate Ivan Šubašić. Für Tito war damit der Weg zu einem Ausgleich mit der Exilregierung frei. Auf der Insel Vis, wohin er nach einem erneuten deutschen Angriff ('Unternehmen Rösselsprung' 25. Mai 1944) sein Hauptquartier verlegt hatte, empfing er am 16. Juni 1944 Šubašić und vereinbarte mit ihm eine grundsätzliche Zusammenarbeit. Die Rundfunkansprache des jugoslawischen Königs am 12. September und mehr noch ein am 15. September ablaufendes Ultimatum, in dem Tito den Soldaten des Ustaša-Staates im Falle ihres Überlaufens Straffreiheit zusicherte, bewirkten ein starkes Anwachsen der Partisanenarmee.

Militärisch war inzwischen durch das Ausscheiden Rumäniens (23. August) und Bulgariens (9. September) aus dem Lager der Achsenmächte und die Besetzung beider Länder durch die Rote Armee eine entscheidende Änderung der Lage eingetreten. Der sowjetische Einmarsch auch in Jugoslawien war damit in greifbare Nähe gerückt.

Die Sowjetunion hatte bereits am 15. Dezember 1943 die Beziehungen zur jugoslawischen Exilregierung abgebrochen und das Nationalkomitee des AVNOJ als alleinige jugoslawische Regierung anerkannt. Ende Februar 1944 erschien dann endlich auch eine sowjetische Militärmission bei den Partisanen. Am 21. September 1944 flog Tito nach Moskau, um mit Stalin die Modalitäten des sowjetischen Einmarsches zu regeln. Man kam überein, daß die Rote Armee bei der Befreiung Jugoslawiens zwar beteiligt sein, daß sie aber sofort nach Beendigung der Kampfhandlungen das Land verlassen sollte. Britischerseits war man über die Moskaureise Titos bestürzt, da sie ohne Absprache mit den Alliierten erfolgte und man Jugoslawien zur britischen 'Operationszone' rechnete. Auf der Moskauer Konferenz (9.–20. Oktober 1944) einigten sich Stalin und Churchill dann auf einen jeweils fünfzigprozentigen 'Einfluß' in Jugoslawien.

Anfang Oktober 1944 begannen die sowjetischen Truppen vom Osten her nach Serbien vorzudringen. Auch Titos Partisanen gelang jetzt der schon mehrfach versuchte Durchbruch nach Serbien, und am 20. Oktober wurde Belgrad nach mehrtägigen Kämpfen von Einheiten der Roten Armee und Partisanen erobert. Der Krieg in Jugoslawien war damit im wesentlichen entschieden, obwohl die Kämpfe in Kroatien und Slowenien noch bis zum Frühjahr 1945 fortdauerten. Das Ende war für die Truppen des Ustaša-Staates und die nationalen serbischen Verbände schrecklich: Mit der sich zurückziehenden deutschen Wehrmacht bis Österreich gelangt, wurden sie von den Engländern an die Partisanen ausgeliefert und von diesen zum großen Teil umgebracht. Einem Teil der Ustaša-Führung mit Ante Pavelić an der Spitze gelang allerdings die Flucht nach Südamerika.

24. JUGOSLAWIENS WEG ZUR VOLKSREPUBLIK

Es war vor allem Churchill gewesen, der darauf gedrängt hatte, daß eine Einigung zwischen der jugoslawischen Exilregierung und den militärisch so erfolgreichen kommunistischen Partisanen zustande kam. Auf seine Initiative hin wurde Mihailović fallengelassen und Purić durch Šubašić ersetzt. Nach der erwähnten ersten Fühlungnahme zwischen Šubašić und Tito im Juni 1944 auf Vis trafen sich beide Anfang November 1944 noch einmal, diesmal im befreiten Belgrad. Es wurde beschlossen, die Entscheidung über die künftige Staatsform Jugoslawiens der Verfassunggebenden Nationalversammlung zu überlassen. Bis dahin sollte eine Koalitionsregierung amtieren. Ministerpräsident dieser Übergangsregierung, die am 8. März 1945 zustande kam, wurde Tito, Außenminister Šubašić. Von den 28 Regierungsmitgliedern kamen 20 aus dem AVNOJ, drei aus der Exilregierung, und fünf waren Vertreter von Vorkriegsparteien, die sich während des Krieges nicht kompromittiert hatten. Im August 1945 wurde gemäß einer Empfehlung der Konferenz von Jalta (11. Februar 1945) der AVNOJ durch Mitglieder des letzten Vorkriegsparlaments und durch eine Reihe von anderen Vorkriegspolitikern erweitert. Die Machtstellung der KPJ wurde durch diese Maßnahmen nicht geschmälert. Die Mitgliederzahl der Partei war während des Krieges sprunghaft angestiegen (auf ca. 140000); die Partei hatte maßgeblichen Einfluß in der Verwaltung und natürlich in dem zu einer regulären Armee gewordenen Partisanenheer (zuletzt 350000 Mann). Die Partei dominierte auch in der 'Volksfront' (Narodni front), die – in Parallele zu den diversen 'Nationalen' oder 'Vaterländischen' Fronten der anderen Ostblockländer – Anfang August 1945 in Belgrad gegründet worden war. Bei den Wahlen zur Verfassunggebenden Nationalversammlung am 11. November 1945 kandidierte dann auch nur die 'Volksfront', mit einer gemeinsamen Liste; sie errang 90 % aller abgegebenen Stimmen. Obwohl bei diesen ersten Wahlen in Nachkriegsjugoslawien nicht immer demokratische Praktiken gehandhabt wurden, kann man den hohen Prozentsatz nicht allein auf kommunistischen Druck zurückführen. Vielmehr gab es keine echte Alternative zur

KPJ, die sich während des Partisanenkampfes ein großes Prestige erworben hatte.

Am 29. November trat die Verfassunggebende Nationalversammlung zu ihrer ersten Sitzung zusammen und proklamierte die Republik. Die 'bürgerlichen' Politiker waren damals bereits aus der Regierung ausgetreten, und zwar aus Protest gegen die Einschränkungen der Bürgerrechte und wegen der Sozialisierungsmaßnahmen, die bereits begannen, bevor die Diskussion über die Verfassung des neuen Jugoslawien überhaupt eröffnet worden war: Die Bergwerke wurden am 16. August, die Banken am 2. November 1945 verstaatlicht. Bei der Industrie erfolgte die Verstaatlichung schrittweise, zunächst getarnt als Strafe für die Zusammenarbeit mit dem Feinde. Jeder, der die Besatzungsmächte beliefert hatte, wurde enteignet. Enteignet wurde ebenfalls, und zwar schon durch ein AVNOJ-Gesetz vom 21. November 1944, alles 'Feindvermögen', also Vermögenswerte, die dem Deutschen Reich, seinen Staatsangehörigen, den Volksdeutschen und den jugoslawischen 'Kriegsverbrechern' gehörten. Auf diese Weise gingen ca. 80 % der jugoslawischen Industrie in Staatsbesitz über. Am 22. August 1945 wurde auch eine Agrarreform eingeleitet. Entschädigungslos enteignet wurde aller Grundbesitz über 45 ha, der Grundbesitz von Banken und Industrieunternehmungen, von Kirchen und Klöstern und von Ustaši, Četniks und Volksdeutschen. Der bäuerliche Grundbesitz sollte künftighin 20–35 ha betragen.

Am 31. Januar 1946 wurde die neue jugoslawische Verfassung verkündet, die dem Bundesstaatsprinzip folgte: „Die Föderative Volksrepublik Jugoslawien [Federativna Narodna Republika Jugoslavija = FNRJ] ist ein föderativer Volksstaat mit republikanischer Staatsform, eine Gemeinschaft gleicher Völker, welche in voller Freiheit der Entscheidung den Willen des gemeinsamen Lebens im Rahmen des Föderativstaates bekundet haben. Die Föderative Volksrepublik Jugoslawien setzt sich aus den Volksrepubliken Serbien, Kroatien, Slowenien, Bosnien-Herzegowina, Makedonien und Montenegro zusammen. Die Volksrepublik Serbien umfaßt auch die Autonome Provinz Vojvodina und die Autonomen Regionen Kosovo und Metohija" (Art. 1 und 2). Jede Volksrepublik erhielt ihre eigene Verfassung, die natürlich mit der Bundesverfassung im Einklang zu stehen hatte, und ihr eigenes Parlament. Unter die Kompetenz des Bundes fielen Verteidigung, Außenpolitik, Verkehrswesen, gesamtstaatliche Wirtschaftsplanung sowie die gesamtstaatliche Gesetzgebung (Seerecht, Handelsrecht usw.). Die jugoslawische Verfassung enthielt auch den bei Demokratien üblichen Katalog der Grundrechte, wie Glaubens- und Gewissensfreiheit (Art. 25), Presse- und Versammlungsfreiheit (Art. 27), Unverletzlichkeit der Wohnung (Art. 29) und Briefgeheimnis (Art. 30). Allerdings unterwarf Art. 43 die Inanspruchnahme dieser Grundrechte gewissen Beschränkungen: Es war nämlich gesetzwidrig und strafbar, von den staatsbürgerlichen Rechten zum Zwecke der Änderung der verfassungsmäßigen Ordnung im „antidemokratischen Sinne" Gebrauch zu machen. Das schloß in der Praxis den Gebrauch der Grundrechte in einer dem Regime feindlichen Richtung aus. Die politische Opposition war damit de facto rechtswidrig geworden, was die nichtkommunistischen Parteien bald zu spüren bekamen. Außerhalb der Volksfront war nach 1945 eine politische Betätigung nicht mehr möglich. Innerhalb der Volksfront versuchte allein die 'Volksbauernpartei' (Narodna Seljačka Stranka) unter Dragoljub Jovanović noch eine selbständige Politik zu führen. Auch sie scheiterte damit: Jovanović mußte im August 1946 wegen Kritik an der Wirtschaftspolitik der Regierung aus der eigenen Partei ausgeschlossen werden. Am 8. Oktober 1947 verurteilte ihn der Oberste Gerichtshof Serbiens wegen Hochverrats zu neun Jahren Zwangsarbeit.

Bezüglich der Volkswirtschaft hob die Verfassung hervor, daß der Staat, gestützt auf den staatlichen (Volkseigentum) und den genossenschaftlichen (Eigentum von genossenschaftlichen Organisationen) Sektor, die Wirtschaftsentwicklung lenkt (Art. 15). Das Recht auf Privateigentum auch an Produktionsmitteln wurde zwar gewährleistet, aber es konnte im allgemeinen Staatsinteresse begrenzt oder aufgehoben werden, allerdings nur auf Grund von Gesetzen (Art. 18). Von dieser Möglichkeit machte der Staat auch bald Gebrauch: Am 5. Dezember 1946 wurden sämtliche Unternehmen verstaatlicht, die von gesamtstaatlicher oder einzelstaatlicher Bedeutung waren – das war de facto der Rest der privaten Industrie.

Mit dieser Entwicklung konnte die Landwirtschaft nicht ganz Schritt halten. Zwar hatte der 1. Fünfjahresplan, der nach sowjetischem Vorbild am 28. April 1947 beschlossen worden war, besondere Vergünstigungen für die Bauern vorgesehen, die sich in Genossenschaften zusammenschlossen. Trotzdem begann die Kollektivierung, zwar früher als in den meisten Ostblockstaaten, aber doch sehr zögernd, um die Bauern, die immerhin dreiviertel der jugoslawischen Gesamtbevölkerung ausmachten, nicht zu verschrekken. 1947 gab es im ganzen Lande erst 779 Kooperativen. Auf dem 5. Parteitag der KPJ im Juli 1948 wurde beschlossen, mit der „sozialistischen Umgestaltung der Landwirtschaft" endgültig zu beginnen. Das Genossenschaftswesen sollte ausgebaut, jedoch auch weiterhin nichts überstürzt werden. Diese Politik zeitigte kurzfristig durchaus Ergebnisse: Ende 1949 gab es bereits mehr als 6500 Genossenschaften, die 324000 Einzelwirtschaften umfaßten; sie bearbeiteten 9 % der landwirtschaftlichen Nutzfläche. Das war allerdings immer noch wenig, denn es gab zur gleichen Zeit 2237000 private Bauernwirtschaften, die 76 % der landwirtschaftlichen Nutzfläche bebauten. Tito, der nach dem damals gerade erfolgten Bruch mit Moskau wohl bewußt Prinzipientreue demonstrieren wollte, betonte deshalb, daß durch die Förderung der Genossenschaften das kapitalistische Element auf dem Lande immer weiter zurückgedrängt werden müßte. 1951 erreichte die Kollektivierungskampagne in Jugoslawien dann ihren Höhepunkt: Am 4. Dezember 1951 wies das ZK der KPJ die Parteiorganisationen in den ländlichen Gebieten an, die Kollektivierung durch eine geschicktere Steuer- und Kreditpolitik zu fördern; der Bauer sollte erkennen, daß sich der Eintritt in die Kooperative für ihn auch finanziell lohne. Ende 1951 wurden 18,6 % der landwirtschaftlich nutzbaren Fläche von Kollektivwirtschaften bebaut; zusammen mit den Staatsgütern bearbeitete der 'sozialistische Sektor' 36 % des Bodens. Er bearbeitete ihn aber nicht effektiv genug, teilweise arbeiteten die Kooperativen sogar mit Verlust. Als negativ wirkte sich vor allem aus, daß trotz aller Beteuerungen der Staatsführung der Beitritt zu den Genossenschaften nicht immer freiwillig erfolgte. Auf dem 6. Parteitag der KPJ im November 1952 kam es darüber zu heftigen Kontroversen, wobei sich letzten Endes die Pragmatiker gegenüber den Ideologen durchsetzten: Am 30. März 1953 wurde es den Bauern freigestellt, aus den Kooperativen auszuscheiden, und den Kooperativen, ihre Selbstauflösung zu beschließen. Bauern, die aus den Kooperativen austraten, erhielten nach Abschluß der Erntearbeiten im Herbst ihr eingebrachtes Land und Inventar zurück. Binnen kurzer Zeit kam es zu einer wahren Flut von Austrittsgesuchen; 1956 waren bereits wieder 91 % der landwirtschaftlichen Nutzfläche in privater Hand.

In der Außenpolitik lehnte sich Jugoslawien zunächst eng an die Sowjetunion an. Das war notwendig, da die neue jugoslawische Führung in dieser Hinsicht versuchte, die nationalen Ambitionen des alten Jugoslawien zu verwirklichen, was sie natürlich sofort in

Gegensatz zu den westlichen Verbündeten brachte. Es ging dabei um die 'Julische Mark' (Venezia Giulia) samt Triest und um Südkärnten. Am brisantesten war zunächst die Frage der Grenzziehung zu Italien. Die jugoslawische Führung hatte bereits Anfang 1945 zu verstehen gegeben, daß sie auf den Besitz der gesamten Venezia Giulia Wert legte und bestenfalls dem italienischen Bevölkerungsanteil Sprachautonomie zu gewähren bereit sei. Tito beeilte sich auch, seine Streitkräfte vor den Alliierten in Triest einmarschieren zu lassen. Das gelang ihm zwar auch, die Alliierten waren nun aber an Triest schon aus strategischen Gründen zu sehr interessiert, um sich von den Jugoslawen überrumpeln zu lassen. Am 9. Juni mußte sich die jugoslawische Führung mit einer temporären alliierten Militärverwaltung in Triest und Venezia Giulia abfinden. Am 21. Juni 1945 wurde im Abkommen von Duino die Demarkationslinie zwischen dem jugoslawischen und dem alliierten Besatzungsgebiet festgelegt: Sie begann an der istrischen Küste nördlich von Koper und verlief dann über Görz und östlich des Isonzo bis zur österreichischen Grenze. Ihren Anspruch auf ganz Venezia Giulia gab die jugoslawische Regierung zwar nicht auf, da aber klar war, daß sie sich damit trotz sowjetischer Unterstützung nicht würde durchsetzen können, begann sie ihre Forderungen auf Triest zu konzentrieren. Mehr als einen Kompromißerfolg konnte sie auch hier nicht erzielen: Durch den Friedensvertrag mit Italien vom 10. Februar 1947 wurden Triest und Umgebung Freistaat, zu dessen Territorium auch Nordwest-Istrien gehören sollte. Das Statut des Freistaates Triest (Anlage VI und VII des italienischen Friedensvertrages) legte die oberste Regierungsgewalt in die Hände eines Gouverneurs, der vom Sicherheitsrat der Vereinten Nationen nach Rücksprache mit den Regierungen von Jugoslawien und Italien ernannt werden sollte. Da sich Italien und Jugoslawien auf keinen gemeinsamen Kandidaten einigen konnten, blieb die bisherige provisorische Teilung des Freistaates bestehen: Zone A (Triest und Umgebung) blieb unter alliierter, Zone B (Nordwest-Istrien) unter jugoslawischer Militärverwaltung. Die Westmächte schlugen am 20. März 1948 vor, den Friedensvertrag mit Italien zu revidieren und die Zone A an Italien zurückzugeben, was von der Sowjetunion und Jugoslawien abgelehnt wurde. Zu einer ernsthaften Krise weitete sich die Triest-Frage 1953 aus, als die Westmächte den Rückzug ihrer Truppen aus der Zone A und deren Übergabe an die Italiener ankündigten. Jugoslawien antwortete mit der Schließung der Grenze zwischen beiden Zonen des Freistaates und Tito drohte am 10. Oktober sogar den

Einmarsch jugoslawischer Truppen für den Fall an, daß auch nur ein italienischer Soldat das Territorium der Zone A beträte. Der Konflikt wurde am 5. Oktober 1954 durch ein in London getroffenes Übereinkommen beigelegt: Die Militärverwaltung in beiden Zonen wurde beendet; Zone A kam unter italienische, Zone B unter jugoslawische Zivilverwaltung. Das war keine De-jure-, aber eine De-facto-Revision des Friedensvertrages von 1947. Endgültig bereinigt wurde die Triestfrage am 1. Oktober 1975, als die Demarkationslinie zwischen den ehemaligen Zonen A und B durch ein jugoslawisch-italienisches Abkommen als Staatsgrenze definiert wurde.

Der Kampf um Venezia Giulia war zwar langwierig, für die Jugoslawen letzten Endes aber erfolgreich gewesen, auch wenn sie das begehrte Triest nicht erhielten. Keinerlei Erfolg hingegen erbrachten die jugoslawischen Bemühungen, Südkärnten, wo ebenfalls eine slowenische Minderheit lebte, zu gewinnen. Noch im April 1945 waren innerhalb von Titos Partisanenarmee zwei Bataillone österreichischer Slowenen gebildet worden, und einen Monat später standen jugoslawische Einheiten tatsächlich in Kärnten; sie mußten sich auf alliierten Druck hin aber bereits Ende Mai wieder zurückziehen. Seit 1947, als die Verhandlungen über den Staatsvertrag mit Österreich begannen, forderte die jugoslawische Regierung den Anschluß 'Slowenisch-Kärntens' an Jugoslawien, ohne damit bei den Westmächten durchdringen zu können. Am 19. Januar 1951 erklärte Jugoslawien den (völkerrechtlich gar nicht existenten) Kriegszustand mit Österreich für beendet, und am 30. Januar 1951 wurden wieder diplomatische Beziehungen zwischen beiden Ländern aufgenommen.

Drittes Objekt der außenpolitischen Ambitionen von Nachkriegsjugoslawien war Albanien. Die neue Führung folgte damit politischen Bahnen, die bereits die serbische und die ersten jugoslawischen Regierungen vorgezeichnet hatten. Gegenüber Albanien verfolgte Jugoslawien eine kaum verhüllte Annexionspolitik, die dadurch erleichtert wurde, daß die KP Albaniens von der KPJ organisiert worden war und von dieser auch weitgehend kontrolliert wurde. Seit dem 9. Juli 1946 bestand zwischen Jugoslawien und Albanien ein Freundschafts- und Beistandspakt, seit dem 27. November 1946 waren die Wirtschaftspläne beider Länder koordiniert und bestand eine Zollunion. Der albanische Staatshaushalt wurde zu einem großen Teil durch jugoslawische Kredite gedeckt. Es war offensichtlich, daß Albanien Bestandteil der Volksrepublik Jugoslawien werden sollte, wogegen Stalin den Gesprächen mit Djilas* zufolge auch nichts einzuwenden hatte. Für Albanien war der Bruch zwischen Belgrad und Moskau also die willkommene Gelegenheit, aus der gefährlichen jugoslawischen Umklammerung zu entkommen.

Während die skizzierten Expansionsversuche alle im Rahmen der altjugoslawischen Politik lagen, trug die jugoslawische Politik gegenüber Griechenland eindeutig kommunistisch-internationalistische Züge. Jugoslawien unterstützte während des Bürgerkrieges, zusammen mit Bulgarien und Albanien, die kommunistischen Aufständischen in Nordgriechenland mit Waffen und Ausrüstung; in Jugoslawien befand sich sogar ein Ausbildungslager der griechischen Partisanen. Anfang 1948 stand Jugoslawien kurz davor, die Regierung der Aufständischen unter General Markos diplomatisch anzuerkennen. Die Warnungen der USA und der sich bereits abzeichnende Bruch mit Moskau hielt die Jugoslawen jedoch von diesem Schritt ab; im Juli 1949 wurde die Hilfe für die Aufständischen in Griechenland eingestellt.

Die Volksrepublik Jugoslawien betrieb also von Anfang an eine aggressive Außenpolitik, die Ausdruck des Selbstbewußtseins war, das die jugoslawische Führung dank der eigenständigen Machtergreifung und der raschen politischen und wirtschaftlichen Umgestaltung unter der unangefochtenen Führung der Kommunistischen Partei glaubte zur Schau stellen zu können. Während die genannten außenpolitischen Aktivitäten – da gegen den Westen gerichtet – von der Sowjetunion unterstützt bzw., wie im Falle Albaniens, geduldet wurden, mußten weitergehende jugoslawische Pläne, die auf Bildung einer Balkanföderation hinzielten, auf den Argwohn des ohnehin mißtrauischen Stalin stoßen. So waren es auch außenpolitische Differenzen, die zum Bruch zwischen Belgrad und Moskau führten.

* Milovan Djilas, Gespräche mit Stalin, Frankfurt a. M. 1962, S. 171f., 183.

25. DER BRUCH MIT MOSKAU

Die Grundlagen für den späteren Konflikt mit der Sowjetunion wurden bereits während des Zweiten Weltkrieges gelegt. Die jugoslawischen Kommunisten waren die einzigen im gesamten sowjetischen Machtbereich, die ohne direkte Beteiligung der Sowjetunion an die Regierung gekommen waren. Sie waren deshalb auch nicht bereit, sich der KPdSU bedingungslos unterzuordnen, wie das die kommunistischen Parteien der anderen Ostblockstaaten tun mußten, denen die Massenbasis fehlte und in deren Ländern sowjetische Truppen stationiert waren. Die KPJ war sich ihres Erfolges auch durchaus bewußt und beanspruchte ihrerseits sogar einen Führungsanspruch gegenüber den weniger erfolgreichen Schwesterparteien in den übrigen Balkanländern. Daß sie diesen Anspruch gegenüber der kleinen albanischen KP praktizierte, mag Stalin wenig gestört haben, bei der bulgarischen KP aber, zu der jugoslawischerseits ebenfalls enge Kontakte bestanden, war das jedoch anders. Schon das Zarenreich hatte dieses Land als seinen ureigensten Interessenbereich betrachtet, und Stalin stand in dieser Hinsicht ganz in der historischen Tradition.

Bereits im November 1944 war die Frage einer Föderation zwischen Jugoslawien und Bulgarien erörtert worden. Nach jugoslawischen Vorstellungen sollte ein südslawischer Bundesstaat entstehen, mit gemeinsamer Volksvertretung und gemeinsamer Regierung. Derartige Pläne, die an die Zeiten Alexander Stambolijskijs erinnerten, gingen der kommunistischen Führung Bulgariens wohl doch etwas zu weit, aber immerhin wurden die Gespräche über eine engere Zusammenarbeit weitergeführt, was durch das persönliche Freundschaftsverhältnis zwischen Tito und dem bulgarischen Ministerpräsidenten Georgi Dimitrov erleichtert wurde. Ein wie auch immer gearteter Zusammenschluß beider Länder schien auch schon deshalb diskutabel, um die Makedonische Frage, die in der Vergangenheit das Verhältnis zwischen beiden Ländern belastet hatte, aus der Welt zu schaffen. Einen ersten Höhepunkt erreichte die jugoslawisch-bulgarische Annäherung am 1. August 1947, als ein Freundschafts- und Beistandspakt zwischen beiden Ländern abgeschlossen und vereinbart wurde, eine Zollunion vorzubereiten und die Wirtschaftspläne anzugleichen. Der Visumzwang sollte abgeschafft und die kulturelle Zusammenarbeit verstärkt werden. Gleichzeitig verzichtete Jugoslawien auf die von Bulgarien als ehemaligem Kriegsgegner zu zahlenden Reparationen. Am 27. November 1947, anläßlich seines Besuches in Sofia, erklärte Tito optimistisch: „Wir werden eine so allgemeine und enge Zusammenarbeit herbeiführen, daß die Frage einer Föderation nur noch eine Formalität sein wird." *

Für Stalin ging das zu weit. Eine neue Balkangroßmacht mit dem selbstbewußten Jugoslawien an der Spitze hätte Südosteuropa dem sowjetischen Einfluß entziehen und damit einen der Gewinne aus dem Zweiten Weltkrieg zunichte machen können. Zusammenschlüsse der Satellitenstaaten war Stalin nur bereit zu tolerieren, wenn sie von der Sowjetunion angeregt worden waren und von ihr kontrolliert werden konnten. Im Februar 1948 wurden Delegationen aus Jugoslawien und Bulgarien nach Moskau befohlen und von Stalin wegen ihrer Föderationspolitik getadelt. Dimitrov beugte sich dem sowjetischen Verdikt, Tito nicht, er forderte vielmehr die Gleichberechtigung der KPJ mit der KPdSU, einen Anspruch, den die Moskauer Führung nicht hinnehmen wollte und konnte. Als erste Gegenmaßnahme der Sowjetregierung wurden am 18. März 1948 die sowjetischen Militärberater, und am 19. März die zivilen Fachleute aus Jugoslawien abgezogen, vorgeblich wegen unfreundlicher Behandlung und Bespitzelung durch den jugoslawischen Geheimdienst. Es folgte ein reger Briefwechsel zwischen den Zentralkomitees der KPdSU und der KPJ, in dem die sowjetische Parteiführung den Jugoslawen Überheblichkeit und mangelnde Selbstkritik vorwarf. Sie hätte sich auf militärischem Gebiet ungerechtfertigte Verdienste zugeschrieben und die Rote Armee verleumdet. Man warf Tito auch ideologische Abweichungen vor: Nicht die Kommunistische Partei, sondern die Volksfront (Narodni front) würde als führende Kraft betrachtet, die Bauern und nicht das Industrieproletariat als Stütze des Staates bezeichnet, in den Städten und auf dem Lande würden die kapitalistischen Elemente erstarken usw. Die jugoslawische Führung wies alle Vorwürfe entschieden zurück, betonte allerdings aber auch, daß der Sozialismus in Jugoslawien in etwas anderer Form als in der Sowjetunion verwirklicht würde, was den besonderen Bedingungen des

* Zitiert nach Werner Markert (Hrsg.), Osteuropa-Handbuch: Jugoslawien, Köln–Graz 1954, S. 162.

Landes entspräche. Die Jugoslawen weigerten sich auch, an der im Juni 1948 in Bukarest stattfindenden Kominform-Konferenz teilzunehmen, deren einziger Tagesordnungspunkt die jugoslawischen 'Abweichungen' waren. Tito stellte mit einiger Berechtigung fest, daß in Bukarest nicht auf der Basis der Gleichberechtigung diskutiert, sondern ein Verdikt ausgesprochen werden sollte.* So kam es am 28. Juni 1948 zu jener historischen Kominform-Resolution, durch die die KPJ wegen antisowjetischer Haltung, Nationalismus und Abweichung von den Prinzipien des Marxismus-Leninismus aus dem 'Kommunistischen Informationsbüro' (Kominform), der Nachfolgerin der 'Kommunistischen Internationale' (Komintern), und damit aus der Dachorganisation der von Moskau geführten kommunistischen Weltbewegung ausgeschlossen wurde.

Der politischen Isolierung folgte eine Wirtschaftsblockade durch die Kominform-Staaten: Ungarn stellte im August 1948 die Reparationszahlungen ein, Albanien, Rumänien und Ungarn kündigten ihre Handelsverträge mit Jugoslawien, und Anfang Juli 1949 stellte auch Polen seine Warenlieferungen ein. Einen Höhepunkt erreichte die antijugoslawische Kampagne während der Schauprozesse gegen den ehemaligen ungarischen Außenminister Lászlo Rajk und gegen den ehemaligen stellvertretenden bulgarischen Ministerpräsidenten Trajčo Kostov im September bzw. Dezember 1949. Beiden wurde vorgeworfen, mit Hilfe Titos und des amerikanischen Geheimdienstes einen Umsturz in ihren Ländern geplant zu haben, und beide wurden zum Tode verurteilt und hingerichtet.

Nachdem man solchermaßen die antisowjetische Verschwörer-Tätigkeit der 'Tito-Clique' nachgewiesen hatte, kündigte ein Ostblockstaat nach dem anderen die Freundschafts- und Beistandspakte mit Jugoslawien. Parallel dazu kam es zu einer faktischen Suspendierung der diplomatischen Beziehungen zwischen Jugoslawien und der UdSSR und den von ihr abhängigen Staaten. Das titoistische Jugoslawien wurde, noch vor den 'westlichen Imperialisten', zum Hauptgegner des Ostblocks. Eine allmähliche Normalisierung der Beziehungen trat erst nach dem Tode Stalins 1953 ein.

Nach dem Ausbruch des Kominform-Konflikts blieb Jugoslawien schon aus wirtschaftlichen Gründen keine andere Wahl, als das bisher gespannte Verhältnis zu den Westmächten und besonders zu den USA zu revidieren. Die USA gaben bereits wenige Tage

* Tito contra Stalin. Der Streit der Diktatoren in ihrem Briefwechsel, Hamburg 1949, S. 69.

nach der Kominform-Resolution die blockierten jugoslawischen Goldreserven und Privatguthaben frei, und im August 1949 erlaubte die amerikanische Regierung einer Pittsburgher Firma, in Jugoslawien ein Stahlwerk im Werte von 3 Millionen Dollar zu errichten. 1950 setzte eine intensive Nahrungsmittelhilfe von seiten der USA ein, der sich später auch Großbritannien und Frankreich anschlossen. Jugoslawien konnte so trotz des Wirtschaftsboykotts der Ostblockstaaten der dringendsten wirtschaftlichen Probleme Herr werden.

Da auch eine militärische Intervention von seiten der Sowjetunion nicht auszuschließen war (bereits im Oktober 1949 wurden Truppenkonzentrationen in den kommunistischen Nachbarstaaten gemeldet), mußte Jugoslawien sich auch wegen Waffenhilfe an den Westen wenden. Die USA – ihr neuer Botschafter George V. Allen hatte am 29. Dezember 1949 erklärt, daß sich seine Regierung einem Angriff auf Jugoslawien widersetzen würde – schloß im November 1951 mit Jugoslawien einen Vertrag, der amerikanische Rüstungslieferungen im Austausch gegen Rohstoffe vorsah. Am 28. Februar 1953 schließlich kam es zum Abschluß eines 'Vertrages über Freundschaft und Zusammenarbeit' (sog. Balkanpakt) zwischen Jugoslawien und den beiden NATO-Mitgliedern Griechenland und Türkei, der 1954 durch einen 20jährigen Beistandspakt ergänzt wurde. All das bedeutet jedoch keineswegs, daß Jugoslawien aufhörte, ein sozialistischer Staat zu sein oder gar in das 'kapitalistische Lager' überging, wie das die Sowjetunion vielleicht gern gesehen hätte, um mit ihren Anschuldigungen recht zu behalten. Moša Pijade, Vizepräsident des jugoslawischen Parlaments und enger Vertrauter des jugoslawischen Staatschefs, brachte das am 31. Oktober 1949 in einem Interview mit dem Belgrader Korrespondenten der italienischen Nachrichtenagentur ANSA zum Ausdruck: Tito wolle die besten Beziehungen zum Westen, aber auf der Basis der Gleichberechtigung und einer Garantie der Unabhängigkeit des Landes. Jugoslawien wolle nicht, nachdem es sich von der einen Mächtegruppe gelöst hatte, der anderen zum Opfer fallen.*

Jugoslawien versuchte in der Folgezeit einen eigenen, 'dritten' Weg zu gehen. In der Innenpolitik war dieser gekennzeichnet durch Dezentralisierungsbemühungen und das Prinzip der 'Arbeiterselbstverwaltung' (Gesetz vom 26. Juni 1950), in der Außenpolitik durch das Konzept der Blockfreiheit, die den Ländern der Dritten

* Zitiert nach Keesing's Archiv der Gegenwart 18/19 (1948/49) 2116 F.

Welt ein Eigengewicht verleihen und eine Stärkung der bestehenden beiden Machtblöcke verhindern sollte. Tito blieb bis zu seinem Tode (4. Mai 1980) die Integrationsfigur dieses um einen eigenständigen Sozialismus bemühten Staates, dessen Experimente, selbst wenn sie sich nicht immer als funktionsfähig erwiesen, im Ausland starke Beachtung fanden.

Nach Titos Tod wird in Jugoslawien das Prinzip der kollektiven Führung praktiziert, das dieser selbst auf dem VIII. Kongreß der jugoslawischen Gewerkschaften 1978 empfohlen hatte. Im Staatspräsidium der Sozialistischen Föderativen Republik Jugoslawien ist jeweils ein Vertreter der einzelnen Republiken und der beiden Autonomen Provinzen (Kosovo und Vojvodina) vertreten. Der Präsidiumsvorsitz (Staatspräsident) wechselt jährlich (Rotationsprinzip).

Titos Nachfolger haben ein schweres Erbe übernommen. Konfliktstoffe (Staatsverschuldung, Wirtschaftsmisere, Nationalitätenfrage) gab es bereits zu Titos Zeiten genug. Er konnte aber dank seiner persönlichen Autorität eine offene Auseinandersetzung darüber verhindern. Die neue Führung tut sich darin nicht so leicht. Das zeigte sich deutlich am Kosovo-Problem: die im April 1981 ausgebrochenen Unruhen unter den Albanern in Kosovo, die ihre eigene Republik forderten, konnten nur mit Hilfe der Armee unterdrückt werden. Das Albaner-Problem in Jugoslawien ist ungelöst und wird wahrscheinlich auch in naher Zukunft nicht zu lösen sein, da auf beiden (der albanischen und der serbischen) Seiten die nationalen Emotionen hochgespielt sind. Für die Serben ist Kosovo ein Mythos, für die Albaner aber der Lebensraum, den sie in überwältigender Mehrheit bevölkern, und in dem sie neben der schon zugestandenen kulturellen Autonomie auch die volle politische Selbstverantwortung fordern.

ZEITTAFEL

80er Jahre 6. Jh.	Beginn der slawischen Siedlung in Südosteuropa
zwischen 612–14	Zerstörung von Salona
626	Belagerung Konstantinopels durch Awaren, Slawen und Perser; nach deren Mißerfolg beginnen sich die slawischen Stämme von der awarischen Oberhoheit zu lösen
nach 626	Ansiedlung von Serben und Kroaten in Südosteuropa
788	Istrien unter fränkischer Herrschaft
795/96	Unterwerfung der Awaren durch Karl d. Gr.
um 800	Višeslav Fürst von Küsten-Kroatien
810–23	Ljudevit Fürst von Pannonisch-Kroatien
818–23	antifränkischer Aufstand in Pannonisch-Kroatien
845–64	Trpimir Fürst von Kroatien
Mitte 9. Jh.	Vlastimir Herrscher in Raszien
ca. 860–90	Mutimir Herrscher in Raszien, Beginn der Christianisierung
864–76	Domagoj Fürst von Kroatien
864	Gründung des kroatischen Bistums Nin
878–79	Zdeslav Fürst von Kroatien, Kroatien unter oströmischer Oberhoheit
879–92	Branimir Fürst von Kroatien
887	erfolgloser venezianischer Angriff auf Narentaner
895	magyarische Landnahme
910–28	Tomislav Fürst von Kroatien, seit ca. 925 'Rex Chroatorum'
927–50	Časlav Herrscher in Raszien, Befreiung von der bulgarischen Oberhoheit
1000	Pietro Orseolo II., Doge von Venedig, erobert Teile Dalmatiens und nennt sich 'Dux Dalmatiae'
ca. 1035	Stefan Vojislav Fürst der Zeta, befreit sich von oströmischer Oberhoheit

1058–74	Peter Krešimir IV. König von Kroatien, erneuert kroatische Machtstellung
1075–87/88	Demetrius Zvonimir König von Kroatien
1077	Michael, Sohn Stefan Vojislavs, erhält vom Papst die Königskrone für die Zeta
1082–1100	Konstantin Bodin, vereinigt die Zeta mit Raszien und Bosnien
1089	Bar wird Metropolie
1093–97	Peter Svačić letzter 'nationaler' König von Kroatien
1102	der Ungarnkönig Koloman wird in Biograd zum kroatischen König gekrönt; Pacta conventa
1170–96	Stefan Nemanja Großžupan von Raszien, Vereinigung der Zeta mit Raszien, † 1200 als Mönch Simeon in Hilandar
ca. 1180–1204	Ban Kulin als Herrscher von Bosnien, Eindringen des Bogumilismus
1202–04	Vierter Kreuzzug
1205	Ragusa venezianisch
1217	Stefan, Sohn Nemanjas, durch päpstlichen Legaten zum serbischen König gekrönt ('Prvovenčani' – der Erstgekrönte)
1219	sein Bruder Sava wird vom Patriarchen von Nikaia zum Erzbischof der serbisch-orthodoxen Kirche ernannt
1227	† Stefan Prvovenčani
1235	† Sava in Tŭrnovo
1243–76	Stefan Uroš I. König von Serbien; versucht Makedonien zu gewinnen, Anfang des serbischen Bergbaus
1276–82	Stefan Dragutin König von Serbien
1282–1321	Stefan Uroš II. (Milutin) König von Serbien; Eroberung Makedoniens
1295–1302	Pavao Šubić Ban von Bosnien
1322–31	Stefan Uroš III. Dečanski König von Serbien
1322–53	Stefan II. Kotromanić Ban von Bosnien, Angliederung von Hum (Herzegowina)
1330	Schlacht bei Velbužd, Beginn der serbischen Vorherrschaft auf dem Balkan
1331	Stefan Dušan König, ab 1346 Kaiser von Serbien, † 1355

1349	'Zakonik' Stefan Dušans (1354 ergänzt)
1353	Tvrtko I. Ban, ab 1377 König von Bosnien; Versuch eines neuen südslawischen Großreiches; † 1391
1354	Beginn der osmanischen Eroberung der Balkanhalbinsel
1358	Frieden von Zadar zwischen Venedig und Ungarn; Venedig muß auf Dalmatien verzichten
1371	serbische Niederlage bei Černomen an der Marica, Makedonien osmanisch
1389	Schlacht auf dem Kosovo polje; Serbien wird den Osmanen tributpflichtig
1396	Schlacht bei Nikopolis
1402	osmanische Niederlage bei Ankara
1409	Venedig kauft Ladislaus von Neapel Zadar und Rechtstitel auf Dalmatien ab
1421	Dalmatien in venezianischem Besitz
1459	die Osmanen erobern Smederevo, Sitz des serbischen Despotats; Ende der staatlichen Existenz Serbiens
1463	Bosnien osmanisch
1508–86	Primož Trubar, slowenischer protestantischer Geistlicher und Schriftsteller
1521	die Osmanen erobern Belgrad
1526	ungarische Niederlage gegen die Osmanen bei Mohács; Zweiteilung Ungarns und damit Kroatiens
1538	Beginn des Aufbaus der 'Militärgrenze' zur Türkenabwehr
1571	christlicher Seesieg bei Lepanto über die Osmanen
1584	in Wittenberg erscheint die erste slowenische Bibelübersetzung von Jurij Dalmatin
1683–99	'Großer' Türkenkrieg
1689–90	Aufstand der Serben und serbischer Exodus nach Südungarn
1697–1735	Danilo Petrović Njegoš Fürstbischof von Montenegro; 1715 Aufnahme erster Kontakte mit Rußland
1699	Frieden von Karlowitz; die Osmanen verlieren Ungarn und damit fast ganz Kroatien und Slawonien

1702	Einrichtung der slawonischen Militärgrenze
1726–1801	Jovan Rajić, serbischer Historiker
1739–1811	Dositej Obradović, serbischer Aufklärer
1764	Einrichtung der Banater und Siebenbürgischen Militärgrenze
1767–74	Herrschaft von Šćepan Mali in Montenegro
1784–1830	Peter I. Petrović Njegoš Fürstbischof von Montenegro
1787–1864	Vuk Stefanović Karadžić, serbischer Sprachreformer
1804	erster serbischer Aufstand unter Karadjordje
1815	zweiter serbischer Aufstand unter Miloš Obrenović
1817	† Karadjordje
1830	Miloš Obrenović erblicher Fürst von Serbien
1830–51	Peter II. Petrović Njegoš, Fürstbischof von Montenegro
1830–49	'Illyrische' Bewegung
1839	Abdankung von Miloš Obrenović
1842	Regierungsantritt von Alexander Karadjordjević in Serbien
1844	Abfassung der Programmschrift 'Načertanije' von Ilija Garašanin
1852–60	Danilo Petrović Njegoš, erster weltlicher Fürst von Montenegro
1867	Abzug der letzten türkischen Besatzungen aus Serbien; österreichisch-ungarischer Ausgleich
1868	ungarisch-kroatischer Ausgleich
1878	Berliner Kongreß; völkerrechtliche Unabhängigkeit Serbiens und Montenegros
1882	Serbien wird Königreich
1910	Montenegro wird Königreich
1912–13	Balkankriege
28. 6. 1914	Attentat in Sarajevo
28. 7. 1918	Kriegserklärung Österreich-Ungarns an Serbien
26. 4. 1915	Londoner Vertrag
30. 5. 1915	Bildung des 'Südslawischen Ausschusses' in London
20. 7. 1917	Deklaration von Korfu
9.–11. 4. 1918	Kongreß der 'unterdrückten Nationen Österreich-Ungarns' in Rom

6. 10. 1918	Bildung des 'Südslawischen Nationalrats' in Zagreb
16. 10. 1918	Völkermanifest Kaiser Karls
29. 10. 1918	Südslawischer Nationalrat beschließt Loslösung vom österreichisch-ungarischen Staatsverband
3. 11. 1918	Österreich-Ungarn schließt Waffenstillstand mit der Entente
19. 11. 1918	Anschluß Montenegros an Serbien
24. 11. 1918	Zagreber Nationalrat beschließt Vereinigung mit Serbien
1. 12. 1918	Proklamation des SHS-Staates
24. 12. 1918	Zusammentritt der Provisorischen Nationalversammlung in Belgrad
17. 2. 1919	Anerkennung des SHS-Staates durch die USA
12. 9. 1919	Okkupation Fiumes durch D'Annunzios Handstreich
8. 9. 1920	D'Annunzio proklamiert die 'Reggenza italiana del Carnaro'
10. 10. 1920	Volksabstimmung in Kärnten
12. 11. 1920	Vertrag von Rapallo
24. 11. 1920	Rücktritt von Außenminister Trumbić
28. 11. 1920	Wahlen zur Konstituierenden Nationalversammlung
12. 12. 1920	Nikola Pašić Ministerpräsiden des SHS-Staates
April/Oktober 1921	Restaurationsversuche Kaiser Karls in Ungarn
23. 4. 1921	rumänisch-tschechoslowakisches Verteidigungsbündnis, dem sich am 7. 6. 1921 der SHS-Staat anschließt – 'Kleine Entente'
28. 6. 1921	Vidovdan-Verfassung
3. 8. 1921	'Obznana' – Verbot der Kommunistischen Partei
3. 8. 1921	Militärkonvention SHS-Staat – Tschechoslowakei
3. 3. 1922	faschistische Machtergreifung in Fiume
13. 4. 1923	'Markov protokol' – innenpolitisches Stillhalteabkommen zwischen Radić und Pašić
27. 1. 1924	Adriapakt
1. 7. 1924	Beitritt der Kroatischen Bauernpartei zu Krest'intern
14. 7. 1924	Belgrader Konventionen
27. 3. 1925	Erklärung Radićs zur Einheit des Staates
18. 7. 1925	Regierung Pašić-Radić

20. 7. 1925	Nettuno-Konventionen
17. 8. 1926	Athener Konventionen
27. 11. 1926	1. Tiranapakt
11. 11. 1927	Bündnisvertrag SHS-Staat – Frankreich
22. 11. 1927	2. Tiranapakt
20. 6. 1928	Attentat auf Abgeordnete der Kroatischen Bauernpartei im Parlament
27. 7. bis 30. 12. 1928	Regierung Korošec
8. 8. 1928	† Stjepan Radić
6. 1. 1929	Königsdiktatur
3. 10. 1929	Neueinteilung des Staates, der nunmehr 'Jugoslawien' heißt
3. 9. 1931	autoritäre Verfassung
8. 11. 1931	Neuwahlen zum Parlament
4. 4. 1932	Rücktritt der Regierung Živković
7. 11. 1932	Zagreber Punktationen
31. 12. 1932	Laibacher Punktationen
26. 10. 1933	jugoslawisch-türkischer Freundschaftsvertrag
9. 2. 1934	Balkanpakt, abgeschlossen zwischen Jugoslawien, Rumänien, Griechenland, Türkei
9. 10. 1934	Ermordung König Alexander Karadjordjevićs in Marseille
23. 6. 1935	Regierung Stojadinović
25. 7. 1935	Unterzeichnung des Konkordats mit dem Hl. Stuhl
19. 8. 1935	Gründung der 'Jugoslawischen Radikalen Union'
25. 3. 1937	'Grenzanerkennungs- und Konsultationsvertrag' mit Italien
7. 6. 1937	deutscher Außenminister Freiherr v. Neurath in Belgrad
15.–22. 1. 1938	Stojadinović in Berlin
23. 8. 1938	letzte Tagung der Kleinen Entente in Bled
4. 2. 1939	Rücktritt von Ministerpräsident Stojadinović
1. 6. 1939	Prinzregent Paul in Berlin
24. 8. 1938	'Sporazum' Cvetković-Maček
11. 5. 1940	Handelsvertrag mit UdSSR
25. 6. 1940	Aufnahme diplomatischer Beziehungen zur UdSSR
12. 12. 1940	Freundschaftsvertrag mit Ungarn
25. 3. 1941	Beitritt zum Dreimächtepakt
26./27. 3. 1941	Militärputsch Simović

5. 4. 1941	Freundschafts- und Nichtangriffsvertrag mit UdSSR
6. 4. 1941	deutscher Überfall auf Jugoslawien
17. 4. 1941	bedingungslose Kapitulation Jugoslawiens
4. 7. 1941	Beginn der kommunistischen Partisanenbewegung
8. 7. 1941	Vertrag über die Aufteilung Jugoslawiens
29. 8. 1941	General Milan Nedić bildet serbische Zivilregierung im deutschen Besatzungsgebiet
24. 9. 1941	Užice (Titovo Užice) von kommunistischen Partisanen besetzt
11. 1. 1942	Četnikführer Draža Mihailović Kriegsminister der jugoslawischen Exilregierung in London und Kommandant der 'Jugoslawischen Armee in der Heimat'
20. 1. 1942	Foča von kommunistischen Partisanen erobert
26. 11. 1942	Bildung des 'Antifaschistischen Volksbefreiungsrates Jugoslawiens' in Bihać (AVNOJ)
3. 9. 1943	Waffenstillstand Italiens mit den Alliierten
29. 11. 1943	2. AVNOJ-Tagung in Jajce
29. 11. bis 3. 12. 1943	Konferenz von Teheran; Tito als selbständiger alliierter Befehlshaber anerkannt
17. 5. 1944	neue jugoslawische Exilregierung unter Ivan Šubašić
20. 10. 1944	Belgrad von der Roten Armee und jugoslawischen Partisanen erobert
8. 3. 1945	Bildung einer Übergangsregierung unter Tito und Šubašić in Belgrad
11. 11. 1945	Wahlen zur Verfassunggebenden Nationalversammlung
29. 11. 1945	Proklamation der Republik
31. 1. 1946	Verkündung der neuen Verfassung; Jugoslawien Föderative Volksrepublik
10. 2. 1947	Friedensvertrag mit Italien
28. 4. 1947	1. Fünfjahresplan
1. 8. 1947	Freundschafts- und Beistandspakt mit Bulgarien
18./19. 3. 1948	Abberufung der sowjetischen Militärberater und Fachleute
28. 6. 1948	Ausschluß Jugoslawiens aus dem Kominform
Juli 1949	Einstellung der Hilfe für die kommunistischen Partisanen in Griechenland

12. 11. 1949	Jugoslawien kündigt Freundschafts- und Beistandspakt mit Albanien
26. 6. 1950	Einführung der Arbeiterselbstverwaltung
28. 11. 1950	Wiederaufnahme diplomatischer Beziehungen zu Griechenland
30. 1. 1951	Aufnahme diplomatischer Beziehungen zu Österreich
8. 12. 1951	Aufnahme diplomatischer Beziehungen zur Bundesrepublik Deutschland
2.–7. 11. 1952	VI. Parteikongreß der KPJ in Zagreb; KPJ in 'Bund der Kommunisten Jugoslawiens' umbenannt
17. 12. 1952	Abbruch der diplomatischen Beziehungen zum Vatikan wegen Ernennung Erzbischof Stepinac' zum Kardinal
28. 2. 1953	Vertrag über Freundschaft und Zusammenarbeit mit Griechenland und der Türkei (Balkanpakt)
17. 1. 1954	Milovan Djilas, Vizepräsident des jugoslawischen Parlaments, aus sämtlichen Partei- und Staatsämtern ausgeschlossen
9. 8. 1954	Beistandspakt mit Griechenland und der Türkei
5. 10. 1954	Londoner Übereinkommen über Triest: Militärverwaltung beendet, Zone A unter italienischer, Zone B unter jugoslawischer Zivilverwaltung
2. 6. 1955	Belgrader Deklaration: Sowjetische Partei- und Regierungsdelegation unter Chruščëv und Bulganin erkennt Recht auf verschiedene Wege zum Sozialismus an
18.–19. 7. 1956	Treffen Tito, Nasser und Nehru in Brioni: Politik der friedlichen Koexistenz
November 1956	Jugoslawien kritisiert sowjetische Intervention in Ungarn
15. 10. 1957	Jugoslawien nimmt diplomatische Beziehungen zur DDR auf
19. 10. 1957	Bundesrepublik Deutschland bricht diplomatische Beziehungen zu Jugoslawien ab
1.–6. 9. 1961	1. Gipfelkonferenz der Blockfreien in Belgrad
26. 6. 1963	Erdbeben in Skopje
3. 2. 1968	Wiederaufnahme diplomatischer Beziehungen zwischen Jugoslawien und der Bundesrepublik Deutschland

August 1968	Jugoslawien verurteilt sowjetische Intervention in der Tschechoslowakei
8. 8. 1970	Wiederaufnahme diplomatischer Beziehungen zum Vatikan
24.–27. 6. 1974	Staatsbesuch Titos in der Bundesrepublik Deutschland
4. 5. 1980	† Tito

AUSWAHLBIBLIOGRAPHIE

Bibliographien, Handbücher und Nachschlagewerke

Südosteuropa-Bibliographie. Hrsg. Südost-Institut München. 1–5, München 1956ff. (erfaßt Monographien und Zeitschriftenaufsätze zu Geschichte, Landeskunde, Sprache und Literatur der Völker Jugoslawiens, die nach 1945 in und außerhalb Jugoslawiens erschienen sind; bisher sind die Titel bis 1970 erfaßt; wird fortgesetzt).

Historische Bücherkunde Südosteuropa. Hrsg. Mathias Bernath. Leitung und Redaktion Gertrud Krallert. Band I. 1,2: Mittelalter, München 1978, 1980 (annotierte Auswahlbibliographie mit Beiträgen über die historischen Teilgebiete Serbien, Slowenien, Kroatien, Ragusa, Bosnien; wird fortgesetzt).

Enciklopedija Jugoslavije. 1–8, Zagreb 1955–1971 (reine Landesenzyklopädie; veränderte und erweiterte Neuauflage erscheint seit 1980; erschienen sind bisher zwei Bände).

Biographisches Lexikon zur Geschichte Südosteuropas. Hrsg. Mathias Bernath und Felix von Schroeder (in Band 4: und Karl Nehring). Redaktion Gerda Bartl. 1–4, München 1974–1981 (behandelt werden für die jugoslawische Geschichte bedeutsame Persönlichkeiten, deren Wirken vor 1945 liegt).

Osteuropa-Handbuch: Jugoslawien. Hrsg. Werner Markert, Köln–Graz 1954.

Jugoslawien. Hrsg. Klaus-Detlev Grothusen, Göttingen 1975 (= Südosteuropa-Handbuch).

Dix années d'historiographie yougoslave 1945–1955, Beograd 1955.

Historiographie yougoslave 1955–1965, Beograd 1965.

The Historiography of Yugoslavia 1965–1975, Beograd 1975 (Forschungsberichte, hrsg. von der Jugoslawischen Historikervereinigung; behandelt wird die Geschichte der jugoslawischen Völker von der Vorgeschichte bis zur Gegenwart).

Gesamtdarstellungen

Gilbert in der Maur, Die Jugoslawen einst und jetzt. 1–3, Leipzig–Wien 1936–38.

Historija naroda Jugoslavije (Geschichte der Völker Jugoslawiens). 1–2, Zagreb 1953–1959 (behandelt wird die Zeit bis zum 18. Jahrhundert).

Ferdo Čulinović, Državnopravna historija jugoslavenskih zemalja (Staatsrechtsgeschichte der jugoslawischen Länder), Zagreb 1961.
Fuad Slipičević, Istorija naroda Socijalističke Federativne Republike Jugoslavije (Geschichte der Völker der Sozialistischen Föderativen Republik Jugoslawien). 1–2, Sarajevo 1955–1957.
Ivan Božić, Sima Ćirković u. a., Istorija Jugoslavije (Geschichte Jugoslawiens), Beograd 1972.
Branko Petranović, Istorija Jugoslavije 1918–1978 (Geschichte Jugoslawiens 1918–1978), Beograd 1981.
Holm Sundhaussen, Geschichte Jugoslawiens 1918–1980, Stuttgart–Berlin–Köln–Mainz 1982.

Geschichte der historischen Teilräume bis 1918

1. Serbien

Felix Kanitz, Das Königreich Serbien und das Serbenvolk von der Römerzeit bis zur Gegenwart. 1–3, Leipzig 1904–1914.
Constantin Jireček, Geschichte der Serben. 1–2,1, Gotha 1911–1918 (Standardwerk zur mittelalterlichen Geschichte Serbiens).
Djoko Slijepčević, Istorija Srpske Pravoslavne Crkve (Geschichte der Serbisch-Orthodoxen Kirche). 1–2, München 1962–1966.
Istorija srpskog naroda (Geschichte des serbischen Volkes). 1–6, Beograd 1981 ff. (hrsg. von der ‘Srpska književna zadruga’, noch im Erscheinen begriffen; bisher liegen vor: Bd. 1,2; 5.1, 5.2; 6.1, 6.2; die Darstellung reicht bis zum Ersten Weltkrieg).

2. Montenegro

Francis Seymour Stevenson, A History of Montenegro, London 1912.
Jagoš Jovanović, Stvaranje crnogorske države i razvoj crnogorske nacionalnosti. Istorija Crne Gore od početka VIII vijeka do 1918 godine (Die Bildung des montenegrinischen Staates und die Entwicklung der montenegrinischen Nationalität. Geschichte Montenegros vom Anfang des 8. Jahrhunderts bis 1918), Cetinje 1948.
Istorija Crne Gore (Geschichte Montenegros). 1–3, 1, Titograd 1967–1975 (hrsg. von der ‘Redakcija za istoriju Crne Gore’; das Werk war ursprünglich auf 8 Bde. geplant; die Darstellung reicht bisher bis zum Ende des 18. Jahrhunderts).

3. Kroatien

Šime Ljubić, Pregled hrvatske poviesti (Überblick über die kroatische Geschichte), Rijeka 1864.

Tade Smičiklas, Poviest hrvatska (Kroatische Geschichte). 1–2, Zagreb 1879–1882.

Vjekoslav Klaić, Povjest Hrvata od najstarijih vremena do svršetka XIX stoljeća (Geschichte der Kroaten von den ältesten Zeiten bis zum Ende des 19. Jahrhunderts). 1–5, Zagreb 1899–1911 (Neuauflage Zagreb 1972–1973).

Ferdo Šišić, Hrvatska povijest (Kroatische Geschichte). 1–3, Zagreb 1906–1913.

Rudolf Kiszling, Die Kroaten. Der Schicksalsweg eines Südslawenvolkes, Graz–Köln 1956.

Stanko Guldescu, History of Medieval Croatia, The Hague 1964.

Ders., The Croatian-Slavonian Kingdom 1526–1792, The Hague–Paris 1970.

Nada Klaić, Povijest Hrvata u ranom srednjem vijeku (Geschichte der Kroaten im Frühen Mittelalter), Zagreb 1971 (grundlegende Darstellung).

Jaroslav Šidak, Mirjana Gross u. a., Povijest hrvatskog naroda g. 1860–1914 (Geschichte des kroatischen Volkes in den Jahren 1860–1914), Zagreb 1968.

4. Dalmatien und Ragusa

Lujo, comte de Voinovitch, Histoire de Dalmatie. 1–2, Paris 1934.

Grgą Novak, Prošlost Dalmacije. 1–2, Zagreb 1944 (Standardwerk).

Johann Christian von Engel, Geschichte des Freystaates Ragusa, Wien 1807.

Francis William Carter, Dubrovnik (Ragusa). A Classic City-State, London–New York 1972.

Vinko Foretić, Povijest Dubrovnika do 1808 (Geschichte Dubrovniks bis 1808). 1–2, Zagreb 1980 (grundlegende Darstellung des langjährigen Direktors des ragusanischen Staatsarchivs).

5. Slowenien

Johann Weikhard Freiherr von Valvasor, Die Ehre des Hertzogthums Crain. 1–4, Laybach–Nürnberg 1689 (Faksimile-Nachdruck München 1973, mit einem Nachwort von Branko Reisp über 'Valvasors Zeit, Leben und Werk'; historisch-topographische Beschreibung des wichtigsten Siedlungsgebietes der Slowenen).

Bogo Grafenauer, Zgodovina slovenskega naroda (Geschichte des slowenischen Volkes). 1–5, Ljubljana 1954–1962.
Milko Kos, Zgodovina Slovencev od naselitve do petnajstega stoletja (Geschichte der Slowenen von der Ansiedlung bis zum 15. Jahrhundert), Ljubljana 1955.
Edvard Kardelj, Die Vierteilung. Nationale Frage der Slowenen, Wien–Frankfurt–Zürich 1971.

6. Bosnien

Vjekoslav Klaić, Geschichte Bosniens von den ältesten Zeiten bis zum Verfall des Königreichs, Leipzig 1885.
Vladimir Ćorović, Historija Bosne (Geschichte Bosniens). Bd. 1. Beograd 1940 (mehr nicht erschienen; behandelt wird die mittelalterliche Geschichte Bosniens).
Sima Ćirković, Istorija srednjovekovne bosanske države (Geschichte des mittelalterlichen bosnischen Staates), Beograd 1964.

7. Makedonien

Henry Robert Wilkinson, Maps and Politics. A Review of the Ethnographic Cartography of Macedonia, Liverpool 1951.
Istorija na makedonskiot narod (Geschichte des makedonischen Volkes). 1–3, Skopje 1969.

Entstehung Jugoslawiens

Robert William Seton-Watson, Die Südslawische Frage im Habsburger Reiche. Berlin 1913 (Seton-Watson, Historiker und Publizist, förderte während des Ersten Weltkrieges das 'Jugoslawische Komitee' in London und spielte eine wichtige Rolle bei der jugoslawischen Staatsgründung; vgl. auch: R. W. Seton-Watson i Jugoslaveni. Korespondencija 1906–1941 [R. W. Seton-Watson und die Jugoslawen. Korrespondenz 1906–1941]. 1–2, Zagreb–London 1976).
Hans Uebersberger, Österreich zwischen Rußland und Serbien. Zur Südslawischen Frage und der Entstehung des Ersten Weltkrieges, Köln–Graz 1958.
Robert A. Kann, Das Nationalitätenproblem der Habsburgermonarchie. Geschichte und Ideegehalt der nationalen Bestrebungen vom Vormärz bis 1918. 1–2, Graz–Köln 1964.
Ferdo Šišić, Dokumenti o postanku Kraljevine Srba, Hrvata i Slovenaca 1914–1919 (Dokumente über die Entstehung des SHS-Königreiches 1914–1919), Zagreb 1920.

Ders., Jadransko pitanje na Konferenciji mira u Parizu. Zbirka akata i dokumenata (Die Adriafrage auf der Pariser Friedenskonferenz. Sammlung von Akten und Dokumenten), Zagreb 1920.

Henry Baerlein, The Birth of Yugoslavia. 1–2, London 1922.

Erwin Holzer, Die Entstehung des jugoslawischen Staates. Eine völkerrechtlich-politische Studie, Berlin 1929.

Carlo Sforza, Pachitch et l'union des Yougoslaves, Paris 1938.

Ivo J. Lederer, Yugoslavia at the Paris peace conference. A study in frontier-making, New Haven–London 1963.

Andrej Mitrović, Jugoslavija na konferenciji mira 1919–1920, Beograd 1969 (Jugoslawien auf der Friedenskonferenz 1919–20).

Dragoljub R. Živojinović, America, Italy and the birth of Yugoslavia (1917–1919), New York 1972.

Jugoslawien in der Zwischenkriegszeit

Ferdo Čulinović, Jugoslavija izmedju dva rata (Jugoslawien zwischen zwei Kriegen). 1–2, Zagreb 1961.

Jacob B. Hoptner, Yugoslavia in Crisis 1934–1941, New York–London 1962.

Živko Avramovski, Balkanske zemlje i velike sile 1935–1937. Od italijanske agresije na Etiopiju do jugoslovensko-italijanskog pakta (Die Balkanländer und die Großmächte. Von der italienischen Aggression auf Äthiopien bis zum jugoslawisch-italienischen Pakt), Beograd 1968.

Giovanni Zamboni, Mussolinis Expansionspolitik auf dem Balkan. Italiens Albanienpolitik vom I. bis zum II. Tiranapakt im Rahmen des italienisch-jugoslawischen Interessenkonflikts und der italienischen 'imperialen' Bestrebungen in Südosteuropa, Hamburg 1970.

Ljubo Boban, Maček i politika Hrvatske Seljačke Stranke. Iz povijesti hrvatskog pitanja. 1–2, Zagreb 1974.

Vladeta Milićević, Der Königsmord von Marseille. Das Verbrechen und seine Hintergründe, Bad Godesberg 1959.

Robert Machray, The Little Entente, London 1929.

Florin Codresco, La Petite Entente. 1–2, Paris o. J.

Rudolf Kiszling, Die militärischen Vereinbarungen der Kleinen Entente 1929–1937, München 1959.

Milan Vanku, Mala Antanta 1920–1938, Titovo Užice 1969.

Jugoslawien im Zweiten Weltkrieg

Ferdo Čulinović, Slom stare Jugoslavije (Der Zusammenbruch des alten Jugoslawien), Zagreb 1958.

Velimir Terzić, Jugoslavija u aprilskom ratu 1941 (Jugoslawien im Aprilkrieg 1941), Titograd 1963.
Johann Wüscht, Jugoslawien und das Dritte Reich. Eine dokumentierte Geschichte der deutsch-jugoslawischen Beziehungen von 1933 bis 1945, Stuttgart 1969.
Klaus Olshausen, Zwischenspiel auf dem Balkan. Die deutsche Politik gegenüber Jugoslawien und Griechenland von März bis Juli 1941, Stuttgart 1973.
Nikola Milovanović, Generali izdaje (Generäle verraten), Beograd 1977.
Martin David, Ally Betrayed, The Uncensored Story of Tito and Mihailović, New York 1946.
Walter R. Roberts, Tito, Mihailović and the Allies, 1941–1945, New Brunswick–New Jersey 1973.
Ladislaus Hory und Martin Broszat, Der kroatische Ustascha-Staat 1941–1945, Stuttgart 1964.
Vladimir Dedijer, Tito. Autorisierte Biographie. Berlin 1953.
Gottfried Prunkl und Axel Rühle, Josip Tito in Selbstzeugnissen und Bilddokumenten, Reinbek b. Hamburg 1973.
Dušan Živković, Narodni front Jugoslavije 1935–1945 (Die Volksfront Jugoslawiens 1935–1945), Beograd 1978.
Milovan Djilas, Der Krieg der Partisanen. Jugoslawien 1941–1945, Wien–München–Zürich–Innsbruck 1978.

Jugoslawien nach dem Kriege

Walter Hildebrandt, Der Triest-Konflikt und die italienisch-jugoslawische Frage, Göttingen–Tübingen 1953.
Tito contra Stalin. Der Streit der Diktatoren in ihrem Briefwechsel, Hamburg 1949.
Hamilton Fish Armstrong, Tito and Goliath, New York 1951.
Walter Hoffmann, Marxismus oder Titoismus? Titos Versuch zur Neuordnung gesellschaftlicher Beziehungen im Staate, München 1953.
Branko Lazitch, Tito e la révolution yougoslave (1937–1956), Paris 1957.
Ernst Halperin, Der siegreiche Ketzer – Titos Kampf gegen Stalin, Köln 1957.
Milovan Djilas, Die neue Klasse. Eine Analyse des kommunistischen Systems, München 1958.
Ivan Avakumović, History of the Communist Party of Yougoslavia. 1, Aberdeen 1964.
Othmar N. Haberl, Die Emanzipation der KP Jugoslawiens von der Kontrolle der Komintern/KPdSU 1941–1945, München 1974.
Slobodan Stanković, Titos Erbe. Die Hypothek der alten Richtungskämpfe ideologischer und nationaler Fraktionen, München 1981.

1. Serbien zur Zeit Stefan Dušans

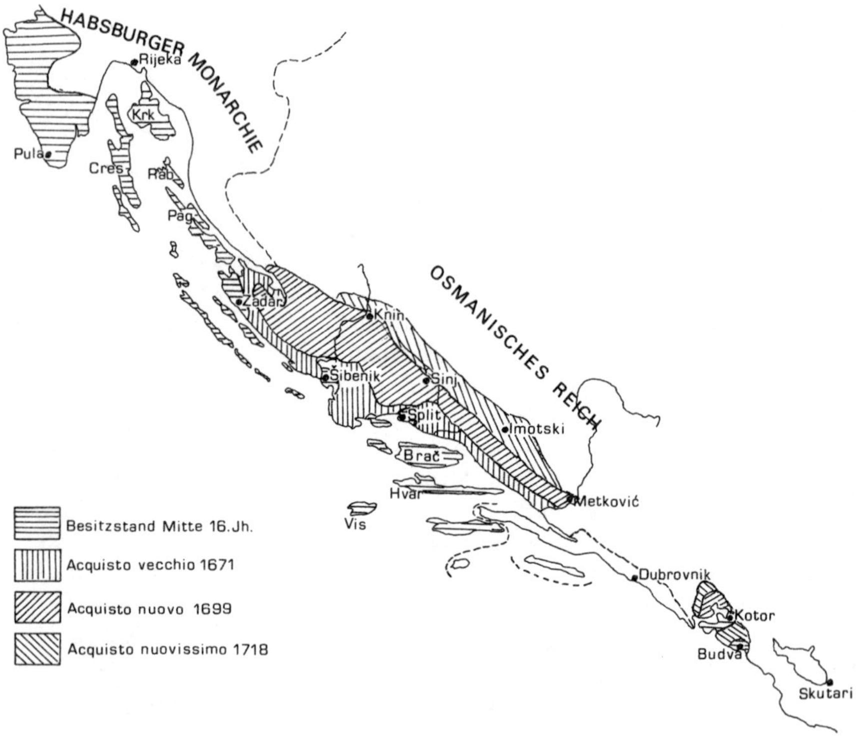

2. Venezianische Besitzungen in Dalmatien

3. Die Entstehung Jugoslawiens

4. Die Aufteilung Jugoslawiens 1941

REGISTER

Aufgenommen wurden Personen- und Ortsnamen sowie Sachbegriffe. Herrscher stehen unter ihrem Vornamen, also Stefan Nemanja, nicht Nemanja, Stefan; Fl. = Fluß.